朱泾志

1990—2004

主　编　王阿庚

上海市金山区《朱泾志》编纂委员会　编

方志出版社
Publishing House of Local Records

图书在版编目（CIP）数据

朱泾志：1990—2004／上海市金山区《朱泾志》编纂委员会编．—北京：方志出版社，2022.11

ISBN 978-7-5144-5008-8

Ⅰ．①朱…　Ⅱ．①上…　Ⅲ．①乡镇—地方志—上海—1990-2004　Ⅳ．①K295.15

中国版本图书馆 CIP 数据核字（2022）第 232734 号

责任编辑：陈菁
责任校对：刘玉霞
责任印刷：梅中英
出 版 者：方志出版社
地　　址：北京市朝阳区潘家园东里 9 号（国家方志馆 4 层）
邮　　编：100021
网　　址：http://www.zgfzcb.cn
发　　行：方志出版社图书营销中心（010－67110500）
印　　刷：上海信老印刷厂
开　　本：787 毫米×1092 毫米　1/16
印　　张：16.25
字　　数：412 千字
版　　次：2022 年 11 月第 1 版
印　　次：2022 年 11 月第 1 次印刷
定　　价：180.00 元

《朱泾志（1990—2004）》编纂委员会

主　任　高　楠
副主任　金慧奕　吴　瑕　庄子希

《朱泾志（1990—2004）》编纂委员会办公室

主　任　高文强

《朱泾志（1990—2004）》编写组

主　编　王阿庚
副主编　陈道良　秦浩宏
编　辑　姚　瑞　王尧华　顾娟珍
打　字　朱秀伟　奚晓辉

《朱泾志（1990—2004）》提供资料人员

丁跃其　干志英　戈金宝　朱林弟　朱建强　朱莲英　庄为民
严振飞　吴巧观　陈月华　沈忠明　陆永康　陆国云　金杏英
於汝峰　秦文权　顾劲飙　顾帼珍　夏　琴　徐　君　唐连富
黄卫萍　黄　建　黄瑜文　彭纪华　葛　瑛

《朱泾志（1990—2004）》审定单位

金山区地方志办公室
中共金山区朱泾镇委员会
金山区朱泾镇人民政府

《朱泾志（1990—2004）》审定人员

王应华　何惠明　沈培兴

序

《朱泾志(1990—2004)》主要记述朱泾镇(乡)14 年间的自然社会状况以及政治、经济、文化等发展历程。特别是在 2000 年 6 月,经上海市人民政府批准,撤销朱泾镇、朱泾乡建置,建立新的朱泾镇后,在朱泾镇党委、政府的坚强领导下,全镇广大干部群众团结一心,守正创新,勇于拼搏,抢抓机遇,经济实力大幅提升,城市建设全面更新,社会事业蓬勃发展,人民生活水平日益提高。

古镇新韵,满城芳香。朱泾这座城市充满温情,朱泾人民勤劳勇敢,新时代下,我们将在加快推进“南北转型”发展和全力打响“上海湾区”城市品牌的战略机遇下,围绕“六个朱泾”的建设目标以及“灵雨花海 活力水城”的美好愿景,踔厉奋发、勇毅前行,为描绘更为绚丽多彩的朱泾画卷而不懈奋斗!

鉴古知今,以编纂志书探知朱泾发展底蕴,这是一项服务当代、有益后世的事业。《朱泾志(1990—2004)》的编纂出版是全体编写组智慧的结晶,它倾注了全体编写人员的辛勤汗水和大量心血,更离不开社会各界人士的鼎力相助。在此,一并向他们表示最衷心的感谢。

中共金山区朱泾镇委员会书记

金山区朱泾镇人民政府镇长

2022 年 12 月 16 日

凡　例

一、本志以马克思列宁主义、毛泽东思想、邓小平理论、“三个代表”重要思想、科学发展观、习近平新时代中国特色社会主义思想为指导，坚持辩证唯物主义和历史唯物主义的立场、观点和方法，力求全面、准确地表述历史。

二、本志以“横排竖写、纵横结合”的编纂原则，分章、节、目展开叙述。全志设28章107节。

三、本志体裁采取记、志、传、图、表等，以志为主体。大事记以编年体为主，辅以纪事本末体。

四、本志上限为1990年，续接上志，随史实上溯；下限为2005年3月28日，至撤销朱泾镇建制，建立新的朱泾镇止，志中统计数据至2004年12月31日。

五、2000年7月13日，撤销朱泾乡、朱泾镇建制，建立新的朱泾镇。在1990—2000年7月12日，朱泾镇、朱泾乡所发生事情，均合并在各章节中记叙。

六、根据生不立传的原则，立传人物均为较有影响的已故人士，以卒年为序。在世的先进人物、劳动模范、正处级（含正处级）以上干部、离休干部及享受国务院政府特殊津贴人员和高级职称技术人员，集中记述于人物章节。

七、地名、政权机构和职务等，均沿用历史称谓。名称在各章第一次出现时用全称，其后则用简称。

八、本志对镇域内市属、区（县）属单位，依据其所处行业性质，归并于有关章节。

九、数字用法、标点用法分别执行国家标准《出版物上数字用法》（GB/T 15835—2011）、《标点符号用法》（GB/T 15834—2011），计量单位采用国家技术监督局1993年12月发印的《量和单位》系列国家标准。本志经济数据采集于金山区（县）统计年鉴及朱泾镇（乡）统计资料汇编。如有误差，以区（县）统计年鉴及镇、乡统计资料汇编为准。

十、本志镇（乡）党政、人大领导人及村、居委会正职领导人名录分别编入“中共朱泾镇委员会”“朱泾镇人民政府”和“朱泾镇人民代表大会”等有关章、节中。

① 1996 年 2 月 1—2 日，中共朱泾乡第十一次代表大会召开。图为会议现场

② 1997 年 12 月 9 日，中共朱泾镇第十三届代表大会第三次会议召开

❶ 1997 年 12 月 18 日，朱泾镇第十三届人民代表大会第四次会议召开

❷ 1999 年 2 月 3—5 日，朱泾乡第十四届人民代表大会第一次会议召开。图为会议现场

❶

❷

❶ 朱泾镇党委、人大、政府机关办公地（2004 年 2 月 10 日摄，朱泾镇档案室 / 提供）
❷ 朱泾镇党委、人大、政府机关升国旗仪式（2004 年 1 月 8 日摄，朱泾镇档案室 / 提供）

❶ 朱泾镇财政所（2018 年 7 月 12 日摄，朱泾镇档案室／提供）
❷ 朱泾社区文化活动中心（2018 年 7 月 12 日摄，朱泾镇档案室／提供）

① 亭枫公路（320 国道）朱泾段（1998 年 6 月 8 日摄，朱泾镇档案室 / 提供）
② 亭枫高速公路（36 省道）朱泾段（2008 年 5 月 13 日摄，朱泾镇档案室 / 提供）
③ 金山大桥（1997 年 9 月 21 日摄，朱泾镇档案室 / 提供）
④ 万安桥（2011 年 4 月 16 日摄，朱泾镇档案室 / 提供）

❶ 朱泾工业园区（2002 年 10 月 18 日摄，朱泾镇工业园区 / 提供）
❷ 上海顶新箱包有限公司（2002 年 10 月 18 日摄，朱泾镇工业园区 / 提供）
❸ 上海凯喜雅纺织品有限公司（2002 年 10 月 18 日摄，朱泾镇工业园区 / 提供）

❶ 大棚蔬菜生产（2003 年 11 月 5 日摄，朱泾镇农技中心／提供）

❷ 水稻收割（组图）（2003 年 11 月 5 日摄，朱泾镇农技中心／提供）

❶ 家禽养殖——鸽（1998 年 7 月 5 日摄，朱泾镇农技中心／提供）
❷ 家禽养殖——猪（1998 年 7 月 5 日摄，朱泾镇农技中心／提供）
❸ 家禽养殖——鸡（1998 年 7 月 5 日摄，朱泾镇农技中心／提供）
❹ 黄桃（2003 年 9 月 8 日摄，朱泾镇农技中心／提供）
❺ 葡萄（2003 年 9 月 8 日摄，朱泾镇农技中心／提供）
❻ 甜瓜（2003 年 9 月 8 日摄，朱泾镇农技中心／提供）

1 中国农业银行罗星路支行（2003 年 8 月 15 日摄，朱泾镇档案室／提供）

2 上海农商银行万安街支行（2003 年 8 月 15 日摄，朱泾镇档案室／提供）

1 朱泾汽车站（2005 年 6 月 8 日摄，朱泾镇档案室 / 提供）
2 万安市场（2005 年 6 月 8 日摄，朱泾镇档案室 / 提供）
3 金山商厦（2005 年 6 月 8 日摄，朱泾镇档案室 / 提供）
4 汇都大酒楼（2005 年 6 月 8 日摄，朱泾镇档案室 / 提供）
5 东林坊商业街（2005 年 6 月 8 日摄，朱泾镇档案室 / 提供）

金上海
欢迎您

❶ 朱泾南城区（2006 年 10 月 12 日摄，朱泾镇档案室 / 提供）
❷ 紫金广场（2006 年 10 月 12 日摄，朱泾镇档案室 / 提供）
❸ 金上海生活广场（2006 年 10 月 12 日摄，朱泾镇档案室 / 提供）
❹ 红菱苑居民区（2006 年 10 月 12 日摄，朱泾镇档案室 / 提供）
❺ 农民新村（2006 年 10 月 12 日摄，朱泾镇档案室 / 提供）

❹

❺

❶ 金山中学（2006年10月12日摄，朱泾镇档案室／提供）

❷ 朱泾中学（2006年10月12日摄，朱泾镇档案室／提供）

❸ 罗星中学（2006年10月12日摄，朱泾镇档案室／提供）

❶ 朱泾小学（2006 年 10 月 12 日摄，朱泾镇档案室 / 提供）
❷ 朱泾第二小学（2006 年 10 月 12 日摄，朱泾镇档案室 / 提供）
❸ 金山区第一实验小学（2006 年 10 月 12 日摄，朱泾镇档案室 / 提供）

❶ 东风幼儿园（2006 年 10 月 18 日摄，朱泾镇档案室 / 提供）
❷ 罗星幼儿园（2006 年 10 月 18 日摄，朱泾镇档案室 / 提供）
❸ 健康幼儿园（2006 年 10 月 18 日摄，朱泾镇档案室 / 提供）

❶ 上海市第六人民医院金山分院（2007 年 5 月 6 日摄，朱泾镇档案室／提供）
❷ 朱泾社区卫生服务中心（2007 年 5 月 6 日摄，朱泾镇档案室／提供）

❶ 金山公园（2006 年 10 月 6 日摄，朱泾镇档案室 / 提供）
❷ 金山微波塔（2006 年 12 月 12 日摄，朱泾镇档案室 / 提供）
❸ 胜利新村休闲点（2006 年 4 月 6 日摄，朱泾镇档案室 / 提供）
❹ 朱泾游泳池（2006 年 8 月 2 日摄，朱泾镇档案室 / 提供）

❶ “党在我心中 我在群众中”朱泾镇文艺专场演出（组图）

❷ “迎世博——美好家园 快乐生活”朱泾镇乡村民间秧歌千人展演活动（2008 年）

❸ 2005 年 9 月 16 日，金山第四届农民画旅游节暨朱泾社区文化艺术节举办开幕式（组图）

❶ 农民画（2007 年 6 月 8 日摄，朱泾镇档案室 / 提供，组图）
❷ 金山黑陶（2007 年 6 月 8 日摄，朱泾镇档案室 / 提供）

1 东林寺（2006 年 10 月 20 日摄，朱泾镇档案室／提供）
2 东林寺古大殿（2006 年 10 月 20 日摄，朱泾镇档案室／提供）
3 济众桥（2006 年 6 月 23 日摄，朱泾镇档案室／提供）
4 百年榉树（2006 年 5 月 21 日摄，朱泾镇档案室／提供）

❶《朱泾志（1990—2004）》编写组成员（前）。

左起：王阿庚、顾娟珍、姚瑞、王尧华（朱泾镇档案室／提供）

❷《朱泾志（1990—2004）》编写组成员（后）。

左起：奚晓辉、陈道良、秦浩宏、朱秀伟（朱泾镇档案室／提供）

目　　录

第四章　朱泾镇人民代表大会

第五章　朱泾镇人民政府

第六章　社会团体

第七章　精神文明建设

第八章 公安 司法

第九章 人民武装

第十章 农 业

第十一章 水 利

第十二章 工 业

第十三章 商 业

第十九章 民 政

第二十章 社会保障

第二十一章 教 育

第二十二章 文化 体育

第二十三章 卫 生

第二十四章 社会生活

第二十五章 方 言

第二十六章 人 物

第二十七章 居委会 村委会 小集镇

第二十八章　杂　记

附　录

总　述

朱泾镇位于上海市金山区北部，北纬30°54′，东经121°9′，距上海市人民广场68千米，距金山区政府所在地30千米。镇域东与新农镇接壤；西傍斜塘港，与兴塔镇为界；南隔胥浦塘，与吕巷镇毗邻；北沿大、小泖港，与松江区泖港镇相望。

2004年，镇域南北长8千米，东西宽7千米，总面积49.61平方千米，耕地2240公顷。辖罗星、临源、临东、新汇、广福、西林、凤翔、南圩、北圩、钟楼、金龙、东林12个居民委员会（以下简称居委会）和秀州、待泾、新泾、东方红、民主、大茫、万联、长浜8个村民委员会（以下简称村委会）。全镇总户数23421户，人口69618人，城镇化率62.1%。外来人口11278人。是年5月，朱泾镇被国家发展和改革委员会、建设部、民政部、国土资源部、农业部、科技部确定为全国重点镇。镇人民政府驻朱泾镇临源街750号。

1995年7月18日，新农镇长浜村7个组、幸福村7个组、三浜村1个组，面积3.04平方千米，耕地面积150.04公顷，590户、2073人，划归朱泾镇管辖。是年11月11日，成立仙居村村民委员会。

2000年7月13日，经上海市人民政府批准，撤销朱泾乡和朱泾镇建置，建立新的朱泾镇，镇域面积调整为45.48平方千米。2002年12月1日，新农镇新范村、幸福村（不包括1组），划归朱泾镇管辖，镇域面积调整为49.61平方千米。2004年，全镇辖12个居委会，1267个居民小组；8个村委会，238个村民小组。

随着社会经济的发展，朱泾镇镇域面貌日新月异，人民生活越来越好。1990—2004年，全镇新建和扩建镇区街、路18条（段），总长19.08千米，桥梁15座；乡村道路12条（段），总长19.45千米，桥梁21座，乡村农桥28座。

在镇区先后建成临源一村、北圩新村、北圩私建公助小区、凤翔新村、南圩花苑、钟楼新村、金龙新村、景富公寓、凤翔东村、临仓小区、珠溪苑、朋鑫苑、胜利苑、金昌苑、东林苑、东林公寓、汇佳新苑、鸿越华庭、星东苑、秀州苑、榆松苑、金玉良苑、森海豪庭、弘泽阳光苑、华光紫荆苑、天乐苑26个住宅小区，建有居民住宅921幢（梯），占地面积764893平方米，建筑面积1107704平方米。在农村，有99%的农户翻建楼房。2004年，全镇有城镇居民14247户、45173人，户均居住面积116.37平方米，人均居住面积36.71平方米；村民9174户、24445人，户均居住面积167.87平方米，人均居住面积62.99平方米。

朱泾镇区商业不断兴旺。1990年起，商业网点由东林街、西林街、南横街，转向万安街发展。2004年，形成万安商业一条街，有国营、集体商业108家，私营商业2405家，批发部3

家。规模较大的有金山商厦,小商品市场,联华超市朱泾店,农工商超市朱泾店,华联超市朱泾店和金山烟草糖酒有限公司的大昌、大发、大茂食品商店。2001 年 4 月,投资 3900 万元,金山区最大的室内农贸市场——万安农贸市场开业,占地面积 24300 平方米,建筑面积 23000 平方米,其中底层农副产品交易大厅 10000 平方米,有门市部 47 家,摊位 770 个。万安农贸市场被评为 2001—2002 年度金山区文明市场。2004 年,全镇社会消费品零售额 98111 万元。

朱泾镇域位于金山区北部,是全区低洼地区之一。1990 年后,朱泾镇(乡)切实加强农田水利基本建设和低洼地改造力度。2004 年,全镇有 21 号联圩和万联、幸福、新农北圩等 5 个圩区,圩坡总长 57.91 千米,已做护坡 56.91 千米,占 98.27%,排涝控制面积 4961.4 公顷。全镇建有电力排灌站 64 座,泵 266 台套、4163 千瓦,灌溉控制面积 2126 公顷。

朱泾镇(乡)农业生产积极开展熟制改革,引进优良品种,实施科学种田。原以种植水稻、油菜、二麦为主,兼种蔬菜与西瓜、甜瓜。1990 年后,"三丰两田"(丰产片、丰产方、丰产带和试验田、示范田)面积 71.15 公顷,公顷单产比常规单产增加 750—1050 千克。1994 年,种植单季晚稻 1674.9 公顷,占耕地面积的 92.69%,公顷单产 8220 千克,创历史新高。1996 年,油菜籽总产 3645.29 吨,公顷单产 2989.1 千克,面积、产量双超历史纪录。2000 年起,实施"家家富工程",全镇共购置管棚 4522 套,种、养业获得较好的经济效益。2004 年,全镇上市肉猪 28500 头、家禽 45.31 万羽、鲜蛋 562.9 吨、淡水鱼 790 吨,农业总产值 15536.1 万元。农民人均纯收入 6175 元,比 1990 年增长 580.36%。

朱泾镇(乡)工业发展迅速。1990 年,朱泾镇有工业企业 13 家,职工 2195 人,产值 5604 万元,利润 449 万元;朱泾乡有工业企业 17 家,职工 2818 人,产值 4387 万元,利润 496 万元。1991 年,金星拉链厂生产的 3#、5#涤纶拉链获轻工业部优质产品奖;朱泾化工厂生产的防腐防霉剂获上海市科学技术进步奖。1992 年,金山缸套厂生产的"135"型缸套获国家银质奖。1995 年,上海集成过滤器材厂生产的过滤器材获上海市科技展览会金奖。2002 年,上海新亚药业金山有限公司生产的药用软管、片剂装罐、喷雾剂用罐被评为上海市高科技产品。2004 年,上海皓月电容器有限公司生产的抑制电磁干扰用 RC 组件被评为上海市重点新产品。至 2004 年,全镇有镇办企业 27 家、村办企业 8 家、"三资"企业 24 家,主要行业有针织服装、医药器械、汽车检测修理、环保器械、箱包、服装辅料加工、建材、五金冶炼、电容电器、化工、机械制造、缸套、食品加工、建筑、运输等。镇办企业职工 7676 人,产值 380212 万元,利润 16355 万元,上缴税金 5144 万元。外贸出口拨交值 8.77 亿元。全镇有经济小区 2 家,其中珠龙经济小区新注册企业 1639 家,共有注册企业 3182 家,注册资金 5.25 亿元,引进税金 2.05 亿元;朱泾经济小区新注册企业 1541 家,共有注册企业 2699 家,注册资金 8.38 亿元,引进税金 1.42 亿元。

朱泾镇(乡)大力发展文化事业。1985 年,镇(乡)举办首届"文化艺术节";1986 年,镇(乡)举办首届"十月歌会"。之后,每 2 年举办一次,至 2004 年,全镇共举办"文化艺术节""十月歌会"各 10 届。2000 年,镇党委、政府举办"贺千禧,万众喜迎新世纪"文艺会演、书画展、焰火晚会、民间艺术街展示等活动。2001 年,镇组建歌咏、舞蹈、戏曲、书画、摄影、铜管乐、民乐等 48 支文艺队伍,成员逾 1200 人次。是年,镇组团参加金山区第二届艺术节,获团体金奖;参加金山区第四届十月歌会表演唱比赛,获团体第二名,沪剧表演唱《农民的女儿》

获第一名。2004 年，镇文广中心建立社区文化指导队伍，全年指导社区文化活动 18 次，组织各类文化活动 27 场，参演人员 2400 多人次，观众达 6 万余人次。是年 10 月，朱泾镇组织 50 多人的合唱队参加“在灿烂的阳光下——上海市十月歌会社区市民合唱比赛”，演唱的《走进新时代》和《百合花》获三等奖。2001 年，镇投资 600 万元修建紫金广场，该广场是集文化广场、艺术舞台、儿童乐园、健身场地等功能于一体的娱乐活动场所。2001 年 3 月 15 日，镇创办《朱泾社区》报，为半月刊，免费发送给各村(居)委会及企事业单位，至 2004 年，共发行 130 万份。2000 年，朱泾镇在镇区南横街购置 200 多平方米旧屋，修缮后取名“宝葫堂”，作为收藏馆，供人参观。收藏品有石器、明清家具、古代门窗、早期农具、晚清刺绣、各色瓷器、字画、文房四宝等，至 2004 年，计万件之多。其中，中国收藏家协会会员缪时芳收藏毛泽东像章万余枚。

朱泾镇广泛开展群众体育健身活动。1998 年，朱泾镇被评为上海市群众体育先进集体；2000 年，朱泾镇被评为全国亿万农民健身运动先进乡镇。2004 年，全镇有健身点 26 个、健身器材 295 件。

朱泾镇教育环境优越，在校学生数为金山区各镇之首。2004 年，镇域内有面向朱泾镇籍招生的幼儿园、小学、中学各 3 所；成人职业学校 2 所和电视大学金山分校、中央农业广播学校金山分校等。全镇有入园幼儿 1241 人，在校小学生 3341 人，中学生 5201 人，各类职业培训 24 班、学员 928 人。各类园校总占地面积 309762 平方米，总建筑面积 176273 平方米。

朱泾镇卫生医疗条件优越，全镇人民的健康得到保障。2004 年，镇域内有金山区中心医院和朱泾地段医院(朱泾社区卫生服务中心)。共有床位 990 张，医技人员 1211 人。各行政村有甲级卫生室 13 个，乡村医生 47 人。1993 年，朱泾镇被评为上海市二级卫生镇；1994—1996 年，朱泾镇被评为上海市卫生红旗镇；1997 年，蒋泾村被评为上海市环境卫生竞赛先进集体；1999 年 12 月，朱泾镇被评为金山区“烟尘控制区”；2001 年，朱泾镇被评为上海市一级卫生镇；1999—2002 年，民主、大茫、东方红、长浜、秀州、新泾、待泾、万联 8 个村先后被评为上海市卫生村。

1998 年，经上海市文管委同意，上海市民族和宗教事务委员会批准，东林寺为宗教活动场所。2002 年 12 月 29 日，举行东林寺宗教开放典礼。2004 年 12 月 8 日，东林寺扩建工程启动。

展望未来，勤劳勇敢、热爱故乡的朱泾人民，在中国共产党和人民政府的坚强领导下，将朝着宏伟的奋斗目标，充分发扬团结、进取、创新、开放、求实的精神，更加精神振奋、脚踏实地、苦干实干、努力拼搏，朱泾的明天将更加美好，人民的生活更加幸福。

大 事 记

1990 年

2 月 2 日，上海市副市长倪天增在市建委、市政工程局、市公路管理处有关领导陪同下考察朱泾镇新区建设。

2 月 8 日，被列为 1990 年金山县政府十件实事工程之一的中官塘、市河疏浚工程开挖，6 月 30 日竣工。

2 月 28 日，朱泾镇科学技术协会成立。高耀之当选为镇科协主席。

3 月 20—21 日，朱泾乡选民 18987 人分别在 260 个投票站、55 个选举会场，投票选举县、乡人大代表。何福明等 12 人当选为第十届金山县人大代表，陆秋根等 69 人当选为第十一届乡人大代表。

3 月 25—27 日，朱泾乡第十一届人民代表大会第一次会议召开，大会选举朱明华为朱泾乡第十一届人民代表大会主席团常务主席，陆秋根为乡长。

3 月 28—30 日，朱泾镇第十一届人民代表大会第一次会议召开，大会选举邬梦林为朱泾镇第十一届人民代表大会主席团常务主席，沈国强为镇长。

同月，建立罗东居民委员会。

6 月 28 日，共青团朱泾镇第五届第二次代表大会召开。大会选举华峰、顾志雄、吴郁泓 3 人为共青团金山县第十二次代表大会代表。同时宣布：由于镇团委书记金伟已调离，由副书记华峰主持镇团委工作。

9 月 20 日，金山县人民政府实事工程总投资 386 万元的金山汽车站在朱泾镇建成，并举行通车典礼。

10 月 17—18 日，朱泾乡第九次妇女代表大会召开。大会选举陈惠琳为妇联主任，杭雅芳、曹白妹为副主任。

10 月 24—25 日，朱泾镇第九次妇女代表大会召开。大会选举金杏英为妇联主任，朱莲英、经英英为副主任。

11 月 15 日，朱泾乡第二届科协会员代表大会召开。大会选举金在忠为科协主任。

11 月 24 日，新建成的金山大桥举行通车典礼。新桥长 376 米，宽 22.5 米，主跨为 43.45

米+66米+43.45米，采用预应力箱形连续大型桥梁施工新工艺，设计荷载为汽-超20、挂-120。新桥名仍用魏文伯题字。

11月，万安街获上海市文明街称号。

12月11—12日，共青团朱泾乡第十五次代表大会召开。大会选举吴筱蓉(女)为书记，唐奎军为副书记。

12月28日，亭枫公路全线拓宽工程竣工，并举行通车典礼。亭枫公路朱泾段，长度6千米，车行道15米，人行道6米，路面结构为钢筋混凝土。

是年，朱泾乡被评为上海市计划生育工作先进集体。计划生育助理范红宝获1989—1990年度全国优秀计划生育工作者称号。

是年，金星拉链厂生产的JS涤纶3号、5号拉链，被评为轻工业部优质产品。

是年，朱泾乡计划生育协会成立。

是年，朱泾化工厂被列入县1986—1990年度百万利润工业企业名录。

1991年

1月30日，共青团朱泾镇第六次代表大会召开。大会选举华峰为书记，夏卫东、陈学军为副书记。

2月2—4日，由金山县供销社、乡镇企业局、畜牧水产局、粮食局、工业局、朱泾镇工业公司6个单位联合举办的金山县第二届迎春商品大联展在万安街开展，销售总额达417万元。

2月13日，朱泾镇、乡域日降雨量达37.9毫米，创县气象站建站(1959年)以来历史同期最高纪录。

3月14—15日，朱泾镇第十一届人民代表大会第二次会议召开。

3月26—27日，朱泾乡第十一届人民代表大会第二次会议召开。

3月，朱泾镇、乡域日照时数71.8小时，为1959年以来历史同期最少。

同月，朱泾镇人民政府被评为1989—1990年度上海市计划生育先进集体。

4月1—3日，朱泾镇、乡域出现春霜和低温，2日最低温度-1.1℃，为34年来历史同期最低纪录，朱泾乡瓜、菜遭严重冻害并出现死苗。

4月5日，中共朱泾乡委员会在东方红村召开创建新风户活动现场交流会。

5月6—7日，中共朱泾镇委员会及朱泾镇人民政府迁入人民路360号新址办公。

7月1日，朱泾游泳池落成典礼在县体委举行，中共金山县委常委杜飚出席会议并讲话。

7月8日，上海市副市长谢丽娟由中共金山县委书记徐其华陪同，慰问战斗在防洪抗灾第一线的民工，并考察前进村加固、加高的圩堤。

7月9日，上海市副市长谢丽娟带领市卫生局、民政局领导王道民、钱关林及市教卫办、市农委、市防疫站负责人到金山县检查防洪抗灾和卫生防疫工作，乘船察看小泖港南岸胜利村修筑圩堤现场。

7月12日，朱泾乡召开防洪抗灾动员大会，具体布置防洪抗灾工作。

7月17日,朱泾乡团委发动团员救援灾区人民,共捐助衣服1500件、编织袋2000只、现金875元,通过团县委送至安徽省六安县。

8月7日晚8时20分,遭受龙卷风袭击,朱泾乡胜利、良种、一农、蒋泾、秀泾5个村损失严重,共毁坏房屋831户。乡党政领导和机关干部20余人立即赴受灾现场,慰问灾民,落实救灾措施。8月8日凌晨2时20分,市委、市政府领导在中共金山县委书记徐其华、朱泾乡副乡长邱吉林陪同下,到受灾最严重的胜利村慰问灾民,了解救灾情况,部署抗灾救灾。

8月10—21日,金山县总工会主席王连君、乡镇企业局领导、县团委代表和朱泾镇政府领导到朱泾乡慰问,并向朱泾乡赠送救灾款2.1万元和钢材1吨、木材1立方米、水泥2吨等救灾物资。

8月13—21日,金山肉类食品厂、金山县驻石化办事处、农工商公司、山阳乡、县畜牧水产局及县妇联等单位的领导到乡慰问,送去救灾款5.45万元。

8月26日,中共朱泾乡委员会举办基层后备干部培训班,50名后备干部参加培训。

9月18日,进口全自动药用铝管流水线运抵新亚药厂金山分厂,填补了国内铝管生产的空白。

10月8日,朱泾乡发送救灾衣服5354件至湖北省。

11月25日,朱泾乡民工赴太浦河参加太浦河水利工程建设。

11月,李浩军调离,徐锦钧任中共朱泾镇委员会书记。

12月底,天气异常。25日起朱泾镇、乡域遭受北方强寒潮袭击,出现连续3天大雪和强降温天气;27—31日连续5天冰雪未化,28—29日两天日平均气温降到-4.9℃,30日最低气温达-8.4℃。如此早而剧烈的低温冰冻天气,为上海地区自民国2年(1913)以来同期少见。县内自来水管爆裂6000多处,仅朱泾镇就有3700多户调换白铁管18.5吨,耗资30万元。油菜冻害率78.6%,三麦冻害率64.5%,蔬菜冻害更为严重。

是年,上海锦山合成纤维厂试制的三叶异型网络丝,获全国"星火"项目博览会银奖。

是年,朱泾第二小学获上海市行为规范第一名;罗星幼儿园教学改革尝试成功,升为上海市二级一类幼儿园。

是年,上海锦山合成纤维厂、朱泾化工厂入选1991年度金山县百万利润工业企业名录。

是年,朱泾信用社被评为1991年度全国农村金融系统抗洪救灾先进单位;朱泾信用社农贷员毛连云被评为1991年度全国农村金融系统抗洪救灾先进个人。

是年,朱泾乡疏浚河道49条(段),计20.96万立方米,被上海市农田水利基本建设指挥部评为1991年农村水利建设先进乡。

是年,朱泾乡上市牛奶480吨,每头成乳牛年产奶6153.8公斤。1988—1991连续4年被评为上海市级产奶高产三等奖。

是年,秀泾村获金山县水稻常规品种丰产方竞赛第一名;同时,获市科委、市农业局集约化高产栽培技术试验二等奖。

1992年

3月21—22日,朱泾镇第十一届人民代表大会第三次会议召开。

3 月 23—24 日,朱泾乡第十一届人民代表大会第三次会议召开。

6 月 5 日,朱泾乡召开党政领导班子扩大会议,中共金山县委组织部组织员孙士章宣布县委决定:乡长陆秋根调任中共金山县委组织部副部长;刘永生任朱泾乡党委副书记,主持行政工作。

6 月 6 日,中共上海市委书记吴邦国、市委副秘书长马松山、市农村党委书记孟建柱、副书记范德观,由中共金山县委书记徐其华、县长潘龙清、乡党委书记何福明等陪同,考察上海集美过滤器材有限公司。

6 月 18 日,上海财政证券分公司金山营业部在万安街挂牌开业。

6 月 20—26 日,朱泾乡召开第一次残疾人会员代表大会,成立残疾人协会,选举乡民政助理唐火根兼任残疾人协会秘书长。

7 月 9 日下午 5 时 40 分,在胥浦塘和六里塘航道交汇处,平湖挂机 127 号船被沪崇乡机 94 号船碰撞沉没,船上所装 2 吨瓶装甲胺磷和 5 吨瓶装杀虫双全部沉入河底。事发后县政府直接组织、指挥抢险,并通知各水厂暂停供水。经过 3 天打捞,在 12 日下午 3 时,所涉及甲胺磷和杀虫双基本打捞上岸,消除了化学污染隐患。

7 月 24—25 日,朱泾乡第十一届人民代表大会第四次会议召开。会议接受陆秋根辞去朱泾乡人民政府乡长职务,选举刘永生为朱泾乡人民政府乡长。

9 月,朱泾乡敬老院搬迁至原东方红村贺家埭小学校址。占地面积 2700 平方米,建筑面积 1290 平方米,绿化面积 980 平方米,另有健身场地 430 平方米。

10 月,朱泾乡政府办公地址由西林街 240—246 号迁址至临源街 750 号。

11 月 10 日,上海万国证券公司金山营业部试营业。

11 月 11 日,经中共金山县委决定:顾庆生任中共朱泾乡委员会书记,潘仁书任副书记;党委书记何福明调离。朱泾镇党委书记徐锦钧调离,沈国强任党委书记。

12 月 1 日,朱泾镇召开党员代表大会。大会选举金丽勤(女)、沈国强、王爱国、李浩军、陈冠英、李根祥 6 人为金山县第七次党代会代表。

是年,在富强村一组建朱泾乡深井水厂,占地面积 1650 平方米,有 30 米高水塔 1 座,储水量 200 立方米,供水面积 20 平方千米,用户 2200 户,日供水能力 2000 立方米。

是年,朱泾镇文化站被评为上海市一级文化站。

是年,朱泾镇粮油管理所、朱泾乡粮油管理所被评为上海市文明单位、军民共建共育先进集体。

是年,朱泾镇被评为上海市计划生育先进镇。

是年,朱泾镇派出所创立"一段一警制",受到上海市公安局表彰。

是年,朱泾中心小学社会服务队被国家教委全国少儿工作委员会和共青团中央授予全国少先队学雷锋活动先进单位称号。

是年,朱泾乡建设村服装厂生产的西装、西裤,由上海服装十二厂、上海康培尔服装有限公司、中国香港亚洲公司远销美国、日本、加拿大等国家和中国香港等地区。

是年,位于万安街 845 号的金山县商业中心——金山商厦竣工。

是年,朱泾化工厂研制生产的新型、高效、低毒、广谱 CG-1 防霉剂,填补国内空白,产品销往全国 20 个省、自治区、直辖市的 420 余家用户,年产值 726.3 万元,利润 173.5 万元,人均创利 8762 元。

是年,朱泾乡被评为上海市计划生育先进集体,获县计划生育一等奖。

是年,上海柴油机股份有限公司金山缸套厂生产的 135 型缸套获国家银质奖。

1993 年

2 月 4 日,上海市市长黄菊到镇考察上海集成过滤器材厂。

2 月 10—12 日,中共朱泾乡第十次代表大会召开。会议选举顾庆生为党委书记,刘永生、潘仁书(女)为副书记,陈国强为纪律检查委员会书记。

2 月 18—19 日,中共朱泾镇第九次代表大会召开。会议选举沈国强为朱泾镇党委书记,陈梦良、金丽勤(女)为副书记,钱引根为纪委书记。

3 月 25—27 日,朱泾镇第十二届人民代表大会第一次会议召开。会议选举马照根为朱泾镇第十二届人民代表大会主席团常务主席,陈梦良为镇长,陈颂明、何元根、吴国权为副镇长。

3 月 25—27 日,朱泾乡第十二届人民代表大会第一次会议召开。会议选举朱明华为朱泾乡第十二届人民代表大会主席团常务主席,刘永生为乡长,邱吉林、张海龙为副乡长。

4 月 22—23 日,共青团朱泾镇第七次代表大会召开。会议选举张权权为书记,夏卫东、戚思云为副书记。

5 月 21 日,中途停靠朱泾驶往上海的申平线水上客轮,由于乘客日益减少,每日 5 班客轮全部停驶。至此,自清光绪二十二年(1896 年)始辟的申平水上客运遂告结束。

6 月 25—26 日,共青团朱泾乡第十次代表大会召开。会议选举吴筱蓉(女)为书记,唐奎军、陈春风为副书记。

7 月 5 日晚上 8 时 30 分,朱泾化工厂、漂染厂、石灰厂 3 家合用变电房,因超负荷运转引起电线短路起火,烧毁变电器及附属设备等,经济损失 1.6 万元。

10 月 22 日上午 8 时,雾天,在亭枫公路待步泾路段,浙江桐乡水泥厂轿车因借道超公交车引起撞车后,接连又有 4 辆车相撞,致使 2 人骨折,车物损近 20 万元。

是年,经市、县有关部门考核验收,朱泾镇被评为上海市和金山县卫生城镇。

1994 年

1 月 15 日,朱泾乡喷漆厂调料室因电器短路产生电火花,引燃油废料火灾。烧毁厂房 20 平方米,经济损失 5000 元。

1 月,刘永生任中共朱泾乡委员会书记。

3 月初,健康路幼儿园创建成上海市第一所康复幼儿园。17 日,经中国残疾人联合会验收,被列为中国残保和联合国儿童基金会援助项目。

3 月 22—23 日,朱泾镇第十二届人民代表大会第二次会议召开。会议选举刘德根为朱泾镇人民政府副镇长。

3月24日—26日，朱泾乡第十二届人民代表大会第二次会议召开。会议选举方本鸿为朱泾乡人民政府乡长，盛雪彪、盛宗耀为副乡长。

4月22日，《朱泾乡志》出版发行。

5月18日，朱泾镇第十次妇女代表大会召开。会议选举金杏英（女）为妇联主席，经英英（女）、郭玉云（女）为副主席。

6月，顾仁忠任中共朱泾镇委员会书记。

6月28日，朱泾乡第十次妇女代表大会召开。会议选举陈惠林（女）为妇联主席，曹白妹（女）、张福珍（女）为副主席。

8月1日，金山县汽车教练考核基地所属金山客运部，新辟朱泾至上海市区班线开始试营业。

11月，朱泾乡珠龙私营经济小区成立。

是年，陈惠林被评为上海市三八红旗手。

是年，朱泾乡人民政府被评为上海市计划生育先进集体。

是年，上海鑫义服装有限公司被评为全国出口创汇先进乡镇企业、上海市“新明星”企业。

是年，东风幼儿园被评为金山县文明单位、上海市一级幼儿园。

是年，朱泾镇被评为上海市计划生育先进集体。

1995年

1月7—15日，由金山县商委、工商联牵头，金山县供销社、经贸总公司、肉类集团公司、牧副渔总公司和朱泾镇三产单位参与的金山县第七届迎春商品展销会在朱泾镇临源街举行。

3月21—22日，朱泾镇第十二届人民代表大会第三次会议召开。会议选举张木金为朱泾镇人民政府副镇长。

3月22日，朱泾乡第十二届人民代表大会第三次会议召开。会议选举陈国强为朱泾乡人民政府副乡长。

3月28日，上海国际商品拍卖中心金山拍卖行举办国有土地使用权拍卖专场。位于罗星路东侧的1块486平方米的土地，以23万元的价格被金山县煤炭公司拍得。

6月16日，电压等级为220千伏的万安变电站建成，主变压器容量为120000千伏(2台)。

7月18日，经金山县人民政府批准，原新农镇长浜村7个组、幸福村7个组、三浜村1个组划归朱泾镇管辖，并建立仙居村村民委员会。

8月14日，共青团朱泾乡第十七次代表大会召开。会议选举朱建强为书记，陈春风、陆妹（女）为副书记。

9月6日，朱泾镇百岁老人夏连珍（女，生于1894年3月）去世，金山县老龄委特派员前往吊唁。

1992 年 10 月 6 日,朱泾镇第一幢 18 层高层建筑——珠溪大楼举行奠基仪式。1995 年 10 月竣工。

11 月 4 日,朱泾乡第十二届人民代表大会第四次会议召开。会议选举盛宗耀为朱泾乡人民政府乡长。

11 月 7 日,朱泾镇第十二届人民代表大会第四次会议召开。会议接受陈梦良辞去朱泾镇人民政府镇长职务的请求,选举鲁志方为朱泾镇人民政府镇长。

11 月 25 日,朱泾镇、乡域固定电话号由 7 位升至 8 位。

是年,上海鑫义服装有限公司总经理金连观被评为上海市劳动模范。

是年,朱泾乡被评为上海市计划生育先进集体。

是年,朱泾镇被授予上海市二级卫生红旗城镇称号。

是年,朱泾镇被评为市农口系统文化先进镇、市体育明星镇。

1996 年

1 月 18—19 日,中共朱泾镇第十次代表大会召开。会议选举顾仁忠为党委书记,鲁志方、沈瑞忠、李春花(女)为副书记,李春花(女)为纪律检查委员会书记(兼)。

2 月 1—2 日,中共朱泾乡第十一次代表大会在县委党校礼堂召开。会议选举刘永生为党委书记,盛宗耀、潘仁书(女)、黄政为副书记,王照荣为纪委书记。

2 月 27—29 日,朱泾镇第十三届人民代表大会第一次会议召开。会议选举顾仁忠为朱泾镇第十三届人民代表大会主席,曹炜为副主席;鲁志方为朱泾镇人民政府镇长,陈颂明、刘德根、曹有强、孙海华为副镇长。

3 月 6—8 日,朱泾乡第十三届人民代表大会第一次会议召开。会议选举潘仁书为朱泾乡第十三届人民代表大会主席,沈甫根为副主席;盛宗耀为朱泾乡人民政府乡长。

4 月 8 日,卫生部妇幼司司长庞汝彦带领全国部分省市卫生厅厅长、卫生厅妇幼处处长一行到朱泾镇参观健康路康复幼儿园。

6 月 5 日,共青团朱泾镇第八次代表大会召开。会议选举夏红梅(女)为书记,顾永辉、沈国锋为副书记。

6 月 14 日,金山农民画家张新英获联合国科教文卫组织与中国民间艺术家协会共同签署的“一级民间艺术家”称号。

6 月,袁晓林任中共朱泾镇委员会书记。

7 月 26 日,中共金山县委常委、组织部部长吴锦初率团到朱泾乡召开贫困村座谈会。会议决定:组织部结对一农村,总工会结对良种村,农业银行金山支行结对前进、东方红村,司法局结对富强村,进行结对共建。

7 月 26 日,朱泾镇第十三届人民代表大会第二次会议召开。会议接受顾仁忠辞去朱泾镇人大主席职务的请求。

10 月 24 日,金山县老年大学朱泾乡老年分校在乡成人学校挂牌成立。

12月26日,金山县工商业联合会朱泾乡分会召开成立大会。

是年,罗星中学校长叶龄逸被上海市人民政府授予上海市普教系统特级教师称号。

是年,朱泾镇人民政府被评为上海市计划生育先进集体。

是年,朱泾镇1994—1996年连续3年被评为上海市卫生红旗城镇。

1997年

2月28—3月1日,朱泾镇第十三届人民代表大会第三次会议召开。

3月20—21日,朱泾乡第十三届人民代表大会第二次会议召开。

5月12日,根据5月8日《国务院关于同意上海市撤销金山县设立金山区的批复》,市委、市政府在石化工人影剧院召开金山建区干部大会,新建立的金山区政府设在金山卫镇(卫零路)。至此,县治在朱泾终止。

8月,盛宗耀任中共朱泾乡委员会书记。

10月21日,朱泾镇第十一次妇女代表大会召开。会议选举金杏英为镇妇联执委会主席,夏红梅、黄建为副主席。

11月26日,公安机关抓获作案嫌疑人王某,一举破获发生在朱泾镇秀南、北圩新村,朱泾乡金龙小区和张堰镇康乐小区年初以来闯窃20余起、总价值10万余元的系列案件。

12月15日,上海市农委〔97〕第204号文批复,同意建立朱泾经济小区,发展私营经济。

12月18日,朱泾镇第十三届人民代表大会第四次会议召开。会议接受孙海华、曹友强辞去朱泾镇人民政府副镇长职务的请求;选举费治中、方本鸿为朱泾镇人民政府副镇长。

12月31日,朱泾乡第十三届人民代表大会第四次会议召开。会议接受盛宗耀辞去朱泾乡乡长职务、邱吉林辞去副乡长职务的请求;选举沈华棣为朱泾乡人民政府乡长,张爱根为副乡长。

是年,朱泾镇获上海市幼托示范乡镇称号。

1998年

3月8日早上,朱泾镇派出所110接到报案,暂住朱泾镇东风路33号后门404室的张某某(女,25岁,新农镇人)被人杀害,藏在衣物柜内。经过侦查、取证,在有关部门的支持配合下,历经一个多月、出动警力300余人次,于4月21日终将疑犯吴某某在云南中缅边境的勐海县抓捕归案。

3月16—17日,朱泾镇第十三届人民代表大会第五次会议召开。会议选举施志望为朱泾镇人大主席。

9月15日,朱泾乡第十三届人民代表大会第五次会议召开。会议接受沈华棣辞去朱泾乡人民政府乡长职务的请求,选举孙小龙为朱泾乡人民政府乡长。

9月16日,朱泾镇第十三届人民代表大会第六次会议召开。会议接受鲁志方辞去朱泾镇人民政府镇长职务的请求,选举刘跃俊为朱泾镇人民政府镇长。

10 月 14 日,共青团朱泾乡第十八次代表大会召开。会议选举朱建强为书记,倪岚岚(女)、谢丽锋为副书记。

12 月 29—30 日,中共朱泾乡第十二次代表大会召开。会议选举盛宗耀为党委书记,孙小龙、潘仁书(女)、黄政为副书记,黄政为纪律检查委员会书记。

是年,针织服装企业联合体——上海金山美达针织服装有限公司获得进出口经营自主权。

是年,朱泾镇成为电话镇(百户电话拥有率 60% 以上)。

是年,组织编制《朱泾镇 1996—2010 年土地利用总体规划》。该规划总用地面积 506 公顷,常驻人口 3.8 万多人。用地分配为:居住区及工矿用地 326 公顷,耕地 130 公顷,公路、港口、河流沟渠等用地 50 公顷。

是年,朱泾镇政府编制《仙居村(中心村)1998—2010 年建设发展规划》。中心村规划总用地面积 9.87 公顷,涉及住户 203 户、844 人,其中居住用地 4.92 公顷,共建用地 0.24 公顷,绿化用地 1.27 公顷,其他用地 3.44 公顷。

是年,新亚药业金山有限公司获 GB/T 19002—ISO 9002 质量体系认证证书。

是年,胜利、罗星新村被上海市社会治安综合治理委员会、市公安局评为市级安全小区。

是年,镇个体税收代征站小组长周明珠、胜利居委会党支部副书记夏月珍被评为金山区优秀共产党员。

是年,上海新亚药业金山有限公司被评为金山区一星级企业。

是年,胜利新村、临源二村、南圩新村被评为金山区文明小区。

是年,上海新亚药业金山有限公司、朱泾第二小学、东风幼儿园、罗星幼儿园、健康路幼儿园、镇派出所、朱泾镇粮油管理所、朱泾镇环卫所、上海流仕制衣有限公司、上海柴油机股份有限公司金山缸套厂、上海金山汽车检测中心、朱泾粮油管理所、朱泾乡卫生院、朱泾中学、朱泾中心小学被评为金山区 1997—1998 年度文明单位。

是年,蔡正德、莫嘉、孙长柏、张士英、肖慧兵、袁晓林、陈诤、胡伯祺、张秋英、周毛妹、蔡凤英、王秀珍、郎静辉、钟锋杰、汤耀明、陆慧芳、沈惠良、肖道生、潘香林、王明龙、顾连云、汪小弟、姚岳忠、黄明甫、王克华、孙惠英等家庭被评为金山区 1997—1998 年度五好文明家庭。

是年,朱泾第二小学妇代会副主任丁英模获 1997—1998 年度上海市计划生育先进工作者称号。

是年,朱泾乡敬老院被评为上海市三八红旗集体;敬老院院长戈金宝被评为市三八红旗手。

是年,上海金甫时装有限公司张福珍被评为上海市三八红旗手。

是年,朱泾乡秀泾村党支部被评为金山区先进基层党组织。

是年,上海鑫鑫时装厂被评为金山区三星级企业。

是年,上海柴油机股份有限公司金山缸套厂被评为金山区 1997—1998 年度"重合同、守信用"单位。

是年,朱泾乡联盟村妇代会主任张梅花获 1997—1998 年度上海市计划生育先进工作者称号。

是年，金山区西部防洪除涝工程朱泾段竣工，共修筑护岸 29.99 千米，建 4 米单闸 2 座，安装排涝泵 1 台套。

1999 年

1 月 7—8 日，中共朱泾镇第十一次代表大会召开。会议选举袁晓林为党委书记，刘跃进、陶濛濛（女）、沈瑞忠为副书记，沈瑞忠为纪律检查委员会书记。

2 月 3—5 日，朱泾乡第十四届人民代表大会第一次会议召开。会议选举潘仁书为朱泾乡第十四届人民代表大会主席，钱引根为副主席；孙小龙为朱泾乡人民政府乡长，吕春华、张爱根、刘银芳（女）为副乡长。

2 月 4—5 日，朱泾镇第十四届人民代表大会第一次会议召开。会议选举施志望为朱泾镇第十四届人民代表大会主席；刘跃俊为朱泾镇人民政府镇长，费治中、方本鸿、邬仁荣、孙纯玮为副镇长。

2 月，蒋泾村民委员会获上海市环境卫生竞赛先进集体称号。

5 月 14 日，朱泾镇残疾人联合会第二次代表大会召开。会议选举方本鸿为残疾人联合会主席团主席，李萍为残疾人联合会理事长。

6 月 10 日，共青团朱泾镇第九次代表大会召开。会议选举夏红梅（女）为书记，许志峰为副书记。

6 月 28 日，朱泾乡工会第一次代表大会召开。会议选举李美玲（女）为工会主席，张伶俐（女）、姚炳奎为副主席，姚炳奎为经费审查委员会主任。

7 月 2 日凌晨，受连续 5 次大暴雨、天文潮和江浙客水下泄的三重影响，金山大桥最高水位达 4.08 米，超出 1954 年最高水位 3.81 米，连续 21 次超过防洪警戒线，引发大面积洪涝灾害。

7 月 8 日，朱泾镇工会第一次代表大会召开。会议选举陈颂明为工会主席，高耀之为副主席，王春华（女）为经费审查委员会主任。

是年，朱泾镇派出所通过电脑联网追捕逃犯 15 名。为此，获上海市政府颁发的市模范集体称号。

是年，朱泾镇被评为上海市群众体育先进集体，并被推荐为全国亿万农民健身运动先进乡镇。

是年，永丰农场增植苗圃 1.33 公顷，植树造林 6 万株。

是年，《朱泾镇镇区总体规划（1999—2010 年）》和《朱泾镇中心地段详细规划》修编完成。

2000 年

1 月，家住朱泾镇的上海舞蹈学校学生方静仲，在瑞士洛桑国际芭蕾舞大赛中，获 16—17 岁年龄组第一名的洛桑大奖。同年 11 月，在法国巴黎国际芭蕾舞比赛中获金额最高的组里耶夫基金奖。

1月25—26日,朱泾镇第十四届人民代表大会第二次会议召开。

2月18日,朱泾乡第十四届人民代表大会第二次会议召开。

5月28日,东林医院与朱泾镇敬老院合并,成立东林养老院。

5月,朱泾乡蒋泾村彭国强参加全国第五届残疾人运动会,获全国男子坐式排球赛金牌。

同月,位于西林街381号的济众桥被列为金山区文物予以保护。

7月13日,中共金山区委、区政府在东林宾馆召开朱泾镇干部大会,宣布撤销原朱泾镇、朱泾乡建制,建立新的朱泾镇。任命袁晓林为中共朱泾镇委员会书记,盛宗耀、陶濛濛(女)、刘银芳(女)、吕春华为副书记,盛雪彪、陈颂明、莫水龙为委员,刘银芳(女)为中共朱泾镇纪律检查委员会书记。新成立的中共朱泾镇委员会、朱泾镇人民政府办公地址为临源街750号。

7月19—20日,朱泾镇第十四届人民代表大会第一次会议召开,出席代表108人,特邀列席9人。会议选举施志望为朱泾镇第十四届人民代表大会主席,盛宗耀为朱泾镇人民政府镇长,邬仁荣、孙纯玮、张伟东、张爱根、曹志熙为副镇长。

10月,在四川绵阳全国农民运动会上,朱泾镇获全国亿万农民健身运动先进乡镇称号。

同月,金山中学邵伟超获数学学科国家级联合竞赛三等奖。

11月1日,全镇245名人口普查员深入城乡居民家开展第五次全国人口普查登记工作。

12月,盛宗耀任中共朱泾镇委员会书记。

是年,金山农民画国际知名画家宋金其画的《竹林鹭鸶》,获2000年世界华人艺术展铜奖,宋金其被世界华人艺术展组委会授予"世界华人艺术家"称号。

是年,朱泾镇派出所被金山区政法委评为"十佳"政法先进单位,被市公安局评为人民满意先进集体。在春季攻势、秋冬战役中获金山公安分局流动红旗。

是年,罗星中学王咏梅获全国"语文报"杯中学语文教学评比一等奖。

是年,张阿二被评为上海市劳动模范。

是年,上海流仕制衣有限公司、上海新亚药业金山有限公司、朱泾镇派出所、朱泾粮油管理所被评为第十届(1999—2000年度)上海市文明单位。

是年,凤翔新村、南圩花苑被评为上海市文明小区。

是年,宋蔚家庭被评为1999—2000年度上海市五好文明家庭。

是年,张留发、徐君、骆秋林、林雁、陈旭海5人被上海市社会治安综合治理委员会、市公安局授予上海市社会治安见义勇为先进分子称号。

是年,民主村第一村民小组建造占地面积500平方米,建筑面积160平方米,具有江南园林风格的"老年之家"活动室,于2000年年底启用。

2001年

3月8—9日,朱泾镇第十四届人民代表大会第二次会议召开。会议选举余旭峰为朱泾镇人民政府镇长。

3月15日，《朱泾社区》报创刊发行。

4月6日，朱泾镇凤翔小区、南圩小区、临源一村被评为上海市文明单位。

4月，坐落在公园路246弄288号，占地面积24300平方米，建筑面积23000平方米，投入资金3900多万元，于2000年7月动工的万安农贸市场竣工。其中底楼农副产品交易大厅10000平方米，共分为5大区域、10多个行业，设各类摊位770多个。

同月，朱泾小商品市场竣工开业。

6月，农科站、农技站、林业站、畜牧兽医站、水产技术推广站、渔政站6个站合并为朱泾镇农业技术推广服务中心。

同月，金山中学朱颖获语文学科国家级作品大赛二等奖。

8月30日，朱泾镇第十二次妇女代表大会召开。会议选举金杏英为主席，张梅花、黄建为副主席。

9月6日，共青团朱泾镇第十次代表大会召开。会议选举夏红梅(女)为书记，许志峰、干志英(女)为副书记。

9月16日，为期23天的金山区第四届农民画旅游节暨朱泾镇社区文化艺术节在朱泾镇开幕。

11月，金山中学陈文勋获生物学科国家级联赛二等奖。

12月28—29日，中共朱泾镇第十三届党员代表大会第一次会议召开。会议选举盛宗耀为党委书记，吕春华、余旭峰、沈继祥、陈颂明为副书记；沈继祥为纪律检查委员会书记，彭纪华为副书记。

12月，金山中学何燕峰、费小强获化学学科国家级三等奖。

同月，紫金广场于2001年10月破土动工，12月竣工，总投资600万元，占地面积8000多平方米。该广场由文化广场、艺术舞台、健身场地、儿童乐园等区域组成，是集文化、娱乐、健身、休闲、教育等功能于一体的娱乐活动场所。

是年，创建市一级卫生镇通过验收。

是年，接收安置三峡库区移民8户、37人。

是年，朱泾镇派出所受到上海市公安局集体嘉奖。

是年，建立农村生活垃圾收集处置系统。6月底在民主、良种村试行，后在全镇推广。至2001年底，全镇14个村均建造2—3座垃圾房。

是年，坐落在朱泾镇的金山区第一实验小学获上海市文明单位称号。

是年，朱泾镇被评为上海市文明镇。

是年，凤翔小区、南圩花苑、临源一村被评为上海市文明小区。

2002年

1月20—22日，朱泾镇第十五届人民代表大会第一次会议召开。会议选举陶濛濛(女)为朱泾镇第十五届人民代表大会主席，徐四弟为副主席；余旭峰为朱泾镇人民政府镇长，邬仁荣、张爱根、曹志熙、阮仙华(女)为副镇长。

4月28日,朱泾镇工会第二次代表大会召开。会议选举张伟东为工会主席,唐连富、李萍(女)为副主席,王春华(女)为经费审查委员会主任。

7月1日,经区人民政府批准,胜利村与前进村合并,名秀州村;万安村与联盟村合并,名万联村;民主村与良种村合并,名民主村;增产村与建设村合并,名大茫村。朱泾镇由16个村调整为12个村。

12月1日,新农镇幸福村、新范村(不包括新农集镇、幸福村1组),总面积4.13平方千米,划归朱泾镇管辖,朱泾镇区域面积扩大至49.62平方千米。

12月29日,始建于元至大元年(1308年)的东林寺被列为上海市文物保护单位。

是年,朱泾镇创建成上海市红十字示范镇。

是年,城南新区东至掘石港、西至五人港、南至蒋泾港、北至亭枫公路朱泾镇段,面积3.18平方千米的区域,计划用5—10年时间,建成集行政、商贸、教育、文化、卫生、体育、居住于一体的园林式生态城区。

是年,城南新区首期开发84公顷,投资1.6亿元,完成"一横三纵"道路基础设施建设。金玉良苑、华光紫荆苑、汇佳新苑等住宅小区建设启动。

2003年

1月23—24日,朱泾镇第十五届人民代表大会第二次会议召开。会议接受余旭峰辞去朱泾镇人民政府镇长职务的请求,选举曹志熙为朱泾镇人民政府镇长。

2月16日,总投资1050万元,首次选用新型PE管材敷设朱泾城南天然气管线8750米工程启动,8月15日竣工。朱泾地段医院、朱泾中心小学率先受益。

3月,金山中学朱佳琳获语文学科国家级作文大赛一等奖。

6月,朱泾镇成立东林商业老街改扩建工程方案设计办公室。

7月28日,蒋泾村创办金山区第一个"知识农民俱乐部"。俱乐部根据农事节气举办知识讲座,邀请区、镇农艺师对农民传授科学种田知识。

8月7—8日,朱泾镇第十五届人民代表大会第三次会议召开。会议选举杨国贤为朱泾镇人民政府副镇长。

8月28日,金山中学建设工程开工典礼在朱泾镇健康路新校址举行。

9月1日,位于健康路南端的朱泾中心小学新校舍启用。学校占地面积21700平方米,建筑面积11540平方米,总投资2450万元。

9月3日,金山农民画院选送金山农民画21幅参加在上海美术馆开幕的上海第十二届"江南之春"(金桥杯)画展。王金喜的《四季蔬菜》获一等奖,张新英的《鱼摊》、朱永金的《年年有余》获二等奖,怀明富的《古桥清流》、张美玲的《捕蟹》分获三等奖。

9月18日,经金山区人民政府批准,万安居委会与西林居委会合并,名西林居委会;南圩居委会与南圩花苑居委会合并,名南圩居委会;北圩居委会与秀州居委会合并,名北圩居委会;城中居委会与临源居委会合并,名临源居委会;胜利居委会与东林居委会合并,名东林居委会;罗星居委会与罗东居委会合并,名罗星居委会;新汇居委会与东风居委会合并,名新汇居委会；金龙居委会与大桥居委会合并，名金龙居委会。朱泾镇20个居委会撤并为12个居委会。

12月6—11日，朱泾镇举办首届体育运动会。运动会设拔河、飞镖、绳毽接力、乒乓球、拳操、象棋、三人篮球、田径、体能等比赛项目，各村委会、居委会、机关、企事业单位32支代表队、700余名运动员参加。朱泾中学、朱泾第二小学、金山缸套厂获团体优胜奖。

12月，实施"家家富工程"，三年内配置钢管管棚（每套管棚宽6米、长30米，计180平方米）4522套。

是年，位于罗星路193号的朱泾地段医院迁址亭枫公路4371号，原址为罗星门诊所。新院舍由原区民防办公楼改建而成，占地面积0.69公顷，建筑面积7000平方米，总投资1650万元。

是年，朱泾镇被命名为上海市双拥模范乡镇。

是年，朱泾镇实现"有线电视村村通"。

是年，投入资金400万元，扩建朱泾第二小学综合楼，建筑面积3500平方米。

是年，大茫、富强、东方红村整理土地137.37公顷，新增耕地16.28公顷。

是年，投入资金6280万元，完成万安、钟楼、南圩、临东部分区域4.4万平方米住宅平改坡（多层住宅平顶改坡顶）工程；完成秀泾、一农、大茫村2010户自来水管网改造。

是年，中共朱泾镇委员会被评为上海市优秀乡镇党委、2001—2003年度市五好乡镇党委。

是年，朱泾镇获上海市计划生育先进集体称号。

是年，沈国平家庭被评为全国五好文明家庭。

是年，朱泾镇被评为2002—2003年度上海市文明镇、区文明镇。

是年，大茫村、东方红村、秀州村被评为上海市文明村。

是年，凤翔小区、南圩花苑小区、临源一村西部小区、临源一村东部小区、钟楼小区、秀州小区、鸿越华庭被评为上海市文明小区。

是年，杨征来家庭被评为2002—2003年度上海市五好文明家庭。

是年，夏金龙、戈金宝被评为2002—2003年度上海市劳动模范。

是年，上海新亚药业金山有限公司、上海流仕制衣有限公司、金山汽车检测中心、朱泾镇派出所、金山区第一实验小学、金山中学、区水质净化厂被评为2001—2002年度上海市文明单位。

2004年

1月8日，朱泾镇成立"康安"扶贫帮困基金会。由康安房地产开发公司捐赠20万元成立"康安"扶贫帮困基金。

1月8—9日，朱泾镇第十五届人民代表大会第四次会议在东林宾馆召开。

1月，上海南汇康桥一外来户养殖的一群鸭子患禽流感，此病人畜共患。镇防疫人员使用疫苗540000毫升，对全镇17.2万羽禽类实施100%防疫。

2 月 20 日,《新世纪朱泾人》出版发行。

5 月,建设部会同国家发展和改革委员会、民政部、国土资源部、科技部下发通知,确定首批全国重点城镇,其中上海市共有 14 个镇被确定为全国重点镇,朱泾镇名列其中。

6 月 10 日,经镇党委同意,上海进念室内设计装饰有限公司成立首个民营企业党支部。

6 月底,《探索与实践——朱泾镇社区党建工作实录》出版发行。

6 月,经金山区、朱泾镇人民政府和区环境保护局协调,决定朱泾城区内的所有工业企业全部迁至朱泾工业区内。

同月,经金山区政府批准,富强村与一农村合并,名新泾村;蒋泾村与秀泾村合并,名待泾村;仙居村与幸福村、新范村合并,名长浜村。

8 月,全国试点,金山区首家社区青年中心——朱泾社区青年中心在南圩新村 144 号挂牌成立。

同月,金山中学应届毕业生高考上线率 100%,其中本科上线率 90%。

9 月 1 日,金山中学新校舍启用。新校舍占地面积 11.67 公顷,建筑面积 7.4 万平方米,总投资 2 亿多元,可容纳 48 个班级、2400 多名学生就学,成为上海市寄宿制高级中学。

9 月 2 日,作为禁毒、矫正、社区青少年事务的 3 个社区工作站——市自强、新航、阳光社团金山工作站在朱泾镇揭牌。

9 月,由金山区计委批准立项,区财政出资新建的朱泾塘园路泵站投入使用。该泵站占地面积 2000 平方米,日排污能力 6000 吨。

10 月 14 日,大茫村创建朱泾镇第一个农村科普教育阵地,传播科学知识,开展各类科普活动。

12 月 8 日,朱泾历史风貌区一期改造工程,即东林文化街改造和东林寺修复工程启动。工程规划面积 5.33 公顷,其中寺庙占地面积 1.37 公顷,旨在建成江南水乡民俗文化景观街。

12 月 9 日,中共朱泾镇第十三届党员代表大会第二次会议在东林宾馆召开,会议审议并举手表决通过《中国共产党朱泾镇代表大会常任制试行办法》。

12 月 31 日,经上海无公害农产品产地认定办公室认定,朱泾镇无公害水稻、蔬果产地 1880 公顷。产地证书编号为 WNCR－SH04－081401。

是年,朱泾镇完成农村自来水管网改造 7717 户。

是年,陆学峰获“2004 年全国残疾人举重、盲人柔道锦标赛”举重项目男子 60 公斤级第一名、运动员体育道德风尚奖,并被选聘为国家级残疾人运动员。

是年,万安、临源等 6 条主要街道铺设盲道 9850 米。

是年,联盟村鱼塘养殖 28 公顷南美白对虾,公顷单产 3000 千克,每公顷盈利 6 万元。

是年,筹措 1850 万元,新建秀州街。至 2004 年底,中官塘东段建成。

是年,市财政扶持种粮补贴兑现,对种植 0.067—0.33 公顷粮田的农户,每公顷补贴 900 元;种植 0.33—1 公顷的每公顷补贴 1050 元;种植 1 公顷以上的大户每公顷补贴 1200 元。

是年,陈补生获农业部“全国粮食生产大户”称号。

是年,冯兰花被评为上海市三八红旗手。

是年,东风幼儿园章勤芳获上海市园丁奖。

是年,金山中学黄争获全国青少年研究性作文优秀组织奖、教育教学论文大赛一等奖;陈红梅获全国生物教育创新研究优秀论文一等奖;教师曹昭全申报的《教育信息化理论和实践模式》子课题被批准为教育科学"十五"规划课题。

是年,投入680万元,在城南新区主要道路上完成绿化面积2.67公顷;投入800万元,建成城南新区"一横四纵"道路灯光工程。

是年,东林街东段旧区改造竣工,新建的街面房为6层,底层为商业用房,2—6层为住宅房,编号为东林街1-61号,拓宽的街面长120米、宽7米。

是年,完成罗星新村、临源二村、东风新村3万平方米平改坡改造工程。

2005年

1月8—9日,朱泾镇第十五届人民代表大会第四次会议召开。

2月28日,中共朱泾镇第十三届党员代表大会第三次会议召开。

3月28日,经上海市人民政府批准,撤销朱泾镇、新农镇建制,建立新的朱泾镇,政府机关驻朱泾镇临源街750号。

第一章　建置　环境

第一节　建　　置

一、沿革

1990 年至 1997 年 4 月，朱泾镇、乡隶金山县。1997 年 5 月 6 日，金山撤县建区后，朱泾镇、乡隶金山区。

2000 年 7 月 13 日，经上海市人民政府批准，撤销朱泾乡和朱泾镇建置，建立新的朱泾镇。

2003 年 9 月 8 日，经金山区政府批准，万安居委会与西林居委会合并，名西林居委会；南圩居委会与南圩花苑居委会合并，名南圩居委会；北圩居委会与秀州居委会合并，名北圩居委会；城中居委会与临源居委会合并，名临源居委会；胜利居委会与东林居委会合并，名东林居委会；罗星居委会与罗东居委会合并，名罗星居委会；新汇居委会与东风居委会合并，名新汇居委会；金龙居委会与大桥居委会合并，名金龙居委会。

2004 年 6 月 10 日，经金山区人民政府批准，富强村与一农村合并，建立新泾村委会；蒋泾村与秀泾村合并，建立待泾村委会；仙居村与幸福村、新范村合并，建立长浜村委会。是年，全镇辖 12 个居委会，1267 个居民小组，8 个村委会，238 个村民小组。

二、区划

1994 年 12 月 9 日，新农镇长浜村 7 个组、幸福村 7 个组、三浜村 1 个组归朱泾镇管辖。1995 年 11 月 11 日，成立仙居村民委员会。

2000 年 7 月 13 日，朱泾镇、乡合一，建立新的朱泾镇后，下辖罗东、罗星、临源、胜利、城中、东林、西林、南圩新村、北圩、广福、新汇、东风、大桥、凤翔、秀州、金龙、临东、万安、钟楼、南圩花苑 20 个居民区和胜利、前进、民主、东方红、富强、秀泾、蒋泾、增产、建设、万安、联盟、一农、良种、仙居 14 个行政村。

2002 年 12 月 1 日，经金山区政府批准，原新农镇新范村、幸福村（不包括 1 组），总面积 4.13 平方千米，划归朱泾镇，镇域面积扩至 49.62 平方千米。

第二节　自然环境

朱泾镇位于上海市西南郊，地处黄浦江上游，金山区(县)北部。位于北纬 30°54′、东经 121°9′。镇域内河网交织，地势平坦，土壤肥沃，四季分明，日照充足，雨水均匀，无霜期长。但台风及旱涝等灾害时有发生。

一、地形

朱泾镇地形南高北低，南部镇域在吴淞零点上 3. 2—3. 9 米，面积 19. 85 平方千米；北部镇域在吴淞零点上 2. 8—3. 4 米，面积 29. 77 平方千米。常年地下水位在 1. 2—1. 5 米，每逢台风、暴雨、大潮汛，部分低田常遭水淹。

二、土壤

朱泾镇域内土壤性状略有差异。根据 1981 年金山县土壤普查，域内存在 1 个土类、3 个亚类、3 个土属、6 个土种。

青紫泥土属　青紫泥土属分黄斑青紫泥、青紫泥、泥碳青紫泥 3 个土种，占耕地面积的 91. 08%，质地重壤至轻黏，有机质含量较高，无碳酸盐反应。主要分布在幸福、新范、仙居、秀州、万联、东方红、富强、蒋泾、秀泾、一农、良种、民主、大茫等村。

青黄泥土属　青黄泥土属分青黄泥、黄底青黄泥 2 个土种，占耕地面积的 7. 18%，质地一般为重壤，渗育层厚，通气、保肥、供肥性好，作物前期长势好，中期稳，后期不脱力，是本地较好的土壤类型。主要分布在蒋泾、秀泾、民主、大茫等村。

青泥土土属　青泥土土属唯有 1 个土种，占耕地面积的 1. 74%，此土种母质以湖相静水沉积为主，质地较黏，无石灰反应。多数处于低田或荡田，潜在养分含量较高，保肥性能好，但通透性、渗水性十分差，作物长势为迟发型。主要分布在万联、大茫等村。

三、气候

朱泾镇域为亚热带气候，四季分明，日照充足，雨水充沛，对农业生产十分有利。

气温　朱泾镇域年平均气温为 15. 5℃，每年 1 月气温最低，月平均 3. 3℃；7 月最高，月平均 27. 7℃。历年极端最高气温为 39. 6℃，出现于 2003 年 7 月 25 日；极端最低气温为零下 10. 8℃，出现于 1977 年 1 月 31 日。

日照　朱泾镇域全年光照时间平均为 2015 小时，每年以七八月为最多，一二月为最少。但光照时数年际变化较大，1971 年光照时数为 2335. 5 小时，1989 年为 1736. 6 小时，差异可达全年平均光照的 29. 72%。

霜期　朱泾镇域冬天易受北方冷空气影响，常出现低温寒潮、冷空气的侵袭，常使气温的年际变化波动较大，部分年份出现暖冬现象。一般初霜期为 11 月中旬，终霜期在 4 月中旬。

雨量　朱泾镇域 1990—2004 年年均降水日为 135. 03 天、降水量为 1177. 23 毫米，降雨期多为5月、9月。降水最多年份是1999年,降水量为1798.2毫米;最少是2003年,降水量为633.5毫米。最大日降水量为136.3毫米,出现于1997年7月10日。梅雨持续期最长为1974年,达67天,总降水量446.6毫米;最短为1964年,仅6天,总降水量93.3毫米。每年春季,由于受季风影响,会出现低温阴雨期,夏秋常受台风影响,带来暴雨较多。

根据金山区(县)设立的朱泾水文站(金山大桥处)水位测示,1990—2004年,朱泾镇域最高水位为4.08米,出现于1999年7月2日;最低水位3.55米,出现于1990年9月7日,为15年间最低。超过警戒线水位次数最多为1999年,全年103次。

1990—2004年朱泾镇域水文情况表

表1

年份	年降水量(毫米)	最高水位(米)	超警戒水位次数(次)(3.50米)	备注
1990	1280.7	3.55(9月7日)	4	
1991	1324.1	3.73(7月15日)	24	太湖发生特大洪水
1992	935.0	3.69(8月31日)	12	
1993	1475.2	3.79(8月20日)	24	
1994	1000.0	3.56(8月22日)	1	
1995	1124.3	3.64(7月3日)	4	
1996	1049.8	3.76(8月1日)	29	
1997	1142.2	4.07(8月19日)	18	受1997年11号台风影响
1998	1247.4	3.79(1月15日)	16	受厄尔尼诺现象影响
1999	1798.2	4.08(7月2日)	103	受梅雨及上游水量下泄影响
2000	1047.2	4.01(8月31日)	15	
2001	1188.0	3.93(6月26日)	21	
2002	1377.3	3.95(9月8日)	36	
2003	633.5	3.62(8月14日)	19	
2004	1035.5	3.68(7月4日)	7	

风向 朱泾镇域内,四季风向变化明显,春季以东南风为主,夏季多南风或西南风,秋季东北风较多,冬季以西北风为多。据金山县气象台1960—1989年资料,年大风天数最多出现于1963年,全年36天;最少为1976年,全年仅3天。最大风力出现于1949年、1951年、1956年,为12级以上。台风是造成洪涝灾害的直接原因。

第三节 河 流

朱泾镇河道密布,水源充足。镇域内市级河道有掘石港、胥浦塘、小泖港3条段;区级河道有秀州塘、大茫塘、斜塘港、中官塘4条段;镇级河道有待步泾、五人港、蒋泾港、斜界港、菱塘港、鱼洋泾、朱泥泾、长浜港、朱泾市河9条段;村级河道109条段。四级河道总长159.07千米,河口总面积270.08公顷,占全镇总面积的5.44%。

一、市级河道

镇域内有市级河道3条段,全长13.71千米,河口面积50公顷。

掘石港 古名掘挞泾,北起小泖港,南迄六里塘,长8.36千米,河面宽120米。

胥浦塘 南承浙江省平湖市上海塘水,自吕巷镇西北部入境,沿沪浙边界而北,至兴塔镇交界折东,至六里塘口,长3.7千米,河面宽70米。

小泖港 东起掘石港,西迄秀州塘,长1.65千米,河面宽60米。

二、区级河道

镇域内有区级河道4条段,全长18.76千米,河口面积56.05公顷。

秀州塘 亦名大官塘,东起小泖港,西迄斜塘港,长6.29千米,河面宽65米。

大茫塘 东起掘石港,西迄兴塔镇下坊村交界,长4.28千米,河面宽18米。

斜塘港 北起秀州塘,南迄秀泾新泾河,长3.29千米,河面宽22米。

中官塘 北起小泖港,南迄胥浦塘,长4.9千米,河面宽18米。

三、镇级河道

镇域内有镇级河道9条段,全长29.53千米,河面宽15—23米,河口面积56.57公顷。

待步泾 南起胥浦塘,北迄联盟水圩村,长6.34千米,河面宽23米。

五人港 北起秀州塘,南迄大茫塘,长3.46千米,河面宽23米。

蒋泾港 东起掘石港,西迄斜塘港,长8.43千米,河面宽20米。

斜界泾 南起胥浦塘,北迄大茫塘,长1.79千米,河面宽15米。

菱塘港 南起秀州塘,北迄松江区交界,长1.3千米,河面宽15米。

鱼洋泾 北起秀州塘,南迄蒋泾港,长2.45千米,河面宽15米。

朱泥泾 南起新景河,北迄新新河,长2.21千米,河面宽16米

长浜港 北起大泖港,南迄新新河,长1.15千米,河面宽15米。

朱泾市河 东起掘石港,西迄秀州塘,长2.4千米,河面宽15米。

四、村级河道

镇域内有村级河道109条段,全长97.07千米,河口面积107.46公顷。

2004年朱泾镇村级河道情况表

表2

村名	河道名称	长度(千米)	起迄		河口宽度(米)
			起	迄	
秀州村	沈浦泾	1.78	小泖港	朱泾镇镇区	10
	胜利中心河	1.62	掘石港	中官塘	10
	南腰浜河	0.46	掘石港	朱泾镇胜利路	7
	北腰浜河	0.42	掘石港	朱泾镇胜利路	13
	黄草埭河	0.66	掘石港	沈浦泾	10
	洪庙港河	1.25	中官塘	沈浦泾	11
	红旗港	0.99	胜利中心河	胜利10组	10
	南港河	1.94	小泖港	中官塘	12
	周家埭浜	0.44	小泖港	前进3组	11
	长溇浜	0.52	小泖港	前进8组	11
	河泥浜	0.59	小泖港	前进9组	11
	钱家浜河	0.42	中官塘	前进南北河	12
	前进南北河	0.44	小泖港	河泥浜河	11
民主村	尤家阁河	0.58	中官塘	良种5组	11
	陆家头河	0.85	五人港	良种7组	9
	黄家浜河	0.82	蒋泾港	五人港	8
	东南头河	0.34	蒋泾港	良种6组	10
	许家库河	1.10	中官塘	民主2组	10
	杨家滩河	1.00	掘石港	民主7组	12
	北旁湾河	0.80	掘石港	民主6组	11
	石家庙河	0.82	中官塘	民主3组	12
	墙头村河	0.53	蒋泾港	民主4组	8
	南旁湾河	0.35	蒋泾港	民主5组	7
	野茅浜河	1.26	掘石港	民主9~10组	12
	水产排水河	0.50	掘石港	民主9~10组	8
	蔬菜排水河	0.30	掘石港	蔬菜3组	11
东方红村	郁家浜河	1.00	中官塘	蒋泾港	12
	堰桥河	0.49	五人港	良增路	10
	姚家阁河	0.43	五人港	良增路	11
	杨汇河	1.20	掘石港	东方红10组	10

续表 2

村名	河道名称	长度（千米）	起迄		河口宽度（米）
			起	迄	
东方红村	陆家埭河	1.00	掘石港	东方红 19 组	11
	贺家埭河	0.56	五人港	良增路	11
	东方红 12 组排水河	0.36	五人港	良增路	12
	东方红中心河	2.40	大茫塘	蒋泾港	12
	肖家村河	0.51	掘石港	东方红 15 组	12
	唐灰浜河	1.09	掘石港	东方红 18 组	11
	吃素浜	0.30	大茫塘	东方红 15 组	11
万联村	太平村河	0.62	秀州塘	万安 3 组	7
	西姚古浜	0.51	秀州塘	万安 6 组	10
	唐缺港	1.35	秀州塘	池泾港	11
	匠人埭河	0.61	菱塘港	唐缺港	8
	小圩河	0.80	唐缺港	池泾港	6
	池泾河	1.90	小泖港	菱塘港	12
	赵家浜河	1.42	池泾港	万安 13 组	11
	千步泾河	1.53	徐家浜	赵家浜	11
	徐家浜河	1.62	秀州塘	千步泾	9
	联盟中心河	3.50	菱塘港	老斜塘港	12
	西庄浜河	0.32	联盟中心河	联盟 5 组	7
	老斜塘港	1.53	秀州塘	松江交界	13
大茫村	引家库河	0.38	大茫塘	增产 2 组	8
	南河港	1.20	胥浦塘	大茫塘	11
	南河村河	0.72	南河港	增产 5 组	10
	王家堰河	0.61	胥浦塘	增产 16 组	10
	杜库村河	1.66	胥浦塘	增产 8 组	11
	陆家村河	0.29	斜界泾	增产 13 组	11
	陆家村河	0.11	斜界泾	增产 10 组	11
	杜圣村河	0.15	斜界泾	增产 14 组	11
	姚家埭河	1.45	大茫塘	南河港	10
	大路浜河	0.81	斜界泾	建设 10 组	10
	庄基浜河	0.91	大茫塘	建设 9 组	12

续表2

村名	河道名称	长度（千米）	起迄		河口宽度（米）
			起	迄	
大茫村	堰浜河	0. 35	斜界泾	建设12组	11
	徐泾河	1. 46	胥浦塘	村中心河	6
	三角里河	0. 32	待步泾	—	10
	红字圩河	0. 16	胥浦塘	—	11
	长浜河	0. 30	待步泾	—	11
	杨家浜河	2. 27	待步泾	—	11
	建设中心河	2. 20	待步泾	—	14
待泾村	蔡家漤河	0. 50	待步泾	—	11
	姚家漤河	1. 00	待步泾	—	10
	秋宇圩河	0. 49	待步泾	—	10
	蒋庄浜河	0. 39	蒋泾港	—	11
	曹家浜河	1. 50	待步泾	—	11
	彭潮河	0. 60	待步泾	—	8
	蒋泾姚家埭河	0. 48	待步泾	—	13
	唐家库河	0. 88	大茫塘	—	11
	浪家泾河	1. 77	大茫塘	—	12
	西陈屋河	0. 75	秀州塘	—	10
	东陈屋河	0. 81	秀州塘	—	10
	7组机口河	0. 66	斜塘港	—	11
	王家浜河	0. 68	蒋泾港	—	11
	9组机口河	0. 17	蒋泾港	—	7
	三家村河	0. 57	蒋泾港	—	13
	秀泾新泾河	2. 24	斜塘港	—	12
新泾村	掘头浜河	0. 60	蒋泾港	—	7
	长浜河	2. 20	待步泾	—	10
	朱家库河	0. 84	五人港	—	7
	野林浜河	0. 38	五人港	—	10
	富强中心河	2. 02	五人港	—	11
	茅林浜河	0. 45	五人港	—	10
	秀才浜河	0. 41	五人港	—	11

续表 2

村名	河道名称	长度（千米）	起迄		河口宽度（米）
			起	迄	
新泾村	顾家浜河	0.33	五人港	—	11
	向阳河	0.78	大茫塘	—	12
	短浜河	0.13	蒋泾港	—	10
	斜泾河	2.64	大茫塘	—	10
	黄泥浜河	0.55	大茫塘	—	10
	华亭港河	1.48	秀州塘	—	10
	罗家堰	0.20	秀州塘	—	8
	姚龙浜河	0.85	待步泾	—	11
	油车浜河	1.06	杨树浜	—	11
	杨树浜河	1.25	蒋泾港	—	6
	老蒋泾港	1.78	五人港	—	14
	一农中心河	1.00	五人港	—	12
长浜村	庙港	0.67	掘石港	—	10
	渡家溇河	0.82	掘石港	—	8
	长浜北里家泾	0.24	新范北里家泾	—	7
	北横港	0.46	温和泾	—	10
	三家村港	0.43	温和泾	—	9
	何家埭港	0.43	长浜港	—	11
	罗青湾港	0.40	长浜港	—	8

第四节　自然资源

朱泾镇地理环境优越，自然资源丰富，是典型的江南鱼米之乡。

一、植物资源

粮食类　粳稻、糯稻、大麦、小麦、玉米、高粱、红薯（山芋）等。

油料类　油菜籽、芝麻、蓖麻籽等。

豆类　黄豆、蚕豆、绿豆、赤豆、豌豆等。

蔬菜类　白头菜、青头菜、小白菜、塌棵菜、荠菜、卷心菜、蒿菜、牛心菜、菠菜、芹菜、雪里蕻菜、苋菜、蕹菜、花椰菜、西蓝花、香菜、马兰头、大蒜、韭菜、小葱、胡葱、豇豆、刀豆、白萝卜、茄子、胡萝卜、菜椒、辣椒、西红柿、马铃薯、芋艿、慈姑、茭白、莴笋、紫云英、竹笋、平菇、蘑菇、生菜、菱、藕等。

瓜类 西瓜、甜瓜(小白瓜、黄金瓜、青皮绿肉瓜)、黄瓜、冬瓜、南瓜、丝瓜、瓠瓜、苦瓜等。

果类 桃子、生梨、苹果、橘子、柿子、枇杷、梅子、石榴、金铃子、无花果、葡萄、草莓、樱桃等。

树木类 黄杨、白杨、柳树、银杏、梧桐、香樟、白榆、桑树、棕榈、榉树、冬青、水杉、松树(雪松、黑松、五针松、罗汉松)、柏树(龙柏、翠柏、花柏、针柏、扁柏)等。

竹类 蒲基竹、燕来竹、黄筋竹、篾竹、乌竹、芦竹等。

花木类 桂花、含笑、山茶、月季、杜鹃、石榴、米兰、茉莉、海棠、牡丹、吊兰、菊花、紫荆、水仙、玫瑰、蔷薇、紫藤、文竹、一串红、万年青、含羞草、君子兰、荷花、仙人球、仙人掌、天竺子等。

药材类 杜瓜、薄荷、紫苏、车前草、艾蓬、金银花、藿香、蒲公英、金针、益母草、枸杞、蚂蚁草、女贞子、荠菜花、芦根、茅根、月季、板蓝根、脱力草、野菊花、枇杷叶、地鳖虫、桃仁、杏仁、冬麦、蜂蜜、珍珠等。

杂类 芦苇、野茭白、水生花、水葫芦、水浮莲、绿萍等。

二、动物资源

家畜类 奶牛、山羊、绵羊、猪、肉兔、长毛兔等。

家禽类 鸡、鸭、鹅、肉鸽等。

野兽类 黄鼠狼、鼠、刺猬、野兔等。

野禽类 野鸡、野鸭、鹌鹑、野鸽、鹁鸪、布谷、喜鹊、乌鸦、麻雀、燕子、相思鸟、白头翁、画眉、山和尚、啄木鸟、百灵、黄鹂、老鹰、猫头鹰等。

水产类 鳊鱼、青鱼、鲫鱼、草鱼、鲢鱼、鲤鱼、黄鳝、泥鳅、鳗鱼、黑鱼、鲈鱼、鳑鲏鱼、塘里鱼、螃蟹、青蛙、蟾蜍、河虾、南美白对虾、罗氏沼虾、龙虾、蟛蜞、乌龟、甲鱼、河蚌、螺蛳、田螺、蛤子、黄颡鱼(蛙眼)等。

昆虫、爬虫类 蜜蜂、胡蜂、蝴蝶、蜻蜓、蚱蜢、蝉、螳螂、蟋蟀、蚕、萤火虫、苍蝇、蚊子、蚂蚁、蜗牛、壁虎、蚯蚓、蛇、蟑螂、跳蚤、红铃虫、蚜虫、蝼蛄、地老虎、稻飞虱、稻蓟马、稻象虫、稻纵卷叶虫、螟虫等。

第五节 自然灾害

1990年起,朱泾镇(乡)人民政府加大兴修水利力度,建立抗灾防汛体系,使自然灾害危害相应降低。

一、龙卷风

1991年8月7日,龙卷风袭击朱泾镇、乡,有13个村、831户农户受灾,造成房屋倒塌计1205间,人员受伤32人,总经济损失667.65万元。灾后,朱泾镇、乡党政领导和机关干部立即奔赴受灾现场,慰问灾民,落实救灾措施。8 月 8 日凌晨 2 时 20 分,中共上海市委、市政府领导在金山县委书记徐其华及镇(乡)有关领导陪同下,赴受灾最严重的胜利村慰问灾民,了解救灾情况,部署抗灾救灾措施。金山县各兄弟乡镇和局行都赠送救灾物资或捐款,金山县保险公司理赔 19.58 万元。

二、涝灾

1999 年,朱泾镇、乡域内降雨量特别大,全年为 1798.2 毫米,比往年的 1107 毫米多 6 成以上,梅雨降雨量 464.9 毫米,相当于常年梅雨量的 2 倍,水稻受淹面积 149.16 公顷,倒伏面积 146.67 公顷,造成水稻减产 165004 千克。

第二章　人　口

1990 年,朱泾镇总人口 29875 人,朱泾乡总人口 28472 人,合计 58347 人。随着朱泾镇、乡社会经济的发展,外来及周边乡镇人口的不断迁入,使朱泾镇、乡的人口不断增多。2004 年,朱泾镇总人口 69618 人,比 1990 年增长 19.32%;人口密度为每平方千米 1403 人,其中 64.86% 为非农业人口,人口寿命逐年延长,文化程度显著提高。

第一节　人口变动

一、迁入

1990—2000 年,朱泾镇、乡迁入人口 9038 人,其中,市内迁入 5120 人,外省市迁入 3918 人。

2004 年,朱泾镇迁入人口 239 人,其中,市内迁入 2 人,外省市迁入 237 人。

二、迁出

1990—2000 年,朱泾镇、乡迁出人口 793 人,其中,迁往市内 519 人,迁往外省市 274 人。

2004 年,朱泾镇迁出人口 44 人,其中,迁往市内 2 人,迁往外省市 42 人。

三、流动

1990 年代以后,随着改革开放力度的加大,工商企业纷纷落户朱泾镇、乡,加大人口的流动性。2000 年,朱泾镇总人口 67317 人,其中流出率 12.94%,流入率 12.03%。

2004 年,朱泾镇外来人口租赁房屋 4223 间,在住人口 11278 人,占常住人口的 13.94%。外来暂住人口中男性 6772 人,女性 4506 人;暂住在城镇 5336 人,农村 5942 人。

2000—2004 年朱泾镇外来人口流动情况表(总和数)

表 3

居住地名称(村、小区)	租赁房屋数(间)			暂住人口数(人)						携带人口数(人)
				在住			注销			
	合计	在住	注销	合计	男	女	合计	男	女	
罗东	82	77	5	97	46	51	273	135	138	2
罗星	158	155	3	214	75	139	245	129	116	6
临一、钟楼	397	386	11	677	366	311	758	436	322	18
临二	130	118	12	114	58	56	129	37	92	1
胜利新村	176	171	5	289	173	116	254	145	109	3
城中凤翔	182	177	5	691	326	365	723	316	407	13
东林	231	226	5	396	196	200	383	178	205	7
南圩	169	158	11	195	91	104	251	99	152	10
北圩、南秀	211	199	12	463	218	245	550	260	290	22
西林	188	177	11	284	138	146	644	383	261	16
万安	171	146	25	116	57	59	436	302	134	7
广福	172	168	4	599	339	260	602	262	340	11
新汇	167	162	5	242	86	156	355	116	239	17
东风	243	240	3	269	120	149	589	294	295	13
大桥	135	130	5	302	217	85	280	157	123	7
凤翔东村	4	4	—	6	2	4	5	1	4	—
秀州	43	43	—	18	12	6	47	32	15	—
金昌苑	167	150	17	21	6	15	2	1	1	—
仙居(村)	201	192	9	1280	819	461	675	454	221	8
胜利	175	174	1	786	449	337	1075	651	424	22
前进	67	66	1	298	189	109	251	130	121	5
万安	61	59	2	230	143	87	184	114	70	17
联盟	34	31	3	71	35	36	99	41	58	—
秀泾	13	13	—	15	9	6	22	7	15	—
蒋泾	20	20	—	39	25	14	36	22	14	1
一农	114	114	—	415	280	135	273	137	136	22
良种	194	192	2	1454	1230	224	1069	656	413	27
东方红	15	15	—	67	40	27	50	29	21	—
增产	3	3	—	65	24	41	43	12	31	—
建设	5	5	—	4	2	2	39	15	24	—

续表3

居住地名称(村、小区)	租赁房屋数(间)			暂住人口数(人)						携带人口数(人)
				在住			注销			
	合计	在住	注销	合计	男	女	合计	男	女	
富强	14	14	—	72	19	53	36	13	23	—
蔬菜	91	90	1	427	247	180	1640	943	697	22
水产	3	3	—	7	3	4	12	5	7	2
金龙	86	85	1	316	263	53	182	142	40	1
民主	157	151	6	574	385	189	248	167	81	5
新范	29	29	—	108	55	53	10	5	5	—
幸福	25	25	—	57	29	28	5	4	1	3
合计	4223	4058	165	11278	6772	4506	12485	6840	5645	288

说明:仙居以下均为村

1990—2004年朱泾镇(乡)户籍人口情况表

表4

年份	朱泾镇				朱泾乡			
	户数(户)	人口(人)			户数(户)	人口(人)		
		合计	男	女		合计	男	女
1990	9527	29875	15891	13984	8055	28472	14020	14452
1991	9943	30590	16200	14390	8101	28557	14035	14522
1992	10207	31418	16654	14764	8557	29237	14246	14991
1993	10388	32344	17079	15265	8983	29780	14448	15332
1994	10678	33036	17349	15687	9465	30419	14679	15740
1995	10957	34255	17851	16404	9462	30294	14622	15672
1996	11739	34719	19509	17910	9484	29966	14515	15451
1997	11949	38731	19798	18933	9506	29527	14306	15221
1998	12152	39464	20169	19295	9197	28923	14004	14919
1999	12490	39371	19835	19536	8888	28218	13742	14476
2000	21561	67317	33688	33629				
2001	21735	67118	33707	33411				
2002	22826	69899	35188	34711				
2003	23138	69673	35001	34672				
2004	23421	69618	34977	34641				

说明:2000年7月13日,朱泾镇、朱泾乡"撤二建一"为新的朱泾镇

第二节　人口构成

随着社会经济的发展,朱泾镇(乡)人口构成变化显著,人口寿命延长,文化程度提高,人口流动加快,民族成分不断增多。

一、密度

1990年,朱泾镇人口密度每平方千米10557人,朱泾乡人口密度每平方千米752人。2004年,朱泾镇人口密度每平方千米1403人。

二、性别

1990年,朱泾镇总人口29875人,其中,男性15891人,占53.19%,女性13984人,占46.81%,性别比113.64(女性为100,以下同);朱泾乡总人口28472人,其中,男性14020人,占49.24%,女性14452人,占50.76%,性别比97.01。

2004年,朱泾镇总人口69618人,其中,男性34977人,占50.24%,女性34641人,占49.76%,性别比100.97。

三、年龄

根据1990年和2000年的全国人口普查汇总,朱泾镇、朱泾乡人口各年龄段构成分别为:

0—14岁:1990年,朱泾镇5448人,占总人口的18.24%;朱泾乡5892人,占总人口的20.69%。2000年,朱泾镇9831人,占总人口的14.12%。

15—64岁:1990年,朱泾镇22681人,占总人口的75.92%;朱泾乡20422人,占总人口的71.73%。2000年,朱泾镇53154人,占总人口的76.35%。

65岁以上:1990年,朱泾镇1756人,占总人口的5.88%;朱泾乡2412人,占总人口的8.47%。2000年,朱泾镇6850人,占总人口的9.84%。

2004年,全镇总人口69618人,其中18岁以下10769人,占总人口的15.47%;18—35岁16022人,占总人口的23.01%;35—60岁31321人,占总人口的44.99%;60岁以上11506人,占总人口的16.53%。

四、文化

1990年,第四次全国人口普查时,朱泾镇大学本科和大专学历2165人,占总人口的7.25%;高中学历5028人,占总人口的16.83%;中专学历3381人,占总人口的11.32%;初中学历7733人,占总人口的25.88%;小学学历7242人,占总人口的24.24%;文盲半文盲2408人,占总人口的8.06%;学龄前儿童1918人,占总人口的6.42%。朱泾乡大学本科和大专学历24人,占总人口的0.08%;高中学历1481人,占总人口的5.20%;中专学历124人,占总人口的0.44%;初中学历6938人,占总人口的24.37%;小学学历10741人,占总人口的37.72%;文盲半文盲7236人,占总人口的25.41%;学龄前儿童1928人,占总人口的6.77%。

2000年,第五次全国人口普查时,朱泾镇总人口67317人,其中,大学本科和大专学历5068人,占总人口的7.53%;中专学历6371人,占总人口的9.46%;高中学历9041人,占总人口的13.43%;初中学历21012人,占总人口的31.21%;小学学历15435人,占总人口的22.93%;文盲和半文盲5620人,占总人口的8.35%;学龄前儿童4770人,占总人口的7.09%。

五、职业

1990年,第四次全国人口普查时,朱泾乡农业人口28472人,非农业人口282人。在业人口20121人,其中,从事农副业10530人,占在业人口的52.33%;从事工业5845人,占在业人口的29.05%;从事建筑业1122人,占在业人口的5.58%;从事交通运输业985人,占在业人口的4.90%;从事商业496人,占在业人口的2.47%;从事公共事业396人,占在业人口的1.97%;从事教育、文化、体育事业223人,占在业人口的1.11%;机关工作299人,占在业人口的1.49%;其他行业225人,占在业人口的1.12%。朱泾镇在业人口19259人。其中,从事工业7014人,占在业人口的36.42%;从事商业3203人,占在业人口的16.63%;从事农牧业225人,占在业人口的1.17%;从事建筑业396人,占在业人口的2.06%;从事房地产管理、公用事业、居民服务1043人,占在业人口的5.42%;从事城建、交通、邮电1928人,占在业人口的10.01%;从事财政、金融、保险407人,占在业人口的2.11%;从事体育、卫生1290人,占在业人口的6.70%;从事教育、文化1547人,占在业人口的8.03%;从事机关文体、消防2206人,占在业人口的11.45%。

2000年,朱泾镇有在业人口22170人。其中,从事农副业11248人,占在业人口的50.74%;从事工业9202人,占在业人口的41.51%;从事商业473人,占在业人口的2.13%;从事建筑、房地产业175人,占在业人口的0.79%;从事交通、运输、仓储及邮电、通信业187人,占在业人口的0.84%;从事金融、保险业83人,占在业人口的0.37%;从事社会服务业123人,占在业人口的0.55%;从事卫生、体育和社会福利业148人,占在业人口的0.67%;从事教育、文化艺术及广播影视业185人,占在业人口的0.83%;从事科学研究、技术服务18人,占在业人口的0.08%;从事国家机关、党政和社会团体272人,占在业人口的1.23%;从事其他行业56人,占在业人口的0.25%。

六、民族

朱泾镇(乡)是汉族聚居地区,少数民族人口极少。1990年,全国第四次人口普查时,朱泾镇有少数民族44人,其中回族17人、满族16人、壮族5人、佤族2人、畲族2人、苗族1人、侗族1人;汉族29841人。朱泾乡无少数民族人员。

2000年,第五次全国人口普查时,朱泾镇总人口67317人。其中,汉族67145人,占总人口99.74%;少数民族21个、172人,占总人口的0.26%。其中满族33人、蒙古族31人、壮族27人、回族24人、朝鲜族11人、苗族7人、藏族7人、佤族5人、仫佬族4人、布依族4人、土家族3人、土族3人、维吾尔族2人、鄂温克族2人、锡伯族2人、彝族1人、侗族1人、塔吉克族1人、仡佬族1人、水族1人、傣族1人、哈萨克族1人。

2004年,全镇有壮族、满族、回族、蒙古族、畲族、锡伯族等15个少数民族,人口225人。

第三节　人　寿

一、平均期望寿命

1990年,朱泾镇、乡人口平均期望寿命72.31岁,其中,男性为71.02岁,女性为73.6岁。2004年,朱泾镇域人口平均期望寿命79.51岁,其中,男性为77.36岁,女性81.65岁。

二、90周岁以上老年人名录

1990年,朱泾乡90岁以上老年人14人,其中,男性1人,女性13人,占总人口的0.05%。朱泾镇90岁以上老年人21人,其中,男性5人,女性16人,占总人口的0.07%。

2000年,全国第五次人口普查时,朱泾镇90岁以上老年人79人,其中,男性20人,女性59人,占总人口的0.11%。

2004年,朱泾镇90岁以上老年人77人,其中,男性17人,女性60人;95岁以上10人,其中,男性2人,女性8人。

2004年朱泾镇90周岁以上老年人名录表

表5

序号	姓名	性别	出生年月	年龄(岁)	家庭地址
1	张连芳	女	1906.05	98	朱泾镇临源二村1号301室
2	姚阿妹	女	1906.10	98	朱泾镇秀泾村6组6047号
3	顾秀英	女	1907.10	97	朱泾镇秀泾村8组5009号
4	成尔进	男	1908.02	96	朱泾镇广福街175弄16号
5	干寅山	男	1908.08	96	朱泾镇南横街139号
6	陈琴宝	女	1908.08	96	朱泾镇秀泾村16组3024号
7	曹有桂	女	1909.07	95	朱泾镇南圩新村173号601室
8	顾银宝	女	1909.10	95	朱泾镇大茫村建设11组6054号
9	沈阿翠	女	1909.11	95	朱泾镇秀泾村9组4005号
10	沈妹妹	女	1909.12	95	朱泾镇南圩新村100号101室
11	戴勤妹	女	1910.01	94	朱泾镇临源一村96号202室
12	盛阿引	女	1910.01	94	朱泾镇蒋泾村21组5080号
13	汪阿妹	女	1910.08	94	朱泾镇东方红村19组4084号
14	朱桂英	女	1910.09	94	朱泾镇东林街284号

续表5

序号	姓名	性别	出生年月	年龄(岁)	家庭地址
15	沈二宝	女	1910.09	94	朱泾镇沈浦泾路518弄39号
16	凌品仙	女	1910.12	94	朱泾镇东林街80弄10号402室
17	刘阿大	女	1910.12	94	朱泾镇水上新村22号108室
18	姚金英	女	1911.02	93	朱泾镇大茫村增产15组4084号
19	陈志良	男	1911.05	93	朱泾镇胜利新村9号102室
20	张象宝	女	1911.07	93	朱泾镇富强村15组4032号
21	许时华	女	1911.11	93	朱泾镇西林街318弄3号
22	陈士基	男	1911.11	93	朱泾镇临源三村65号402室
23	顾庆芳	男	1912.02	92	朱泾镇水上新村8号201室
24	戚碧华	女	1912.02	92	朱泾镇东林街259弄2号
25	李永康	男	1912.02	92	朱泾镇临仓街298弄11号501室
26	蒋士华	女	1912.03	92	朱泾镇罗星新村49号104室
27	李秀宝	女	1912.03	92	朱泾镇富强村2组8020号
28	金宝玉	女	1912.03	92	朱泾镇临源一村42号201室
29	沈冰梅	女	1912.05	92	朱泾镇广福街157弄9号
30	黄吟书	女	1912.05	92	朱泾镇南圩新村75号402室
31	钱杏珠	女	1912.09	92	朱泾镇万联村万安16组2320号
32	吴碧筠	女	1912.09	92	朱泾镇临源二村35号204室
33	俞德宣	女	1913.01	91	朱泾镇东风新村1号202室
34	冯益生	男	1913.03	91	朱泾镇东方红村13组2066号
35	顾彩英	女	1913.04	91	朱泾镇蒋泾村10组9054号
36	黄志民	男	1913.04	91	朱泾镇万安新村1号204室
37	沈蕴华	女	1913.05	91	朱泾镇新汇街25弄10号
38	曹本佩	女	1913.06	91	朱泾镇临源街一村21号504室
39	陈迪连	男	1913.06	91	朱泾镇秀州村前进6组2039号
40	张阿妹	女	1913.06	91	朱泾镇大茫村增产9组2035号
41	徐三宝	女	1913.06	91	朱泾镇大茫村建设7组8013号
42	曹静芳	女	1913.06	91	朱泾镇万联村联盟9组4006号
43	钟正宝	女	1913.06	91	朱泾镇大茫村建设12组3022号
44	徐阿妹	女	1913.09	91	朱泾镇大茫村增产10组2015号
45	鲁松元	男	1913.11	91	朱泾镇秀州村前进10组7086号
46	张雪英	女	1913.11	91	朱泾镇东林街277弄2号
47	陈阿金	女	1913.12	91	朱泾镇一农村11组1023号

续表 5

序号	姓名	性别	出生年月	年龄(岁)	家庭地址
48	袁林弟	女	1913.12	91	朱泾镇胜利新村 41 号 201 室
49	张延绿	男	1914.02	90	朱泾镇红旗新村 18 号 304 室
50	邵秀英	女	1914.02	90	朱泾镇万安新村 4 号 301 室
51	沈引宝	女	1914.02	90	朱泾镇临源二村 32 号 402 室
52	姚国良	男	1914.03	90	朱泾镇临源一村 9 号 203 室
53	金佩群	女	1914.03	90	朱泾镇东林街 299 弄 6 号
54	顾余来	男	1914.04	90	朱泾镇民主村 7 组 5028 号
55	俞正平	男	1914.04	90	朱泾镇广福街 85 弄 16 号
56	陈揆均	男	1914.04	90	朱泾镇临源一村 10 号 301 室
57	张来贞	女	1914.04	90	朱泾镇南横街 87 号
58	陆代观	女	1914.05	90	朱泾镇临源一村 19 号 204 室
59	周美容	女	1914.05	90	朱泾镇东林街 109 弄 4 号
60	姜香宝	女	1914.05	90	朱泾镇万安街 235 弄 76 号
61	鲁月宝	女	1914.05	90	朱泾镇秀泾村 2 组 8029 号
62	戚瑞芳	女	1914.05	90	朱泾镇南圩新村 64 号 203 室
63	赵龙妹	女	1914.05	90	朱泾镇民主村水产 2 号 115 室
64	杨秋宝	女	1914.08	90	朱泾镇民主村蔬菜 3 组 1005 号
65	沈凤英	女	1914.08	90	朱泾镇秀州村前进 10 组 7081 号
66	褚来根	男	1914.09	90	朱泾镇大茫村建设 1 组 2059 号
67	金秀之	女	1914.09	90	朱泾镇万联村万安 13 组 4051 号
68	顾阿妹	女	1914.09	90	朱泾镇一农村 4 组 2096 号
69	朱小弟	女	1914.10	90	朱泾镇幸福村长浜 8 组 3004 号
70	谭鸿喜	女	1914.10	90	朱泾镇南圩新村 68 号 403 室
71	周杏宝	女	1914.10	90	朱泾镇万联村联盟 9 组 4019 号
72	包杏宝	女	1914.10	90	朱泾镇罗星南路 190 弄 125 号
73	金福云	女	1914.11	90	朱泾镇大茫村建设 3 组 4027 号
74	陈莲芝	女	1914.11	90	朱泾镇东风新村 28 号 205 室
75	张彩芝	女	1914.11	90	朱泾镇罗星新村 40 号 102 室
76	汤静远	女	1914.12	90	朱泾镇南圩新村 64 号 202 室
77	姚阿远	女	1914.12	90	朱泾镇秀泾村 15 组 3066 号

第四节　计划生育

朱泾镇(乡)积极响应“晚婚、晚育”“只生一个好”的号召,认真抓好计划生育。21世纪初起,全镇(乡)人口自然增长率实现负增长。1990—1994年,多次被评为全国及市、区(县)计划生育先进集体;镇、乡计划生育办公室范红宝、杨珍、庄雪华被评为全国及市、区(县)计划生育先进个人。1994年起,朱泾镇(乡)按照《上海市外来流动人口管理办法》,加强对外来流动人员的计划生育管理。1998年,朱泾镇建立计划生育、生殖保健综合服务站,连续9年创市文明综合服务站,为育龄群众提供优质、规范、科学的咨询服务。2004年,朱泾镇出生人口549人(男性288人,女性261人),出生率为7.89‰,死亡387人(男性230人,女性157人),自然增长率为2.32‰。

一、工作机构

1990年,朱泾镇、乡均建立计划生育协会,由镇、乡党委副书记兼任协会会长,计划生育专职干部兼任计划生育协会秘书长。各村委会、居委会和企事业单位都由妇女干部兼管计划生育工作。

二、政策与措施

1990年8月,朱泾镇、乡贯彻执行《上海市计划生育条例》,规定初婚年龄男满25周岁,女满23周岁为晚婚,增加婚假一周;女满24周岁初育为晚育,女方增加产假15天,男方给予假期3天,假日内的工资、奖金照发。规定凡领取独生子女证的可享受各种规定待遇。

2001年12月起,朱泾镇贯彻执行上海市人口和计划生育委员会和上海市劳动和社会保障局关于《申请领取计划生育一次性补充养老金证明》办理程序的规定。

2002年9月起,朱泾镇按照《中华人民共和国人口与计划生育法》和《上海市人口与计划生育条例》,规定男年满25周岁初次结婚为晚婚,女年满23周岁初次结婚为晚婚;已婚妇女生育第一个子女时,年满24周岁的为晚育。

三、奖励与保障

(一)晚婚的公民,除享受国家规定的婚假外,增加晚婚假7天。符合条例规定生育的晚育妇女,除享受国家规定的产假外,增加晚育假30天,其配偶享受晚育护理假3天,晚育假期间享受婚假同等待遇,晚育假、晚育护理假期间享受产假同等待遇。

(二)公民实行计划生育手术,享受国家规定的休假及其待遇。

(三)实行计划生育的育龄夫妻免费享受国家规定的基本项目的计划生育技术服务。

(四)依法生育一个子女后,自愿不再生育的公民,在子女十六周岁以前,由区、县人口和计划生育行政管理部门按照国家有关规定向其颁发“独生子女父母光荣证”。

(五)持有光荣证的公民,可以享受规定的各种奖励。

(六)依法生育子女的妇女,按照国家和上海市的规定,享受生育保险待遇。

（七）政府和各有关部门在制定老年保障制度和措施时，应当体现对独生子女父母的优先照顾。

（八）依法生育子女的公民，按照上海市有关规定报销子女入托儿所、幼儿园的部分托费和管理费。

朱泾镇、乡1989—1990年、1994年、1996年、2003年均被评为上海市计划生育先进集体；1992年，朱泾镇被评为上海市计划生育先进镇；2001—2002年朱泾镇被评为上海市人口与计划生育工作先进集体。

1990—1999年朱泾乡人口情况表

表6

年份	年末总人口（人）	出　生		死　亡		人口自然增长	
		人数	出生率（‰）	人数	死亡率（‰）	人数	增长率（‰）
1990	28472	363	12.75	216	7.59	147	5.16
1991	28568	336	11.76	211	7.39	125	4.38
1992	29238	323	11.05	204	6.98	119	4.07
1993	29780	187	6.28	210	7.18	-23	-0.77
1994	30419	258	8.48	197	6.48	61	2.01
1995	30294	252	8.32	201	6.63	51	1.68
1996	29966	227	7.57	196	6.54	31	1.03
1997	29527	207	7.01	239	8.09	-32	-1.08
1998	28923	164	5.67	215	7.43	-51	-1.76
1999	28218	146	5.17	189	6.70	-43	-1.52

说明：2000年，朱泾乡、朱泾镇合并为新的朱泾镇

1990—2004年朱泾镇人口情况表

表7

年份	年末总人口（人）	出　生		死　亡		人口自然增长	
		人数	出生率（‰）	人数	死亡率（‰）	人数	增长率（‰）
1990	29875	261	8.73	125	3.48	136	4.55
1991	30590	222	7.25	121	3.95	101	3.30
1992	31418	229	7.28	137	4.36	92	2.92
1993	32344	242	7.48	154	4.765	88	2.72
1994	33036	228	6.90	144	4.35	84	2.54
1995	34255	237	6.91	161	4.70	76	2.21

续表7

年份	年末总人口（人）	出　生		死　亡		人口自然增长	
		人数	出生率(‰)	人数	死亡率(‰)	人数	增长率(‰)
1996	37419	225	6.01	186	4.97	36	0.96
1997	38731	247	6.37	167	4.31	80	2.06
1998	39464	255	6.46	178	4.51	77	1.95
1999	39371	275	6.99	154	3.91	121	3.07
2000	67317	413	6.14	423	6.28	-10	-0.15
2001	67118	391	5.82	395	5.88	-4	-0.05
2002	69899	490	7.01	404	5.77	86	1.23
2003	69673	431	6.19	437	6.26	-6	-0.09
2004	69618	549	7.89	387	5.56	162	2.32

第三章 中共朱泾镇委员会

1993—1999 年，朱泾镇召开第九、十、十一次党员代表大会，选举产生三届镇党委会和党的纪律检查委员会；1989—1998 年，朱泾乡召开第九、十、十一、十二次党员代表大会，选举产生四届镇党委会和党的纪律检查委员会。2000 年，镇、乡“撤二建一”后，至 2004 年，新的朱泾镇召开一届二次党员代表大会，选举产生第十三届镇党委会和党的纪律检查委员会，并按党代会决议，开展党的各项工作。

第一节 党代表大会

一、朱泾镇

中共朱泾镇第九次代表大会 1993 年 2 月 17—18 日，大会在镇政府礼堂召开，出席代表 98 人。会议听取和审议镇党委书记沈国强所作的《党委工作报告》，听取和审议镇纪律检查委员会工作报告。大会选举产生中共朱泾镇第九届委员会委员 7 人，选举产生中共朱泾镇纪律检查委员会委员 5 人。通过相应决议。

中共朱泾镇第十次代表大会 1996 年 1 月 18—19 日，大会在镇政府礼堂召开，出席代表 95 人。会议听取和审议镇党委书记顾仁忠所作的《党委工作报告》，听取和审议镇纪律检查委员会工作报告。大会选举产生中共朱泾镇第十届委员会委员 8 人，选举产生中共朱泾镇纪律检查委员会委员 5 人。通过相应决议。

中共朱泾镇第十一次代表大会 1999 年 1 月 7—8 日，大会在镇政府礼堂召开，出席代表 88 人。会议听取和审议镇党委书记袁晓林所作的《把握机遇，乘势而上，为实现朱泾镇跨世纪战略目标而努力奋斗》工作报告，听取和审议沈瑞忠所作的《朱泾镇纪律检查委员会工作报告》。会议选举产生中共朱泾镇第十一届委员会委员 7 人，选举产生中共朱泾镇纪律检查委员会委员 3 人。通过相应决议。

2000 年 7 月 13 日，撤销朱泾镇和朱泾乡建制，建立新的朱泾镇。经中共金山区委常委会讨论决定，建立新的中共朱泾镇委员会、中共朱泾镇纪律检查委员会。袁晓林任中共朱泾镇委员会书记，盛宗耀、陶濛濛（女）、刘银芳（女）、吕春华任副书记；刘银芳（女）任中共朱泾镇纪律检查委员会书记；盛雪彪、陈颂明、莫水龙任中共朱泾镇委员会委员。是年 12 月，袁晓林调中共金山区委工作,盛宗耀任中共朱泾镇委员会书记。

中共朱泾镇第十三届代表大会第一次会议 2001年12月28—29日,会议在东林宾馆召开,出席代表198人。会议听取和审议中共朱泾镇委员会书记盛宗耀所作的《与时俱进,奋发有为,为实现朱泾镇跨越式发展而努力奋斗》工作报告,听取和审议中共朱泾镇纪律检查委员会工作报告。会议选举产生中共朱泾镇第十三届委员会委员8人,选举产生中共朱泾镇纪律检查委员会委员4人。通过相应决议。

中共朱泾镇第十三届代表大会第二次会议 2004年12月9日,会议在东林宾馆召开,出席代表204人。党委书记盛宗耀讲话,会议审议通过《中国共产党金山区朱泾镇代表大会常任制试行办法》决议。

二、朱泾乡

中共朱泾乡第九次代表大会 1989年11月29日—12月1日,大会在乡政府礼堂召开,出席代表151人。会议听取和审议乡党委书记何福明所作的《党委工作报告》,听取和审议乡纪律检查委员会书记徐四弟所作的《纪委工作报告》。会议选举产生中共朱泾乡第九届委员会委员7人,选举产生中共朱泾乡纪律检查委员会委员5人。选举产生出席中共金山县第六次代表大会代表6人。通过相应决议。

中共朱泾乡第十次代表大会 1993年2月10—12日,大会在乡政府礼堂召开,出席代表129人。会议听取和审议乡党委书记顾庆生所作的《解放思想,抓住时机,为把朱泾乡建设成文明、富裕的社会主义新农村而努力奋斗》工作报告,听取和审议乡纪律检查委员会工作报告。会议选举产生中共朱泾乡第十届委员会委员7人,选举产生中共朱泾乡纪律检查委员会委员5人。通过相应决议。

中共朱泾乡第十一次代表大会 1996年2月1—2日,大会在县委党校礼堂召开,出席代表124人。会议听取和审议乡党委书记刘永生所作的《党委工作报告》,听取和审议乡纪委书记王照荣所作的《纪律检查委员会工作报告》。会议选举产生中共朱泾乡第十一届委员会委员9人,选举产生中共朱泾乡纪律检查委员会委员5人。通过相应决议。

中共朱泾乡第十二次代表大会 1998年12月29—30日,大会在乡政府召开,出席代表130人。会议听取和审议盛宗耀所作的《坚定信心,锐意开拓,为实现朱泾乡跨世纪的新三年目标而奋斗》工作报告,听取和审议乡纪委书记黄政所作的《纪律检查委员会工作报告》。会议选举产生中共朱泾乡第十二届委员会委员8人,选举产生中共朱泾乡纪律检查委员会委员3人。通过相应决议。

三、选举出席中共金山区(县)党代表大会代表

(一)朱泾镇

出席中共金山县第六次代表大会代表(1990年2月)

朱莲英　沈国强　李浩军　陈颂明

出席中共金山县第七次代表大会代表(1993年1月)

沈国强　李浩军　王爱国　李根祥　陈冠英　金丽勤

出席中共金山区第一次代表大会代表(1998 年 1 月)

袁晓林　张布尔　王爱国　周秉文　陶濛濛　叶金明

出席中共金山区第二次代表大会代表(2003 年 1 月)

王爱国　戈金宝　田子红　冯小弟　吕国强　严明华　李长虹　邱　蓉　沈永根　沈继祥　张元观　陈颂明　赵依忠　郦小平　顾劲飚　盛宗耀　盛雪彪　葛　瑛　谢炳芳

(二)朱泾乡

出席中共金山县第六次代表大会代表(1990 年 2 月)

陈天锡　奚奎生　张海龙　潘育明　徐顺林　郑春花

出席中共金山区第一次代表大会代表(1998 年 1 月)

王照荣　吕国强　许宝根　李金海　李美玲　吴湘民　杭雅芳　金明其　胡　红　盛宗耀　黄　政　曹白妹　曹金海　蔡天林　戴洁芙

第二节　中共朱泾镇(乡)委员会历届组成人员

一、中共朱泾镇委员会

朱泾镇第九次至第十三次党员代表大会共选举产生 5 届中共朱泾镇委员会。每届委员会选出后,在召开的第一次委员会会议上,选举产生书记、副书记。届中,中共金山区(县)委另行任免书记、副书记、委员。

中共朱泾镇第九届至第十三届委员会组成人员名录

表 8

届别	书记	副书记	委员
第九届	沈国强(1993.02—1994.06) 顾仁忠(1994.06—1996.01)	陈梦良(1993.02—1995.09) 金丽勤(1993.02—1995.09) 陈惠明(1994.09—1995.03) 唐阿乔(1995.03—1996.01) 沈瑞忠(1995.09—1996.01) 鲁志芳(1995.09—1996.01)	钱引根(1993.02—1996.01) 曹　炜(1993.02—1996.01) 陈坚勇(1993.02—1996.01) 钱国柱(1993.02—1996.01) 李春花(1995.11—1996.01)
第十届	顾仁忠(1996.01—1996.06) 袁晓林(1996.06—1999.01)	鲁志芳(1996.01—1998.08) 唐阿乔(1996.01—1997.12) 沈瑞忠(1996.01—1999.01) 陶濛濛(1997.12—1999.01) 刘跃俊(1998.08—1999.01)	陈坚勇(1996.01—1998.11) 钱引根(1996.01—1997.12) 钱国柱(1996.01—1999.01) 李春花(1996.01—1996.11) 刘德根(1996.09—1998.11) 陶濛濛(1996.11—1997.12) 孙海华(1997.12—1999.01) 陈颂明(1998.11—1999.01)
第十一届	袁晓林(1999.01—2000.07)	刘跃俊(1999.01—2000.07) 陶濛濛(1999.01—2000.07) 沈瑞忠(1999.01—2000.07)	陈颂明(1999.01—2000.07) 孙海华(1999.01—2000.07) 钱国柱(1999.01—2000.07)

续表 8

届别	书记	副书记	委员
第十二届	袁晓林(2000.07—2000.12) 盛宗耀(2000.12—2001.12)	盛宗耀(2000.07—2000.12) 陶濛濛(2000.07—2001.12) 刘银芳(2000.07—2001.10) 吕春华(2000.07—2001.12) 余旭峰(2001.03—2001.12) 陈颂明(2001.10—2001.12) 沈继祥(2001.10—2001.12)	盛雪彪(2007.07—2001.12) 莫水龙(2000.07—2001.12) 张伟东(2000.07—2001.12)
第十三届	盛宗耀(2001.12—2005.03)	吕春华(2001.12—2005.03) 余旭峰(2001.12—2003.01) 沈继祥(2001.12—2005.03) 陈颂明(2001.12—2005.03) 曹志熙(2003.01—2005.03)	盛雪彪(2001.12—2005.03) 莫水龙(2001.12—2005.03) 张伟东(2001.12—2005.03)

二、中共朱泾乡委员会

朱泾乡第九次至第十二次党员代表大会共选举产生4届中共朱泾乡委员会。每届委员会选出后,在召开的第一次委员会会议上,选举产生书记、副书记。届中,中共金山区(县)委另行任免书记、副书记、委员。

中共朱泾乡第九届至第十二届委员会组成人员名录

表 9

届别	书记	副书记	委员
第九届	何福明(1989.12—1992.11) 顾庆生(1992.11—1993.01)	陆秋根(1989.12—1992.06) 郭新华(1989.12—1992.01) 顾庆生(1992.01—1992.11) 刘永生(1992.06—1993.02) 潘仁书(1992.11—1993.02)	徐四弟(1989.12—1993.02) 吴生林(1989.12—1991.03) 盛秀林(1989.12—1993.02) 陆家鹏(1989.12—1993.02) 陈国强(1991.04—1993.02)
第十届	顾庆生(1993.02—1994.01) 刘永生(1994.01—1996.02)	刘永生(1993.02—1994.01) 潘仁书(1993.02—1996.02) 方本鸿(1994.01—1995.09) 黄　政(1995.03—1996.02) 盛宗耀(1995.09—1996.02)	陈国强(1993.02—1995.03) 徐四弟(1993.02—1994.09) 丁跃其(1993.02—1995.11) 盛秀林(1993.02—1996.02) 盛雪彪(1993.11—1994.05) 吕春华(1994.04—1996.02) 张爱根(1994.11—1996.02) 李美玲(1995.11—1996.02)
第十一届	刘永生(1996.02—1997.08) 盛宗耀(1997.08—1998.12)	盛宗耀(1996.02—1997.08) 潘仁书(1996.02—1998.12) 黄　政(1996.02—1998.12) 沈华棣(1997.08—1998.08) 孙小龙(1998.08—1998.12)	王照荣(1996.02—1998.11) 张爱根(1996.02—1997.12) 李美玲(1996.02—1998.11) 盛秀林(1996.02—1998.11) 金连观(1996.02—1997.12) 邱吉林(1996.09—1997.12) 盛雪彪(1998.11—1998.12) 莫水龙(1998.11—1998.12)

续表 9

届别	书记	副书记	委员
第十二届	盛宗耀(1998.12—2000.07)	孙小龙(1998.12—2000.07) 潘仁书(1998.12—2000.07) 黄　政(1998.12—2000.07)	李美玲(1998.12—2000.07) 莫水龙(1998.12—2000.07) 盛雪彪(1998.12—2000.07) 张伟东(1999.12—2000.07)

第三节　基层党组织

一、朱泾镇

1990 年,有党支部 25 个,党小组 45 个,党员 362 人。党员中,男性 193 人,占 53.3%;女性 169 人,占 46.7%。1945 年 9 月至 1949 年 9 月入党 10 人,1949 年 10 月至 1966 年 4 月入党 145 人,1966 年 5 月至 1976 年 10 月入党 94 人,1976 年 11 月至 1990 年 12 月入党 113 人。年龄结构:25 岁及以下 2 人,26 岁至 35 岁 30 人,36 岁至 45 岁 103 人,46 岁至 55 岁 107 人,56 岁至 60 岁 44 人,61 岁及以上 76 人。文化程度:大专及以上 33 人,中专 27 人,高中 43 人,初中 133 人,小学 115 人,文盲 11 人。

2000 年 7 月 13 日,撤销朱泾乡、朱泾镇建制,建立新的朱泾镇,中共朱泾镇委员会有党支部 84 个,党小组 96 个,党员 2417 人,其中,男性 1764 人,女性 653 人。

2004 年,有党支部 61 个,党小组 142 个,党员 3177 人。其中,男性 2282 人,占 71.8%,女性 895 人,占 28.2%。年龄结构:35 岁及以下 235 人,36 岁至 45 岁 382 人,46 岁至 54 岁 621 人,55 岁至 59 岁 431 人,60 岁及以上 1508 人。文化程度:大学及以上 114 人,大专 251 人,中专 416 人,高中 345 人,初中及以下 2051 人。

二、朱泾乡

1990 年,有党支部 43 个,党小组 195 个,党员 1300 人。其中,男性 1094 人,占 84.2%,女性 206 人,占 15.8%。1949 年 10 月至 1966 年 4 月入党 617 人,1966 年 5 月至 1976 年 10 月入党 426 人,1976 年 11 月至 1990 年 12 月入党 257 人。年龄结构:25 岁及以下 32 人,26 岁至 35 岁 173 人,36 岁至 45 岁 302 人,46 岁至 55 岁 374 人,56 岁至 60 岁 216 人,61 岁及以上 203 人。文化程度:大专及以上 28 人,中专 30 人,高中 93 人,初中 240 人,小学 809 人,文盲 100 人。

1999 年,有党支部 39 个,党小组 162 个,党员 1400 人。其中,男性 1148 人,占 82%;女性 252 人,占 18%。

第四节 纪律检查委员会

一、机构设置

1985 年 5 月,经中共金山县委批准,朱泾镇、乡均成立党的纪律检查委员会(以下简称纪委)。历届纪委设书记 1 人、副书记 1 人(若干届空缺)、委员若干人。纪委主管党风廉政建设,对党员、干部实行党风廉政教育、监督、党纪检查和违纪案件查处。

2000 年,朱泾镇、乡"撤二建一"后,新的朱泾镇建立党风廉政监察站,由镇纪委书记任站长,聘请党风廉政监察员 17 人。党风廉政监察站在镇党委、纪委领导下,开展党内外监督,发挥群众监督作用。

1990—2004 年中共朱泾镇纪律检查委员会历届组成人员名录

表 10

届别	书记	副书记	委　员
第九届	钱引根	—	王春华　高跃之　沈迪君　潘爱珍
第十届	李春花	—	王春华　张国凯　高跃之　黄卫萍
第十一届	沈瑞忠	叶金明	王春华
第十二届	刘银芳	—	—
第十三届	沈继祥	彭纪华	唐连富　盛天观

1990—2000 年中共朱泾乡纪律检查委员会历届组成人员名录

表 11

届别	书记	副书记	委　员
第九届	徐四弟	—	丁跃其　王亚明　吕春华　姚永良
第十届	陈国强	—	王建军　吕春华　庄为民　姚永良
第十一届	王照荣	—	彭纪华　庄为民　姚永良　朱林弟
第十二届	黄　政	沈继祥	彭纪华

二、党风廉政建设

(一)制度建设

朱泾镇、乡切实加强党风廉政建设。2000 年 7 月朱泾镇、乡"撤二建一"后,新的朱泾镇党委、政府联合制定《关于实行党风廉政建设责任制的规定实施意见》《朱泾镇党委、政府有关会议制度的若干规定》《关于加强政府机关业务招待及会务用餐管理的规定》《关于严格控制镇管干部购买移动电话以及使用费报销的规定》等11件规定与制度，统一指导规范全镇党员干部的行为。2003年，实行领导干部述廉报告和重大事项报告制度；强化镇级工程项目和行政正职干部离任审计工作。

2004年5月11日，中共朱泾镇纪律检查委员会〔2004〕4号文转发中共上海市金山区纪律检查委员会《关于严肃查处党员、领导干部参与赌博活动的通知》，明确各党支部书记为第一责任人。6月28日，中共朱泾镇委员会下发〔2004〕24号文《关于2004年朱泾镇党风廉政建设和反腐工作责任分工的通知》，明确镇党委书记对全镇党风廉政建设、反腐工作以及落实党风廉政建设责任制负总责；镇长对镇政府机关党风廉政建设、反腐工作和落实党风廉政建设责任制负总责；镇党群书记和纪委书记以及其他副职领导也相应对分管部门和工作范围内的党风廉政建设负直接责任。

（二）党风廉政教育

1990年，朱泾镇、乡党委对全镇党员分期、分批、分类进行党风廉政建设培训，共举办培训班5期，每期3天，参训率98%。培训采取讲课辅导与电化教育相结合，学习理论同谈镇情看国情相结合，“三基”知识竞赛同巩固民主评议党员的基本知识相结合；轮训与如何努力完成各项经济任务挂钩，与双增双节挂钩，与廉政勤政为民挂钩。

1995年6—8月，朱泾镇党委开展“关于严格党的纪律，维护和坚持民主集中制”的专题教育；9—11月，在企事业单位中开展“企事业单位领导干部廉洁自律”的专题教育。年终，组织党员观看《周恩来在大连》《新泾乡群蛀案透视》等录像片。对群众反映的某些党员干部不正之风采取个别谈话的方式进行教育，计10人次。

1999—2001年，镇、乡纪委坚持贯彻落实“教育为本，预防为主”的工作方针，加强对党员干部教育。开展以党性，党纪、政纪，世界观、人生观、价值观为主要内容的教育；以弘扬先进、以案说纪正反两方面典型案例为内容的艰苦创业、勤政廉洁、拒腐防变教育；对党员、干部岗前预防、岗中诫勉、岗后守节教育。共开展各种形式教育活动94次，接受教育2494人次。

2002年，举办系列学习班，学习党的十五届六中全会和中共十六大精神及江泽民“七一”讲话、“三个代表”重要思想；学习邓小平、江泽民关于党风廉政建设、反腐败理论；深入开展以“八个坚持，八个反对”为主要内容的党性、党风、党纪、廉洁自律的教育活动。年内，观看汪洋湖先进事迹报告会教育片、讲话3次，接受教育450多人次；召开专题研讨会、交流会2次，接受教育300多人次；接受“三岗一廉”教育的处、科级干部49人次。各单位召开专题教育会议84次，接受教育616人次。

2003年，镇党委坚持教育领先，组织中心组学习、上党课、听报告以及民主生活会等活动，广泛开展党风廉政宣传教育。举办党风廉政建设报告会2次，接受教育420多人次；召开专题研讨会、交流会2次，接受教育300多人次；接受“三岗一廉”教育的处、科级干部42人次；各单位党支部召开专题教育会议50次，接受教育1510人次，观看警示教育片5部。

（三）党风廉政监察

2000年，朱泾镇、乡“撤二建一”后，新的镇党委建立由17名在职干部和退休干部组成的党风廉政监察站。在党委统一领导和纪委指导下，监察站人员深入基层，广泛听取人民群众对党风廉政建设存在的“热点”和问题，向镇党委和政府反映人民群众的意见与建议，有关党风廉政建设方面意见15条。

2001年,镇党委加强对党风廉政监察站的领导,调整充实监察站人员,并建立工作制度。年内,提供信息25条、建议12条。

2002年,镇党风廉政监察员18人分为农村组、社区组、企业组。深入基层,了解民意。召开座谈会2次,70多人参加,个别访谈180多人次,向党委、政府反馈党员干部廉洁自律、党风和社会风气、干部工作作风等存在的问题32条,提出建议15条。

2003年,有镇党风廉政监察站监察员13人。根据区委、区政府统一部署,配合镇政府制定的政风评议工作计划,自始至终参加评议工作。在评议中,监察员提出建议,要求镇机关改进工作作风。

(四)来信来访工作

1990年,朱泾镇、乡纪委共受理群众来信来访7件,办结7件,办结率100%。其中,立案4件,涉案4人,开除党籍3人,党内严重警告1人。

1993年,镇、乡共受理群众来信来访9件,全部办结。立案3件,党纪处分3人,其中,开除党籍2人,党内警告1人。

1996年,镇、乡共受理来信来访8件,全部办结。立案查处违纪案件2件,涉案党员2人,分别给予党内警告和行政记大过处分。

1998年,镇、乡共受理信访10件,涉及党员6人、其他领导干部3人。纠正个别党员和干部以权谋私、非法侵占、非法所得集体财物等方面的问题2起,涉及党员干部2人,涉案金额4.9万元;对党员干部进行敲警钟以及诫勉教育8人。信访办结率100%。

2000年,镇受理群众来信来访8件,办结率100%。收缴违纪所得金额12万元。

2001年,镇收到人民群众来信来访10件(次),做到有一件查一件,查一件结一件。是年,查处党员违纪案件3件,对违纪党员给予党纪处分3人。

2002年,镇受理人民群众来信来访14件(次)。经调查核实,立案4件,党纪处分4人,其中,被开除党籍2人,留党察看1年1人,党内警告1人。在办案中,纠正违纪金额40多万元,挽回经济损失16万元。

2003年,镇受理人民群众举报9件。其中立案2件,开除党籍2人。

2004年,镇受理人民群众举报6件。其中立案3件,对涉及诈骗、嫖娼的严重违纪党员,开除党籍3人。

第五节　组织工作

朱泾镇(乡)党委有1名委员负责组织工作,抓好对党员干部的管理,做好入党积极分子的培养和新党员的发展。党委每年抓好对基层党支部目标管理和党建工作的考核。1990—2004年,全镇(乡)共培养入党积极分子794人,其中509人被发展为中共党员。党委组织部门每年组织一次党员干部民主评议。

1990年,朱泾镇、乡党委新建企业党支部2个,调整充实企业党支部委员11人,发展党员7人。是年,镇、乡23个基层党支部全面开展“三评”工作,共有党员362人,参加评议311

人，参评率85.9%。被评为合格党员273人，基本合格38人；一类支部11个，二类支部12个。

1993年，朱泾镇、乡党委切实加强基层党支部建设，在上海阳光屋制衣有限公司和新亚药厂金山有限公司新建党支部；对2个支委力量不足的党支部增配支部委员；在第四季度，对任期届满的居民区、美达厂、合纤厂、工商所、文化站党支部进行换届选举，5个党支部调整充实支委人员。镇党委根据“基本稳定、适当调整充实”的原则，年内先后对部分企业和居委会的领导干部进行调整与充实，对政府有关部门的干部进行适当调整。是年，组织任免96人次，涉及62人，其中，提任20人，因不称职等原因免职12人。提高党员素质，举办党员轮训班、党章智力竞赛、全国组织工作会议传达讨论等活动，对党员进行普遍教育。年内发展新党员16人，其中，企业11人，机关、事业单位、居民区5人；12人为40岁以下。预备党员按期转正17人。镇党委注重教育、选拔、培养后备干部，提出调整充实以及年度考核的要求，通过考核、充实，确定基层后备干部43人。采取助理、见习制度等方式，让中青年骨干在实践中锻炼提高。中青年骨干被吸收入党6人，后备干部被提任为副厂长和厂长助理2人。

1994年，镇、乡党委采用中心组学习、报告会等形式，进行建设有中国特色社会主义理论的教育以及现代企业制度和股份制知识讲解。《邓小平文选》出版后，及时为各党支部订购并安排学习。在学习中调整党支部9个，发展新党员19人，选拔年轻干部6人。

1999—2001年，镇、乡党委围绕经济建设中心，全面加强党的思想、组织、作风建设，坚持两级党政干部中心组学习制度，围绕经济工作重点开展调研，通过理论学习和专题调研，提高领导干部的理论水平，破解全镇发展中的难点；以“三讲”和“三个代表”重要思想教育为切入点，加强领导班子和领导干部的思想政治建设。2001年，历时3个月，在农村基层干部和机关干部中扎实开展“三个代表”重要思想学习教育活动，通过举办讲座和培训班等形式，对全镇党员、干部进行政治理论学习培训500多人次，提高党员干部队伍素质。抓好党支部目标管理，扎实推进“双学双争”和“凝聚力工程”。建立社区党建工作联席会议，全面规范基层党建工作，提高全镇党建工作水平。按照“坚持标准、保证质量、改善结构、慎重发展”的要求，每年举办一期入党积极分子培训班，加大培养教育力度。以“一线、一流、青年”为重点，切实做好新党员发展工作。3年内发展党员94人，预备党员按期转正102人，按照“四化”方针和德才兼备原则，配强配好基层党政领导班子。三年中，先后调整充实基层单位党政干部353人次，圆满完成村委会和居委会换届选举工作。建立健全两级后备干部网络，实施选拔、培养、使用三结合的后备干部管理模式，努力构筑镇人才资源高地。三年内，培养后备干部111人，选拔使用39人，引进人才10人。

2003年，镇党委始终把抓好党员干部队伍建设放在党的一切工作的重要位置。全面贯彻“三个代表”重要思想，切实加强领导班子和领导干部的思想政治建设；坚持理论学习和工作实际相结合；继续配强配好基层党政领导班子，通过居委会区划调整和换届选举，先后调整居委会干部36人；重视后备干部培养，全面实施选拔、培养、使用三结合的后备干部管理模式，举办基层青年骨干31人参加的后备干部培训班；在加大入党积极分子培养教育力度的同时，注重做好新党员的发展工作，年内发展党员25人，预备党员按期转正21人。

2004年，镇党委组织工作以深入开展“三级联创”为契机，积极开展上海市“五好”镇党委、“五好”村党组织创建活动；进一步探索和完善城乡一体化的社区党建工作机制；推进

“两新”经济组织党建工作,年内建立新经济组织党支部2个,拓宽党建工作的覆盖面;继续加强对党员干部教育,以党员服务中心为载体,举办社区党员教育系列讲座6期,举办形势、任务、责任、法制系列报告会4次;加大后备干部培养力度,4人被选拔为镇后备干部,2人充实到基层领导班子;做好入党积极分子的培养和党员发展工作,年内举办入党积极分子培训班1期,28人参加;发展党员18人,预备党员按期转正36人。

第六节　宣传工作

1990年,朱泾镇、乡党委加强学习制度化建设,规定中心组每周一次集中学习;基层党支部中,机关、事业单位每两周学习一次,企业每月一次。为发扬先进、鼓励先进,党委宣传部门专门搜集各单位广大职工群众为社会办实事的好人好事,编印成《创优先进事例100例》,发送给各单位进行广泛宣传。根据金山县第三届“十月歌会”组委会的安排,依靠朱泾地区举办一系列文艺活动,先后组织“朱泾在前进”“行业歌专场”“局行专场”“学生专场”4个场次,演出文艺节目51个,上台表演594人次,观众达5000多人次。

1995年,镇、乡党委采取中心组、讨论会、座谈会形式,开展建设有中国特色社会主义理论学习和党章学习。年内,党委采用每个党支部选派1人参加,开展集体备课的方法编写党课教材,然后每季度分别由4位正副书记轮流上课。在形势和任务教育中,编写宣传资料5000多份下发到各村(居)委会、机关、学校和企事业单位;组织广播稿5篇,县周报、周刊稿10篇,宣讲稿4篇以及画廊5期、镇简报15期。是年,朱泾镇承办金山县1995年文化艺术节开幕式,有1000多人参加。

1996年,镇、乡党委根据形势和任务,举办党政干部学习班2期,组织参观学习取经。通过多样化、多层次、多渠道对全镇干部群众开展大张旗鼓的形势任务宣传教育活动。活动中编送给县广播稿4篇、电视台稿8篇,县周报、周刊稿14篇,印发宣讲材料4篇;举办宣讲6次,出版画册6期、简报12期。

2001年,镇党委中心组进一步健全学习制度,增强学习理论含量,用科学理论破解加快朱泾发展中的难点。年中确定《探索建立投融资新机制,加快工业园区基础设施建设》《探索建立土地流转机制,加快城镇建设步伐》《建立有效人才培养机制,提高干部队伍素质》《加强社会治安综合治理,维护一方平安,促进经济发展》《推进“家家富工程”,促进农业产业结构调整》5大调研课题,以课题研讨为主线,以改革与发展思路为主要内容的学习方法取得较好效果。镇党委加强党课教育的针对性和实效性,在每季党课教材的基础上,指导基层结合实际,开展切实有效的党课教育,举办“加入世贸组织后对中国的机遇与挑战”“汪洋湖先进事迹”等讲座。在镇党委统一领导下,有计划、有步骤地开展“三个代表”重要思想学习教育活动,东方红村“三个代表”重要思想学教活动的开展得到中共中央组织部、上海市委领导的肯定。成功举办第四届金山区农民画旅游节暨朱泾社区文化艺术节。“千人操”会演在区首届运动会和区第二届艺术节上获得良好成绩。是年,创建市级文明小区2个、文明单位4家,区文明小区8个、文明单位14家、文明村4个。

2002年,镇党委确立中心学习组5大调研课题直接指导实践。开展“如何加大招商引资力度,优化投资环境”“如何加强社区党建”“如何创建文明社区”“如何加强基层组织建设”“党的十六大精神辅导讲座”等党课教育,进一步提高党员素质。年中,运用各种形式,结合镇实际,深入开展形势任务教育。制作形势任务宣传板面96块,运用紫金广场大型显示屏、《朱泾社区》报、区电视台、电台等广泛开展宣传。采用群众喜闻乐见的多种形式,广泛开展“唱成果、展宏图,喜迎十六大文艺下基层活动”,开展下乡放映电影20场、文艺下基层10场,2万多名群众受到教育;开展“看成果、谈体会”座谈、征文活动。是年,以巩固市级文明镇为龙头,加大宣传力度,通过楼道文化、广场文化、电影进村、文化下乡等形式,不断延续和扩展精神文明创建活动。深入开展以“文明的旋律——紫金广场月月演”为主题的广场文化活动,演出40场,有5000多名群众参演,近15万名观众观看。群众性精神文明创建活动结硕果,巩固和创建市级文明小区4个、文明村2个,区文明小区16个、文明村7个,市、区文明单位16个,精神文明创建好事2件。

2003年,镇党委加强理论宣传,深入开展“三个代表”重要思想宣讲活动。年初,开展“学习贯彻党的十六大精神,塑造朱泾新形象”系列教育活动;举办“全面建设小康社会,实现朱泾镇跨越式发展,我们怎么办”的大讨论、“学习中共十六大精神,青少年与文明同行”读书征文演讲比赛、“歌颂新辉煌,赞美新成就”中共十六大知识竞赛。全年组织开展社区文化活动85场次,其中广场活动7次,演出各类节目289个,参演人员3264人次,观众14.63万人次。举办各类培训班23期,培训1423人次。组织大型教育展览6次,板面144块。成功举办第六届农民画旅游节暨朱泾民间艺术节,开展华光之夜旅游节彩车大巡游活动。2003年度获金山区第三届文化艺术节团体银牌、上海市群众文化优秀组织奖。是年,积极创建凤翔历史文化广场、秀州楼道文化示范区、蒋泾知识农民俱乐部等特色学习阵地。全镇创建五星级文明家庭16户、四星级文明家庭50户、文明楼道140多个;创建市级文明小区7个、区级文明小区16个,市级文明村4个、区级文明村11个,市级文明单位8个、区级文明单位26个。以志愿者队伍建设为基础,大社区大服务网络初步形成,基本达到志愿者队伍规范化、服务内容社会化、特殊服务个性化,涌现10余个市、区志愿者个人和家庭。

第七节　政法工作

1995年,朱泾镇、乡党委确定一名副书记分管政法工作,负责地区的公安、司法、治安、信访和综合治理等工作。历任政法书记:沈瑞忠、刘银芳、沈继祥(朱泾镇);黄政(朱泾乡)。

1991年底,镇、乡均成立社会治安综合治理领导小组,下设综合治理办公室。镇、乡主要领导与村(居)委会以及企事业单位的行政领导签订社会治安目标协议书。综治办在政法书记的领导下,联合司法所、调解委、青保委、公安派出所、市容办和工商所等部门,坚持“打防结合、预防为主、专群结合、依靠群众”的16字方针,进行排摸情况,分析问题,研究对象,形成合力,发挥整体战斗效应。

1995年初,镇、乡长与企事业单位和行政村签订《1995—1996年社会治安综合治理目标责任书》;上半年,调整综治领导小组,组建政法工作领导小组、维护稳定工作领导小组和安全工作领导小组;组建由70多名退休人员参加的“治安岗”队伍,开展护村护楼活动。年内全镇发案82起,破案160起(当年77起,积案与协助外地区83起),其中大案5起。查处违法犯罪人员300多人,其中,逮捕14人,收审31人,刑拘11人,劳教6人,治安拘留、罚款、警告200余人,收缴赃款赃物40余万元。

1996年,镇、乡对社会治安综合治理采取年初层层签订责任制,年终进行考核,并与经营者报酬挂钩的办法加强综治工作。综治办积极筹措见义勇为奖励基金,先后3次对治安积极分子和见义勇为者给予奖励。积极配合居民区成功创建"安全小区""119规范小区"和组建治安岗队伍;积极开展"严打"专项治理;做好民事调解和"三五"普法工作。

2000年4月,镇长与各单位或部门分别签订《2000—2001年社会治安综合治理目标责任书》112份,其中,与区级机关委、办、局及市属单位签订65份,与镇级企事业单位、居(村)委会签订73份。由综治办牵头,组织司法、调解委、派出所、市容办和工商所等单位,对复杂公共场所进行多次突击清查,加强治安管理。是年,全镇查处嫖娼卖淫、赌博案9起,抓获涉嫌违法人员37人(其中,治安处罚21人,治安拘留16人);调解各类纠纷286起,调解成功率为98.5%,维护了全镇社会的安定团结。综治办先后4次对维护社会治安,抓捕罪犯有功及见义勇为的李宝才、盛诚等12人给予表彰奖励,其中盛诚被市社会治安综合治理委员会授予"上海市见义勇为先进个人"称号。

2002年,朱泾镇党委、政府与区相关局行及镇级企事业单位分别签订《2002—2003年社会治安综合治理目标责任书》。由党员、退休职工组成的护楼、护村、护宅志愿者队伍和军警民联防队伍,配合公安机关开展"捆绑式"巡逻,有效遏制各类案件的上升。是年,全镇发生刑案469起,比上年同期下降9.3%;打击各类违法犯罪对象670余人,其中,逮捕37人,刑拘94人,劳教和收容教育17人。破获各类刑案190起。

针对朱泾镇吸毒现象从无到有,毒品犯罪形势日趋严峻的问题,镇成立禁毒领导小组。专门制作禁毒宣传横幅悬挂街道醒目处,宣传资料发放到社区,广泛开展禁毒宣传。

针对外来人口日趋增多的情况,朱泾镇成立全区首家外来人口管理综合服务站,配备专职人员,专职人员经过专业培训和考试合格后上岗服务。

2003年,全镇发生刑案422起,比上年下降10.2%;侦破刑案230起,比上年上升11.6%,破案率54.5%;处理各类违法犯罪分子589起,其中,起诉68起,逮捕待诉14人,批准和上报劳动教养15人,收教对象16人,抓捕逃犯15人。

是年,全镇综合执法4次,出动人员52人次,对5家网吧和游戏机房发出书面警告3份,立案处罚1家;受理群众来信122件(其中区转办112件),接待来访(含来电)698人次。

第四章 朱泾镇人民代表大会

1990—2000 年,朱泾镇先后召开第十一届、十二届、十三届、十四届、十五届人民代表大会。朱泾乡先后召开第十一届、十二届、十三届、十四届人民代表大会。听取和审议镇、乡政府工作报告、财政预决算报告、人民代表大会主席团报告,选举产生镇、乡人民代表大会(以下简称人大)主席(主席团常务主席),人民政府正、副镇长和乡长,并作出有关决议。1996 年 3 月,改名为朱泾镇、乡人民代表大会主席。至 2004 年,朱泾镇历任人大主席(主席团常务主席)为 7 人次,朱泾乡为 2 人次。

朱泾镇、乡人民代表大会及其主席团,认真履行宪法和法律赋予的职责,制定和完善一系列规章制度;依法选举基层国家机关工作人员;开展宪法及法律知识教育;组织代表视察、调查研究和执法检查等活动,为代表履行职责创造条件;督办代表书面意见和建议的处理,促进全镇、乡经济建设和社会事业的发展,发挥基层国家权力机关的作用。

第一节 代表选举

1990—2004 年,朱泾镇共举行 5 次人大代表的换届选举。1990—1999 年,朱泾乡举行 4 次人大代表的换届选举。

一、朱泾镇

第十一届人民代表大会代表换届选举工作,于 1989 年 12 月下旬开始,至 1990 年 3 月完成。全镇 18 周岁以上选民 28163 人,划分为 33 个选区,参加投票选举选民 26961 人,参选率 95.7%,选举产生朱泾镇第十一届人民代表大会代表 81 人。

第十二届人民代表大会代表换届选举工作,于 1992 年 11 月下旬开始,至 1993 年 3 月完成。全镇 18 周岁以上选民 31314 人,划分为 36 个选区,参加投票选举选民 29247 人,参选率 93.4%,选举产生朱泾镇第十二届人民代表大会代表 90 人。

第十三届人民代表大会代表换届选举工作,于 1995 年 11 月上旬开始,至 1996 年 1 月完成。全镇 18 周岁以上选民 26147 人,划分为 32 个选区,参加投票选举选民 24341 人,参选率 93.1%,选举产生朱泾镇第十三届人民代表大会代表 65 人。

第十四届人民代表大会代表换届选举工作,于 1998 年 10 月开始,至 1999 年 1 月完成。

全镇18周岁以上选民24410人,划分为40个选区,参加投票选举选民22390人,参选率91.7%,选举产生朱泾镇第十四届人民代表大会代表65人。

第十五届人民代表大会代表换届选举工作,于2001年10月开始,至2002年1月完成。全镇18周岁以上选民48092人,划分为58个选区,参加投票选举选民44275人,参选率92.1%,选举产生朱泾镇第十五届人民代表大会代表85人。

二、朱泾乡

第十一届人民代表大会代表换届选举工作,于1989年12月起,至1990年3月完成。全乡18周岁以上选民20553人,划分为53个选区,参加投票选举选民20102人,参选率97.8%,选举产生朱泾乡第十一届人民代表大会代表69人。

第十二届人民代表大会代表换届选举工作,于1992年11月开始,至1993年3月完成。全乡18周岁以上选民20739人,划分为52个选区,参加投票选举选民20032人,参选率96.6%,选举产生朱泾乡第十二届人民代表大会代表79人。

第十三届人民代表大会代表换届选举工作,于1995年10月开始,至1996年1月完成。全乡18周岁以上选民21926人,划分为40个选区,参加投票选举选民21074人,参选率96.1%,选举产生朱泾乡第十三届人民代表大会代表61人。

第十四届人民代表大会代表换届选举工作,于1998年10月开始,至1999年1月完成。全乡18周岁以上选民22102人,划分为49个选区,参加投票选举选民21373人,参选率96.7%,选举产生朱泾乡第十四届人民代表大会代表61人。

三、选举出席金山区(县)人民代表大会代表

(一)朱泾镇

出席金山县第十届人民代表大会代表42人(1990年2月至1993年3月)

汪海健	邹宏元	胡纪新	施志望	吴枢观	陈巧珍(女)
褚金其	朱文宏	朱煜伦	曹　森	陈明玉(女)	龚宝寿
顾汉贻	张友兰	包吉庭	蔡　铮	汪祖达	杨建芳
王大钧	冯友楣	李　明	孙金法	姜世良	霍可群
吴隆春	张　虹(女)	顾庆生	孙正才	凌培根	金秀云
丁仲华	徐顺祥	宋　翼	陈永龄	李浩军	徐菊芳(女)
张学云(女)	陈冠英	王伯虎	沈国强	陈铭伍	施孝娥(女)

出席金山县第十一届人民代表大会代表43人(1993年4月至1997年4月)

沈嗣骧	张国强	张　薇(女)	缪　勇	褚金其	栾卫平
陈雪彪	奚龙飞	薛本金	施黄飞	曹　森	宋飞洁(女)
李玉琴(女)	高伯城	侯文心	薛春萌(女)	朱慰良	孙引观(女)
龚勤连	王亚华	陈　强	殷民栋	陈召平	沈毛妹
凌水观	姚永生	刘国庆	王仁康	凌培根	金秀云
张跃冲	徐顺祥	陈永龄	吕忠玉	马照根	邓小妹(女)
沈国强	郭玉云(女)	陆惠兰(女)	李根祥	陈梦良	沈建芳(女)
周国忠					

出席金山区第一届人民代表大会代表 43 人(1997 年 5 月至 1998 年 3 月)

沈嗣骧　张国强　张　薇(女)　缪　勇　褚金其　栾卫平
陈雪彪　奚龙飞　薛本金　施黄飞　曹　森　宋飞洁(女)
李玉琴(女)　高伯城　侯文心　薛春萌(女)　朱慰良　孙引观(女)
龚勤连　王亚华　陈　强　殷民栋　陈召平　沈毛妹
凌水观　姚永生　刘国庆　王仁康　凌培根　金秀云
张跃冲　徐顺祥　陈永龄　吕忠玉　马照根　邓小妹(女)
沈国强　郭玉云(女)　陆惠兰(女)　李根祥　陈梦良　沈建芳(女)
周国忠

出席金山区第二届人民代表大会代表 19 人(1998 年 3 月至 2003 年 3 月)

陆志伟　孙晓岚　严其远　刘晓荒　周益平　葛树杰
郭　鸣　陈明甫　奚龙飞　鲍熹贤　宋飞洁(女)　张敏华
郭载庸　鲁志芳　施志望　夏红梅(女)　吴巧观(女)　张布尔
周毛妹

出席金山区第三届人民代表大会代表 20 人(2003 年 3 月至 2007 年 2 月)

金小毛　张忠林　沈林花(女)　贾慧丽(女)　黄纪元　陆志伟
陈月华(女)　陈建国　姚蓓蕾(女)　胡玉云　陶濛濛(女)　顾方德
张布尔　夏平杰　陆秋根　曹金妹(女)　曹志熙　钟孝铭
张阿二　郭载庸

(二)朱泾乡

出席金山县第十届人民代表大会代表 12 人(1990 年 2 月至 1993 年 3 月)

庄雪华(女)　王桂强　姚金花(女)　包阿炳　王泉根　赵丛云(女)
徐惠祥　何福明　范多云　陆秋根　何亚雄　徐镜中

出席金山县第十一届人民代表大会代表 12 人(1993 年 4 月至 1997 年 4 月)

陆秋根　赵丛云(女)　刘永生　朱明华　孙明杰　曹白妹(女)
姚金花(女)　李长虹　张建军　彭金其　徐顺林　庄梅英(女)

出席金山区第一届人民代表大会代表 12 人(1997 年 5 月至 1998 年 3 月)

陆秋根　赵丛云(女)　刘永生　朱明华　孙明杰　曹白妹(女)
姚金花(女)　李长虹　张建军　彭金其　徐顺林　庄梅英(女)

出席金山区第二届人民代表大会代表 11 人(1998 年 3 月至 2003 年 3 月)

潘仁书(女)　顾方德　陆秋根　戈秋云　沈华棣　李国荣
戴　平　俞海英(女)　沈连珍(女)　金连观　范多云

第二节 人民代表大会

一、朱泾镇人民代表大会

自1990年至2005年,朱泾镇共召开6届人民代表大会。

(一)朱泾镇第十一届人民代表大会

第一次会议 1990年3月28—30日,第一次会议在镇政府礼堂召开。应出席代表81人,实际出席76人。会议听取和审议镇长沈国强所作的《政府工作报告》,副镇长张木金所作的《财政预决算报告》。大会表决通过邬梦林为朱泾镇第十一届人民代表大会主席团常务主席。大会选举沈国强为镇长,张木金、金丽勤(女)、周松华为副镇长。通过有关决议。

第二次会议 1991年3月14—15日,第二次会议在镇政府礼堂召开。应出席代表81人,实际出席79人。会议听取和审议镇长沈国强所作的《政府工作报告》、财政所所长王春华所作的《财政预决算报告》。通过有关决议。

第三次会议 1992年3月21—22日,第三次会议在镇政府礼堂召开。应出席代表81人,实际出席78人。会议听取和审议镇长沈国强所作的《解放思想,转变观念,克服困难,努力奋进》工作报告,财政所所长王春华所作的《财政预决算报告》,镇人大主席团张海荣所作的《朱泾镇人民代表大会主席团工作报告》。会议接受周松华辞去朱泾镇人民政府副镇长职务的请求,补选陈颂明为朱泾镇人民政府副镇长。通过有关决议。

(二)朱泾镇第十二届人民代表大会

第一次会议 1993年3月25—27日,第一次会议在镇政府礼堂召开。应出席代表90人,实际出席90人。会议听取和审议镇长沈国强所作的《政府工作报告》,财政所所长王春华所作的《财政预决算报告》,人大主席团常务主席邬梦林所作的《镇人大主席团工作报告》。会议表决通过马照根为朱泾镇第十二届人民代表大会主席团常务主席。会议选举陈梦良为朱泾镇人民政府镇长,陈颂明、何元根、吴国权为副镇长。通过有关决议。

第二次会议 1994年3月22—23日,第二次会议在镇政府礼堂召开。应出席代表90人,实际出席85人。会议听取和审议镇长陈梦良所作的《解放思想,抓住机遇,为实现朱泾镇经济和社会事业的快速发展而奋斗》工作报告,财政所所长王春华所作的《朱泾镇1993年财政预算执行情况和1994年财政预算(草案)》报告,人大主席团常务主席马照根所作的《镇人大工作报告》。会议选举刘德根为朱泾镇人民政府副镇长。通过有关决议。

第三次会议 1995年3月21—22日,第三次会议在镇政府礼堂召开。应出席代表90人,实际出席81人。会议听取和审议镇长陈梦良所作的《认清形势,振奋精神,扎实工作,加快朱泾镇经济和社会事业协调发展》工作报告,财政所所长王春华所作的《朱泾镇1994年财政预算执行情况和1995年财政预算(草案)》报告,人大主席团常务主席马照根所作的《镇人大工作报告》。会议选举张木金为朱泾镇人民政府副镇长。通过有关决议。

第四次会议 1995年11月7日,第四次会议在镇政府礼堂召开。应出席代表90人,实际出席73人。会议接受陈梦良辞去朱泾镇人民政府镇长职务的请求;选举鲁志方为朱泾镇人民政府镇长。根据金山县人民检察院〔95〕金检函字第2号文，镇人大代表徐某某因挪用公款罪，于1995年10月6日由县检察院批准依法逮捕，会议予以通报，并以举手方式，表决通过撤销其镇人大代表的资格。

（三）朱泾镇第十三届人民代表大会

第一次会议 1996年2月27—29日，第一次会议在镇政府礼堂召开。应出席代表65人，实际出席65人。会议听取和审议镇长鲁志方所作的《政府工作报告》，镇财政助理王春华所作的《朱泾镇1995年财政预算执行情况和1996年财政预算（草案）》报告，镇人大主席团常务主席马照根所作的《镇人大主席团工作报告》。会议选举顾仁忠为朱泾镇人民代表大会主席，曹炜为副主席；鲁志方为朱泾镇人民政府镇长，陈颂明、刘德根、曹友强、孙海华为副镇长。通过有关决议。

第二次会议 1996年7月26日，第二次会议在镇政府礼堂召开。应出席代表65人，实际出席58人。会议听取和审议镇长鲁志方所作的《政府工作报告》。会议接受顾仁忠辞去朱泾镇人民代表大会主席职务的请求。

第三次会议 1997年2月28日—3月1日，第三次会议在镇政府礼堂召开。应出席代表65人，实际出席65人。会议听取和审议镇长鲁志方所作的《政府工作报告》，财政助理王春华所作的《朱泾镇1996年财政预算执行情况和1997年财政预算（草案）》报告，人大副主席曹炜所作的《镇人大工作报告》。通过有关决议。

第四次会议 1997年12月18日，第四次会议在镇政府礼堂召开。应出席代表65人，实际出席59人。会议听取和审议镇长鲁志方所作的《政府工作报告》。会议接受孙海华、曹友强辞去朱泾镇人民政府副镇长职务的请求；选举费治中、方本鸿为朱泾镇人民政府副镇长。

第五次会议 1998年3月16—17日，第五次会议在镇政府礼堂召开。应出席代表65人，实际出席55人。会议听取和审议镇长鲁志方所作的《政府工作报告》，财政助理王春华所作的《朱泾镇1997年财政预算执行情况和1998年财政预算（草案）》报告，人大副主席曹炜所作的《镇人大工作报告》。会议选举施志望为朱泾镇人民代表大会主席。通过有关决议。

第六次会议 1998年9月16日，第六次会议在镇政府礼堂召开。应出席代表65人，实际出席51人。会议接受鲁志方辞去朱泾镇人民政府镇长职务的请求；选举刘跃俊为朱泾镇人民政府镇长。

（四）朱泾镇第十四届人民代表大会

第一次会议 1999年2月4—5日，第一次会议在镇政府礼堂召开。应出席代表61人，实际出席51人。会议听取和审议镇长刘跃俊所作的《政府工作报告》，财政助理王春华所作的《朱泾镇1998年财政预算执行情况和1999年财政预算（草案）》报告，人大主席施志望所作的《镇人大工作报告》。会议选举施志望为朱泾镇人民代表大会主席，曹炜为副主席；刘跃俊为朱泾镇人民政府镇长，费治中、方本鸿、邬仁荣、孙纯玮为副镇长。通过有关决议。

第二次会议 2000年1月25—26日，第二次会议在镇政府礼堂召开。应出席代表61人，实际出席55人。会议听取和审议镇长刘跃俊所作的《政府工作报告》，财政助理王春华所作的《朱泾镇1999年财政预算执行情况和2000年财政预算（草案）》报告，人大主席施志望所作的《镇人大工作报告》。通过有关决议。

(五)朱泾镇、朱泾乡“撤二建一”后,新的朱泾镇第十四届人民代表大会

第一次会议 2000年7月19—20日,第一次会议在东林宾馆召开。应出席代表120人,实际出席108人。会议认为,鉴于“撤二建一”的特殊情况,对原朱泾镇第十四届人民代表大会第二次会议和原朱泾乡第十四届人民代表大会第二次会议通过的关于《政府工作报告》《财政预决算报告》《人大工作报告》等决议,应继续贯彻执行。要求新的朱泾镇人民代表大会、镇人民政府从实际出发,把各项工作做得更好。会议选举施志望为朱泾镇第十四届人民代表大会主席,钱引根、曹炜为副主席;盛宗耀为朱泾镇人民政府镇长,邬仁荣、孙纯玮、张伟东、张爱根、曹志熙为副镇长。

第二次会议 2001年3月8—9日,第二次会议在东林宾馆召开。应出席代表120人,实际出席107人。会议听取和审议镇长盛宗耀所作的《政府工作报告》,镇财政助理徐水林所作的《关于朱泾镇2000年财政预算执行情况和2001年财政预算(草案)》的报告,人大主席施志望所作的《人大工作报告》。通过有关决议。

(六)朱泾镇第十五届人民代表大会

第一次会议 2002年1月20—22日,第一次会议在东林宾馆召开。应出席代表86人,实际出席84人。会议听取和审议镇长余旭峰所作的《政府工作报告》,财政所长徐水林所作的《关于朱泾镇2001年财政预算执行情况和2002年财政预算(草案)》的报告,人大主席施志望所作的《人大工作报告》。会议选举陶濛濛(女)为朱泾镇人民代表大会主席,徐四弟为副主席;余旭峰为朱泾镇人民政府镇长,邬仁荣、张爱根、曹志熙、阮仙华(女)为副镇长。通过有关决议。

第二次会议 2003年1月23—24日,第二次会议在东林宾馆召开。应出席代表86人,实际出席82人。会议听取和审议副镇长曹志熙所作的《团结鼓劲,奋发有为,努力实现朱泾跨越式发展目标》工作报告,财政所长徐水林所作的《关于2002年财政预算执行情况和2003年财政预算(草案)》的报告,镇人大主席陶濛濛所作的《人大工作报告》。会议接受余旭峰辞去朱泾镇人民政府镇长职务的请求,选举曹志熙为朱泾镇人民政府镇长。通过有关决议。

第三次会议 2003年8月7—8日,第三次会议在中共金山区委党校召开。应出席代表86人,实际出席75人。会议听取和审议镇长曹志熙所作的《关于2003年上半年工作总结和下半年工作安排》工作报告。会议选举杨国贤为朱泾镇人民政府副镇长。通过有关决议。

第四次会议 2004年1月8—9日,第四次会议在东林宾馆召开。应出席代表86人,实际出席86人。会议听取和审议镇长曹志熙所作的《政府工作报告》,财政所所长徐水林所作的《关于朱泾镇2003年财政预算执行情况和2004年财政预算(草案)》报告,人大主席陶濛濛所作的《人大工作报告》。通过有关决议。

第五次会议 2005年2月25—26日,第五次会议在东林宾馆召开。应出席代表86人,实际出席86人。会议听取和审议镇长曹志熙所作的《政府工作报告》,财政所长徐水林所作的《关于朱泾镇2004年财政预算执行情况和2005年财政预算(草案)》报告,人大主席陶濛濛所作的《人大工作报告》。通过有关决议。

二、朱泾乡人民代表大会

自1990年至2000年，朱泾乡共召开4届人民代表大会。

(一)朱泾乡第十一届人民代表大会

第一次会议　1990年3月25—27日，第一次会议在乡政府礼堂召开。应出席代表69人，实际出席69人。会议听取和审议乡长陆秋根所作的《坚持改革开放，搞好治理整顿，为夺取我乡经济建设和各项事业的稳定发展而奋斗》工作报告，财政所长盛宗耀所作的《关于朱泾乡1989年财政预算执行情况和1990年财政预算(草案)》报告。大会表决通过朱明华为朱泾乡第十一届人民代表大会主席团常务主席。会议选举陆秋根为朱泾乡人民政府乡长，邱吉林、潘仁书(女)、沈甫根为副乡长。通过有关决议。

第二次会议　1991年3月26—27日，第二次会议在乡政府礼堂召开。应出席代表69人，实际出席67人。会议听取和审议乡长陆秋根所作的《认清形势，振奋精神，为实现1991年国民经济和社会发展目标而奋斗》工作报告，财政所所长盛宗耀所作的《关于朱泾乡1990年财政预算执行情况和1991年财政预算(草案)》报告，人大主席团常务主席朱明华所作的《朱泾乡人民代表大会主席团工作报告》，通过有关决议。

第三次会议　1992年3月23—24日，第三次会议在乡政府礼堂召开。应出席代表69人，实际出席63人。会议听取和审议乡长陆秋根所作的《进一步解放思想，转变观念，为全面完成1992年各项经济指标和推进社会事业而努力奋斗》工作报告，财政所所长盛宗耀所作的《关于1991年财政预算执行情况和1992年财政预算(草案)》报告，人大主席团常务主席朱明华所作的《朱泾乡人民代表大会主席团工作报告》。通过有关决议。

第四次会议　1992年7月24—25日，第四次会议在乡政府礼堂召开。应出席代表69人，实际出席61人。会议听取和审议副乡长潘仁书所作的《解放思想，努力开拓，为全面完成今年国民经济和社会发展的各项任务而努力奋斗》工作报告。会议接受陆秋根辞去朱泾乡人民政府乡长职务的请求，选举刘永生为朱泾乡人民政府乡长。通过有关决议。

(二)朱泾乡第十二届人民代表大会

第一次会议　1993年3月25—27日，第一次会议在乡政府礼堂召开。应出席代表79人，实际出席79人。会议听取和审议乡长刘永生所作的《政府工作报告》，财政所所长盛宗耀所作的《关于朱泾乡1992年财政预算执行情况和1993年财政预算(草案)》报告，人大主席团常务主席朱明华所作的《朱泾乡人民代表大会主席团工作报告》。会议选举朱明华为朱泾乡人民代表大会主席团常务主席；刘永生为朱泾乡人民政府乡长，邱吉林、张海龙、夏金龙为副乡长。通过有关决议。

第二次会议　1994年3月24—26日，第二次会议在乡政府召开。应出席代表79人，实际出席76人。会议听取和审议乡长刘永生所作的《政府工作报告》，乡财政所长盛宗耀所作的《关于朱泾乡1993年财政预算执行情况和1994年财政预算(草案)》报告，乡人大主席团常务主席朱明华所作的《朱泾乡人民代表大会主席团工作报告》。会议接受刘永生辞去朱泾乡人民政府乡长、夏金龙辞去朱泾乡人民政府副乡长职务的请求。会议选举方本鸿为朱泾乡人民政府乡长，盛雪彪、盛宗耀为副乡长。通过有关决议。

第三次会议　1995年3月22日，第三次会议在乡政府召开。应出席代表79人，实际出席72人。会议听取和审议盛宗耀所作的《政府工作报告》,副乡长邱吉林所作的《财政预决算报告》。会议接受张海龙辞去朱泾乡人民政府副乡长职务的请求,选举陈国强为朱泾乡人民政府副乡长。通过有关决议。

第四次会议 1995年11月14日,第四次会议在乡政府召开。应出席代表79人,实际出席71人。会议听取和审议副乡长盛宗耀所作的《政府工作报告》。会议接受方本鸿辞去朱泾乡人民政府乡长职务的请求,选举盛宗耀为朱泾乡人民政府乡长。通过有关决议。

(三)朱泾乡第十三届人民代表大会

第一次会议 1996年3月6—8日,第一次会议在乡政府召开。应出席代表61人,实际出席61人。会议听取和审议乡长盛宗耀所作的《政府工作报告》,副乡长邱吉林所作的《关于朱泾乡1995年财政预算执行情况和1996年财政预算(草案)》报告,乡人大主席团常务主席朱明华所作的《人大主席团工作报告》。会议选举潘仁书(女)为朱泾乡第十三届人民代表大会主席,沈甫根为副主席;盛宗耀为朱泾乡人民政府乡长,邱吉林、盛雪彪、陈国强为副乡长。通过有关决议。

第二次会议 1997年3月20—21日,第二次会议在乡政府召开。应出席代表61人,实际出席60人。会议听取和审议乡长盛宗耀所作的《政府工作报告》,财政所所长朱林弟所作的《乡财政预决算报告》,乡人大主席潘仁书所作的《朱泾乡人民代表大会工作报告》。通过有关决议。

第三次会议 1997年12月31日,第三次会议在乡政府召开。应出席代表61人,实际出席55人。会议接受盛宗耀辞去朱泾乡人民政府乡长、邱吉林辞去朱泾乡人民政府副乡长职务的请求,会议选举沈华棣为朱泾乡人民政府乡长,张爱根为副乡长。

第四次会议 1998年2月26日,第四次会议在乡政府召开。应出席代表61人,实际出席60人。会议听取和审议乡长沈华棣所作的《政府工作报告》、乡财政助理朱林弟所作的《关于朱泾乡1997年财政预算执行情况和1998年财政预算(草案)》报告、乡人大主席潘仁书所作的《朱泾乡人民代表大会工作报告》。会议接受沈甫根辞去朱泾乡人大副主席职务的请求,选举钱引根为朱泾乡第十三届人民代表大会副主席。通过有关决议。

第五次会议 1998年9月15日,第五次会议在乡政府召开。应出席代表61人,实际出席54人。会议接受沈华棣辞去朱泾乡人民政府乡长职务的请求,选举孙小龙为朱泾乡人民政府乡长。

(四)朱泾乡第十四届人民代表大会

第一次会议 1999年2月3—5日,第一次会议在乡政府召开。应出席代表61人,实际出席59人。会议听取和审议乡长孙小龙所作的《政府工作报告》、乡财政助理朱林弟所作的《关于朱泾乡1998年财政预算执行情况和1999年财政预算(草案)》报告、乡人大主席潘仁书所作的《乡人大工作报告》。会议选举潘仁书(女)为朱泾乡第十四届人民代表大会主席,钱引根为副主席;孙小龙为朱泾乡人民政府乡长,吕春华、张爱根、刘银芳(女)为副乡长。通过有关决议。

第二次会议 2000年2月18日,第二次会议在乡政府召开。应出席代表61人,实际出席58人。会议听取和审议乡长孙小龙所作的《政府工作报告》,乡财政助理朱林弟所作的《关于朱泾乡1999年财政预算执行情况和2000年财政预算(草案)》报告、乡人大副主席钱引根所作的《乡人大工作报告》。通过有关决议。

1990—2004 年朱泾镇人大历届主席团成员名录

表 12

届别	主席	副主席	主席团成员
第十一届	邬梦林	—	丁德成　孙企贤　邬梦林　沈国强 沈迪君　宋章美　李浩军　张木金 徐　风　张海龙　陈冬贞　陈颂明 邵　常
第十二届	马照根	—	马照根　邬梦林　孙国民　沈国强 李浩军　李根祥　陈　晖　陈冠英 陈梦良　邵　常　金丽勤　曹　炜
第十三届	顾仁忠 (1996.02—1996.07) 施志望 (1998.03—1999.02)	曹　炜(1996.07—1998.03 主持人大工作)	丁英模　吴巧官　张国凯　杭克平 顾仁忠　唐阿桥　钱桂林　郭载庸 曹　炜
第十四届	施志望	曹炜	叶启明　刘跃俊　张锦源　张国凯 施志望　袁晓林　唐连富　陶濛濛 曹　炜
新第十四届	施志望	曹炜	平连云　叶启明　杨锦源　张国凯 施志望　唐连富　袁晓林　骆秋林 顾保忠　钱引根　徐云连　陶濛濛 曹　炜　盛雪彪　潘仁书　戴洁芙
第十五届	陶濛濛	徐四弟	平连云　张阿二　陈颂明　俞炎星 钟铁根　顾方德　徐四弟　陶濛濛 盛雨田　盛宗耀　盛雪彪

1990—2000 年朱泾乡人大历届主席团成员名录

表 13

届别	主席	副主席	主席团成员
第十一届	朱明华	—	朱明华　吴生林　何亚云　何福明　陆秋根 陈雪宝　胡丹娅　骆天根　郭新华　陶励强 顾光旭　曹林生
第十二届	朱明华	—	刘永生　朱明华　张爱根　张美新　吴湘民 林　浩　骊小平　顾庆生　徐文贤　陶巧明 曹林生　黄慰华　潘仁书
第十三届	潘仁书	沈甫根(1996.03—1997.12) 钱引根(1997.12—　)	刘永生　沈甫根　李林凤　吴湘民　张爱根 范多云　周在根　徐云连　潘仁书
第十四届	潘仁书	钱引根	平连云　骆秋林　徐云连　钱引根　顾保忠 黄　政　盛宗耀　盛雪彪　潘仁书　戴洁芙

第三节 主要工作

一、督办代表书面意见和建议的处理

朱泾镇第十一届至第十五届人民代表大会期间,共收到5名以上代表联名提交的议案398件,代表提出的书面意见和建议331件。经议案审查委员会审查,398件议案均属政府及职能部门的日常工作,都作为书面意见和建议处理。为此,共收到代表书面意见和建议729件。

朱泾乡第十一届至第十四届人民代表大会,共收到代表提交的议案102件,经议案审查委员会审查,均作为书面意见和建议处理。代表提出的书面意见和建议172件。为此,共收到代表书面意见和建议274件。

镇、乡人大十分重视代表书面意见和建议,专门召开主席团会议,在规范办理程序、监督办理情况、提高办理质量上与政府密切配合,对代表的意见和建议认真进行整理,及时提交镇、乡政府办理和落实。同时,镇、乡人大每年组织人大主席团和全体代表,听取政府关于代表书面意见和建议办理情况的专题汇报,做到件件有着落,事事有答复,使代表对书面意见和建议处理的同意率和满意率分别为94.8%与97.6%。

二、监督、视察、调研

1990年起,朱泾镇、乡人大按照“突出重点,讲求实效”的原则,每年有重点地对部分法律法规的贯彻实施情况开展视察。镇、乡人大分别组织36次、24次视察活动,对安全生产,食品安全,物业管理,劳动维权,老年、妇女、青少年权益保护,治安防范等方面的法律法规执法情况开展检查,听取专题汇报,在肯定所做工作的同时,提出许多建设性的意见和建议。

镇、乡人大每年在年中组织人大代表听取政府上半年工作汇报及下半年工作安排,并分组进行讨论和评议,肯定成绩,指出不足,推进政府工作的开展。2004年起,朱泾镇人大组织人大代表对城乡环境管理和农业技术推广服务中心的工作在听取汇报的基础上进行认真评议,在肯定成绩的同时,代表们提出12条意见和建议。

1990—2004年,镇、乡人大在工作中,坚持以经济建设为中心,围绕历次人民代表大会提出的工作目标,把工业、农业园区和政府实事项目作为每年工作的重点,组织代表开展视察和检查。同时,针对百姓关注的村镇建设、城镇综合管理、市容整顿、社会保险、社会保障、动拆迁工作、医疗卫生服务、物业管理、市场物价、老龄工作、创卫工作等热点、难点问题,组织代表开展视察活动,积极推进政府及职能部门的工作。

2003—2004年,镇人大开展调查研究活动。先后组织代表举行农业专题研讨会、开展改善投资环境、加强城镇管理、农村社会保障机制、320国道人行天桥建设等专题调研,分别撰写调研报告,为党委、政府决策提供依据。

三、组织代表活动

组织人大代表学习 为提高代表自身素质,镇、乡人大组织主席团人员和代表认真学习

邓小平理论、“三个代表”重要思想和各种有关专业理论知识及法律法规。1999—2004 年，共举行 19 次学习活动。同时，运用举办培训班、专题讲座、法律知识竞赛、考察等各种形式对代表开展教育，增强代表的责任意识、法律意识和执政为民意识，提高人大代表履职水平。

开展代表接待日活动　镇人大从 2002—2004 年，共举行 12 次“代表接待选民日”活动，接待选民 250 多人次，汇集整理选民意见 202 件，分门别类转交给区、镇政府有关职能部门办理。同时，撰写的《开展代表接待日活动的实践与思考》一文，在 2004 年市人大召开的乡镇人大工作座谈会上作为金山区人大代表活动的一项特色工作，作书面交流。

开展代表述职评议　2004 年，镇人大首次开展人大代表述职评议活动，由 6 名镇人大代表就担任镇十五届人大代表以来所做的工作向选区选民进行述职，同时由选民对选区人大代表的工作进行评议。通过述职评议，增强代表履职的自觉性和责任感，密切代表与选民的联系。

四、做好信息传递

镇人大在每次大会的举行和闭会期间的代表活动，都及时编印《人大简讯》分发给各位代表，并在《朱泾社区》报上予以报道，既能使代表知情、知政，参政、议政，也为代表了解镇人大工作创造条件。

第五章　朱泾镇人民政府

第一节　行政机构

一、政府换届

1990年3月—2002年1月，朱泾镇第十一届至第十五届人民代表大会，分别选举产生朱泾镇第十一届至第十五届人民政府。

1990年3月—1999年2月，朱泾乡第十一届至第十四届人民代表大会，分别选举产生朱泾乡第十一届至第十四届人民政府。

（一）朱泾镇

朱泾镇第十一届人民政府（1990.03—1993.03）

1990年3月28—30日，朱泾镇第十一届人民代表大会第一次会议选举产生镇长1人、副镇长3人。

1992年3月21—22日，朱泾镇第十一届人民代表大会第三次会议接受副镇长辞职请求1人，补选副镇长1人。

朱泾镇第十二届人民政府（1993.03—1996.02）

1993年3月25—27日，朱泾镇第十二届人民代表大会第一次会议选举产生镇长1人、副镇长3人。

1994年3月22日—23日，朱泾镇第十二届人民代表大会第二次会议选举副镇长1人。

1995年3月21—22日，朱泾镇第十二届人民代表大会第三次会议选举副镇长1人。

1995年12月7日，朱泾镇第十二届人民代表大会第四次会议接受镇长辞职1人、补选镇长1人。

朱泾镇第十三届人民政府（1996.02—1999.02）

1996年2月27—29日，朱泾镇第十三届人民代表大会第一次会议选举产生镇长1人、副镇长4人。

1997年12月18日，朱泾镇第十三届人民代表大会第四次会议接受副镇长辞职2人，补选副镇长2人。

1998 年 9 月 16 日,朱泾镇第十三届人民代表大会第六次会议接受镇长辞职 1 人,补选镇长 1 人。

朱泾镇第十四届人民政府(1999.02—2000.07)

1999 年 2 月 4—5 日,朱泾镇第十四届人民代表大会第一次会议选举产生镇长 1 人、副镇长 4 人。

2000 年 7 月 19—20 日,朱泾镇、朱泾乡“撤二建一”后,新的朱泾镇第十四届人民代表大会第一次会议选举产生镇长 1 人、副镇长 5 人。

朱泾镇第十五届人民政府(2002.01—2005.04)

2002 年 1 月 20—22 日,朱泾镇第十五届人民代表大会第一次会议选举产生镇长 1 人、副镇长 4 人。

2003 年 1 月 23—24 日,朱泾镇第十五届人民代表大会第二次会议接受镇长辞职 1 人,选举产生镇长 1 人。

2003 年 8 月 7—8 日,朱泾镇第十五届人民代表大会第三次会议选举产生副镇长 1 人。

1990—2004 年朱泾镇第十一届至十五届人民政府镇长、副镇长一览表

表 14

届别	职务	姓名	任期
第十一届	镇长	沈国强	1990.03—1993.03
	副镇长	张木金 金丽勤 周松华 陈颂明	1990.03—1993.03 1990.03—1993.03 1990.03—1992.02 1992.02—1993.03
第十二届	镇长	陈梦良 鲁志芳	1993.03—1995.11 1995.11—1996.02
	副镇长	陈颂明 何元根 吴国权 刘德根 张木金	1993.03—1996.02 1993.03—1994.03 1993.03—1995.03 1994.03—1996.02 1995.03—1996.02
第十三届	镇长	鲁志芳 刘跃俊	1996.02—1998.09 1998.09—1999.02
	副镇长	刘德根 沈海华 陈颂明 曹友强 费治中 方本鸿	1996.02—1999.02 1996.02—1997.12 1996.02—1999.02 1996.02—1997.12 1997.12—1999.02 1997.12—1999.02

续表 14

届别	职务	姓名	任期
第十四届	镇长	刘跃俊 盛宗耀 余旭峰	1999. 02—2000. 07 2000. 07—2001. 03 2001. 03—2002. 01
	副镇长	邬仁荣 方本鸿 费治中 孙纯玮 张爱根 曹志熙 张伟东	1999. 02—2002. 01 1999. 02—2000. 07 1999. 02—2000. 07 1999. 02—2002. 01 2000. 07—2002. 01 2000. 07—2002. 01 2000. 07—2002. 01
第十五届	镇长	余旭峰 曹志熙	2002. 01—2003. 01 2003. 01—2005. 04
	副镇长	邬仁荣 张爱根 曹志熙 阮仙华 杨国贤	2002. 01—2005. 02 2002. 01—2005. 04 2002. 01—2003. 01 2002. 01—2005. 04 2003. 08—2005. 04

(二)朱泾乡

朱泾乡第十一届人民政府(1990. 03—1993. 03)

1990 年 3 月 25—27 日,朱泾乡第十一届人民代表大会第一次会议选举产生乡长 1 人、副乡长 3 人。

1992 年 7 月 24—25 日,朱泾乡第十一届人民代表大会第四次会议接受乡长辞职 1 人,选举乡长 1 人。

朱泾乡第十二届人民政府(1993. 03—1996. 03)

1993 年 3 月 25—27 日,朱泾乡第十二届人民代表大会第一次会议选举产生乡长 1 人、副乡长 3 人。

1994 年 3 月 24—26 日,朱泾乡第十二届人民代表大会第二次会议接受乡长和副乡长辞职各 1 人,选举产生乡长 1 人、副乡长 2 人。

1995 年 3 月 22 日,朱泾乡第十二届人民代表大会第三次会议接受副乡长辞职 1 人,选举产生副乡长 1 人。

1995 年 11 月 14 日,朱泾乡第十二届人民代表大会第四次会议接受乡长辞职 1 人,选举产生乡长 1 人。

朱泾乡第十三届人民政府(1996. 03—1999. 02)

1996 年 3 月 6—8 日,朱泾乡第十三届人民代表大会第一次会议选举产生乡长 1 人、副乡长 4 人。

1997 年 12 月 31 日,朱泾乡第十三届人民代表大会第三次会议接受乡长、副乡长辞职各 1 人,选举产生乡长 1 人、副乡长 1 人。

1998 年 9 月 15 日,朱泾乡第十三届人民代表大会第五次会议接受乡长辞职 1 人,选举产生乡长1人。

朱泾乡第十四届人民政府(1999.02—2000.07)

1999年2月3—5日,朱泾乡第十四届人民代表大会第一次会议选举产生乡长1人、副乡长3人。

1990—2000年朱泾乡第十一届至十四届人民政府乡长、副乡长一览表

表15

届别	职务	姓名	任期
第十一届	乡长	陆秋根 刘永生	1990.03—1992.07 1992.07—1993.03
	副乡长	沈甫根 邱吉林 潘仁书	1990.03—1993.03 1990.03—1993.03 1990.03—1993.03
第十二届	乡长	刘永生 方本鸿 盛宗耀	1993.03—1994.03 1994.03—1995.11 1995.11—1996.03
	副乡长	邱吉林 张海龙 夏金龙 盛雪彪 盛宗耀 陈国强	1993.03—1996.03 1993.03—1995.03 1993.03—1994.03 1994.03—1996.03 1994.03—1995.11 1995.03—1996.03
第十三届	乡长	盛宗耀 沈华棣 孙小龙	1996.03—1997.12 1997.12—1998.08 1998.08—1999.02
	副乡长	邱吉林 陈国强 盛雪彪 吕春华 张爱根	1996.03—1997.12 1996.03—1998.11 1996.03—1998.11 1996.03—1999.02 1997.12—1999.02
第十四届	乡长	孙小龙	1999.02—2000.07
	副乡长	吕春华 张爱根 刘银芳	1999.02—2000.07 1999.02—2000.07 1999.02—2000.07

二、机构设置

(一)朱泾镇

行政　1990年,朱泾镇人民政府设办公室、民政、司法、城建、财贸、文教科技、计划生育、卫生、统计、经济等职能部门。

2000年7月13日,经市人民政府批准,撤销朱泾乡和朱泾镇建制,建立新的朱泾镇人民政府。2001年,镇政府实行机构改革,设办公室、组织人事办、综治办、信访办、卫生事业办、村级经济办、社会事业办(含民政、残联、老龄、科技、计生、教育、安全7个科室)、工业经济办、商贸办、农业经济办、城建办11个职能部门。

事业 2001年,朱泾镇政府事业机构有财政所、经济管理所、集体资产经营联社、劳动保障所、城乡环境管理所、房屋土地所、农业技术推广服务中心、社区服务中心、文广中心、排灌站、用电站、环卫所、市政所、园林所、市容监察队、住宅办、公路管理站、社救所、统计站、会计服务所、征税站21个单位。

(二)朱泾乡

行政 1992年10月,朱泾乡人民政府设办公室(主任、文书档案、信访、财务)、民政、司法、教卫、劳动安全、村镇建设、计划生育、科技、统计等职能部门。

事业 1992年,朱泾乡政府事业机构有财政所、土地所、经管站、用电站、农机站、农科站、林业站、兽医站、水产站、农保所、信息办、劳动服务所、文广中心13个单位。

2000年7月,撤销朱泾乡、朱泾镇建制,建立新的朱泾镇。

第二节 政　　务

一、政务公开

1996年,朱泾镇政府设立政务公开领导小组,纪委书记任组长,党委宣传委员和1名副镇长任副组长,下设办公室。1999年,调整为镇长任组长,纪委书记、1名副镇长、人大副主席任副组长,配备专职办公室主任。

政务公开实行“二公开一监督”(公开办事制度、公开办事结果,接受群众监督)。政府各职能部门将应当履行的义务、办事依据、收费标准、办事程序(包括顺序、时限、手续)、办事纪律、办事结果、监督投诉渠道及其他应当公开的内容都上墙公示。各单位明确1名主要领导抓政务公开,职能部门聘请政务公开监督员,1999年有监督员69名。2000年,政务公开推向基层,15个村委会、1个水产大队、19个居委会及镇属学校、企业都实行政务、校务、厂务公开。

二、行政监察

1989年12月,朱泾镇、乡政府设立监察室,配备1名监察干部。1993年,镇、乡政府监察室与纪律检查委员会合署办公,实行“两块牌子、一套班子”。监察室的职能是:为政治稳定和经济发展服务;对企业在经营过程中出现亏损进行调查;纠正行业不正之风;对行政干部加强廉洁自律教育,防止以权谋私;实行行政干部离任审计,提出意见和建议;建立公开办事制度,广泛接受群众监督;开展政风行风评议,建立内外监督的制约机制等。

1999—2001年,在镇监察室主持下,由镇审计室对47个基层单位的行政负责人进行离任审计;依法审计建设工程项目103个;提出建议208条,纠正违规金额1416.49万元,基建项目核减金额268.02万元。全镇有32名党员干部拒收和上交礼金、礼品、礼券计93264元,其中,拒收29200元,上交64064元。

2002年,对24个单位的正职干部进行离任审计,提出意见和建议120多条,采纳94条。审计基建项目52个,送审金额752.72万元。经审计,核减81.23万元。9名处级领导干部上交礼金 20802 元、礼券 28350 元、礼品 11 件,价值 17700 元。

2003 年,对 27 个单位的正职干部进行离任审计,提出意见和建议 23 条,采纳 13 条。35 个基建项目送审金额 757.47 万元,经审计核减 82.06 万元。13 名处级干部上交礼金 7400 元、礼券 27700 元、礼品 9 件,价值 8400 元。

三、信访处理

1990—1994 年,朱泾镇、乡的信访工作由政府办公室指定 1 名工作人员负责。1995 年,根据县政府的统一部署,镇、乡均设立由党委副书记任组长,副镇、乡长为副组长的信访工作领导小组,下设信访办公室,配备 1 名专职干部。2003 年,信访办划归镇综治系统,设主任和办事员各 1 人。

1990—1999 年,朱泾镇、乡受理群众来信来访分别为 610 件和 276 件,办结率分别为 87% 和 84%。2000—2004 年,镇信访办受理来信来访 243 件,办结 209 件,办结率为 86%。

1990—2004 年朱泾镇受理群众来信来访情况表

表 16　　单位:件

项目＼年份	1990	1991	1992	1993	1994	1995	1996	1997	1998	1999	2000	2001	2002	2003	2004	合计
意见与建议	2	4	3	2	4	3	4	3	4	2	3	5	6	4	2	51
举报	1	2	1	3	2	2	3	1	—	2	1	—	1	2	1	22
申诉	1	3	2	3	2	3	2	3	2	4	2	12	9	5	2	55
各类请求	5	8	6	4	9	4	9	7	8	6	3	29	19	9	3	129
纠纷求处	2	3	1	3	2	3	4	2	3	2	1	—	—	2	1	29
其他	10	12	6	12	32	28	40	13	19	31	14	53	29	13	12	324
总计	21	32	19	27	51	43	62	29	36	47	24	99	64	35	21	610

1990—1999 年朱泾乡受理群众来信来访情况表

表 17　　单位:件

项目＼年份	1990	1991	1992	1993	1994	1995	1996	1997	1998	1999	合计
意见与建议	2	—	1	—	3	1	2	2	4	3	18
举报	1	1	2	—	1	2	—	1	—	1	9
申诉	3	2	3	4	2	1	2	3	1	1	22
各类请求	4	7	8	12	13	7	7	11	15	12	96
纠纷求处	2	1	3	1	2	—	1	—	3	2	15
其他	4	13	15	10	15	10	7	9	10	23	116
总计	16	24	32	27	36	21	19	26	33	42	276

第三节　实事项目

1990年起,朱泾镇(乡)政府始终坚持把经济建设和与人民生活密切相关的建设项目列为政府实事项目。至2004年,共实施项目69件,主要有道路、桥梁、农村改水、居民点改造、农贸市场、园林绿化、文体设施、学校危房改造等。

1990年8件。完成公园路250米车行道延伸工程;新建长200米、宽30米的临源街西段;修建东风路;新建简易自行车棚1186平方米;新筑东外环路路基;新筑胜利村机耕路909米;疏浚中官塘;完成公共绿化、新村绿化各1000平方米。

1991年5件。建成东外环路;修建临源街东段;新建临源一村住宅小区;临源农贸市场建成营业;完成公共绿化2685平方米、居民区绿化8600平方米。

1992年10件。完成临源街东段1000米车行道建设;全线完成沈浦泾路工程;完成320国道东风路口两侧绿化;完成350米中官塘西侧石驳岸;完成金山大桥西北侧三角地带绿化;完成东西方向市河改造;做好健康路延伸工程前期准备;修建胜利路南段;创建罗星、人民、东风路3条文明街;改造356只垃圾箱,新建8座垃圾房。

1995年3件。解决"三线"环通路线上非机动车道、人行道、绿化带等配套工程;翻建公园路南段地下污水管道;完成朱泾工业开发区污水排放工程。

1997年4件。在西林街旧区(原朱泾电影院地块)建成6788平方米的商住一体化房屋;建造待业人员非正规就业基地1000平方米的商业活动房;新村建造自行车棚1500平方米;联建商业门面房1000平方米。

2000年7件。完成小商品市场建设;新建公共厕所2座、改建5座;完成1900平方米自行车棚建造;完成老街改造示范段动拆迁,商住房工程开工建设;凤翔新村创建为市级文明小区,临源一村、万安新村创建为区级文明小区;完成镇区主要道路灯箱广告、环棚和彩灯配置;完成主干道的人行道道板和绿化改造。

2001年10件。建设万安街休闲绿地广场(紫金广场);翻建农桥5座;实施工业园区绿化建设;实施农村自来水管网改造;建造镇社区活动中心;改造公共厕所6座;建造垃圾中转压缩站;启动朱泾中心校拆建工程;扩建地段医院;新建万安农贸市场。

2002年8件。搞好万安街、沈浦泾路主要区域10000平方米住宅平改坡;实施金山公园改造;进行紫金广场建设;完成4个村自来水管网改造;镇区河道疏浚;2所小学、1所中学标准化建设(分2年实施);地段医院易地改建(分2年实施);秀州街建设(分2年实施)。

2003年9件。完成农村自来水管网改造;完成1000平方米住宅平改坡工程;新建和翻建农桥各3座;完成朱泾工业园区"二纵三横"道路基础设施建设;新建1.5万平方米绿化广场;做好金山中学迁建前的动拆迁工作;朱泾中心小学迁建竣工并投入使用;完成朱泾二小扩建;地段医院改建为社区卫生服务中心并投入使用。

2004年5件。完成320国道镇区段两侧环境整治和绿化工程;搞好500户动迁居民建房配套设施建设;新建1所托、幼一体化的幼儿园;新建1座垃圾压缩中转站;实施秀州街建设。

第六章　社会团体

第一节　工　　会

一、组织机构

1990 年，朱泾镇、乡有基层工会 22 个，会员 2282 人。2000 年 7 月，朱泾镇、乡“撤二建一”，建立新的朱泾镇工会。2004 年，全镇有基层工会 36 个（其中，外商企业 6 个，私营企业 13 个，集体企业 7 个，村联合工会 10 个），会员 6169 人。

二、代表大会

（一）朱泾镇

朱泾镇工会第一次代表大会　1999 年 7 月 8 日，大会在镇政府礼堂召开，出席代表 48 人。会议听取和审议镇党委委员陈颂明所作的《团结一致、艰苦奋斗、开拓创新，为实现朱泾镇跨世纪宏伟目标而努力奋斗》工作报告。会议选举产生朱泾镇工会第一届委员会和经费审查委员会。工会委员会由陈颂明、金杏英（女）、唐连富、钱健敏（女）、奚德宝（女）、高耀之、黄建（女）7 人组成，陈颂明任主席，高耀之任副主席；经费审查委员会由王春华（女）、王熔炜（女）、孙建国 3 人组成，王春华（女）任主任。

朱泾镇工会第二次代表大会　2002 年 4 月 28 日，大会在东林宾馆召开，出席代表 95 人。会议听取和审议镇党委宣传委员张伟东所作的《振奋精神、与时俱进、努力开创朱泾镇工会新局面》工作报告。会议选举产生朱泾镇工会第二届委员会和经费审查委员会。工会委员会由张伟东、唐连富、李萍（女）、吕国强、邱蓉（女）、张福珍（女）、周鑫有、郦小平、黄瑜文（女）9 人组成，张伟东任主席，唐连富、李萍（女）任副主席；经费审查委员会由王春华（女）、王熔炜（女）、孙毅 3 人组成，王春华（女）任主任。

（二）朱泾乡

朱泾乡工会第一次代表大会　1999 年 6 月 28 日，大会在乡政府电教中心召开，出席代表 54 人。会议听取和审议乡党委委员李美玲所作的《高举邓小平理论伟大旗帜，团结带领全乡职工为实现我乡跨世纪宏伟目标而努力奋斗》工作报告。会议选举产生朱泾乡工会第一届委员会和经费审查委员会。工会委员会由包林军、张伶俐(女)、李美玲(女)、郦小平、骆秋林、姚炳奎、徐金华7人组成,李美玲(女)任主席,张伶俐(女)、姚炳奎任副主席;经费审查委员会由陆妹(女)、姚炳奎、奚美娟(女)3人组成,姚炳奎任主任。

三、主要活动

1992年,新《中华人民共和国工会法》(以下简称《工会法》)颁布实施,朱泾镇、乡工会组织基层工会干部分层次学习,利用广播、黑板报、标语、横幅、图片等,做好新《工会法》宣传工作;开展学习《工会法》智力竞赛活动,参加活动100多人次。

1995年,朱泾镇、乡工会建立劳动争议调解委员会,从政治上保障职工主人翁地位,维护职工的合法权益。

1998年起,朱泾镇、乡工会动员、组织广大职工开展"建功立业",劳动竞赛、技术比武、岗位练兵、提合理化建议等活动,开展以"建文明班组、创文明岗位、做文明职工"的"三文明"活动和"爱我金山,献我一计"活动。通过活动,全镇、乡不但涌现很多先进事例和个人,而且收到合理化建议300多条,采纳80多条。是年,朱泾乡工会被评为"十万职工大练兵"先进单位。

2003年,朱泾镇工会开展"职业精神大讨论"活动,归纳5种职业道德:爱岗敬业的责任意识、敢为人先的奉献精神、与时俱进的学习态度、勤奋扎实的工作作风、诚实守信的道德风范。通过活动,职工周辉被评为金山区"职业精神"先进人物。

2004年,在上海康安房地产开发有限公司的支持下,朱泾镇工会建立朱泾镇"康安"扶贫帮困基金,康安公司捐款20万元;全镇参保职工5686人(其中,在职职工住院保险2447人,退休职工住院保险1811人,特种重病保险1428人)。是年,全镇给付理赔款24.66万元,慰问困难职工172人,发放补助金66118元。

第二节　共青团

一 组织机构

1990年,朱泾镇、乡有共青团支部50个,团员1127人。2000年7月,朱泾镇、乡"撤二建一",建立新的共青团朱泾镇委员会。2004年,全镇有团委1个,团总支1个,团支部34个,团员867人。

二、代表大会

(一)朱泾镇

共青团朱泾镇第六次代表大会　1991年1月30日,大会在镇政府礼堂召开。会议听取和审议华峰所作的共青团朱泾镇第五届委员会工作报告。会议选举产生共青团朱泾镇第六届委员会,由华峰、夏卫东、陈学军、吴郁泓、陆中华5人组成,华峰当选为书记,夏卫东、陈学军为副书记。

共青团朱泾镇第七次代表大会　1993 年 4 月 22—23 日，大会在镇政府礼堂召开。会议听取和审议张权权所作的共青团朱泾镇第六届委员会工作报告。会议选举产生共青团朱泾镇第七届委员会，由张权权、夏卫东、戚思云、吴郁泓、褚卫红 5 人组成，张权权当选为书记，夏卫东、戚思云为副书记。

共青团朱泾镇第八次代表大会　1996 年 6 月 5 日，大会在镇政府礼堂召开。会议听取和审议夏红梅所作的《齐心协力，同舟共济，为振兴朱泾镇开创共青团工作的新局面而努力》工作报告。会议选举产生共青团朱泾镇第八届委员会，由夏红梅（女）、顾永辉、沈国锋、陈英（女）、沈玉军 5 人组成，夏红梅当选为书记，顾永辉、沈国锋为副书记。

共青团朱泾镇第九次代表大会　1999 年 6 月 10 日，大会在镇政府礼堂召开，出席代表 38 人。会议听取和审议夏红梅所作的《振奋精神，开拓进取，在两个文明建设中再创新业》工作报告。会议选举产生共青团朱泾镇第九届委员会，由夏红梅（女）、许志峰、王武英、李燕（女）、章勤芳（女）5 人组成，夏红梅当选为书记，许志峰为副书记。

共青团朱泾镇第十次代表大会　2001 年 9 月 6 日，大会在镇政府会议室召开，出席代表 58 人。会议听取和审议夏红梅所作的《求真务实、开拓创新，在两个文明建设中再创新业》工作报告。会议选举产生共青团朱泾镇第十届委员会，由夏红梅（女）、许志峰、干志英、孙全新、张芳（女）、金玉兰（女）6 人组成，夏红梅当选为书记，许志峰、干志英为副书记。

（二）朱泾乡

共青团朱泾乡第十五次代表大会　1990 年 12 月 11—12 日，大会在乡政府礼堂召开，出席代表 105 人。会议听取和审议林浩所作的《高举团旗，艰苦创业，为建设文明富裕、昌盛的社会主义新朱泾而奋斗》工作报告。会议选举产生共青团朱泾乡第十五届委员会，由唐奎军、吴筱蓉、丁金其、孙海华、沈亚凤、李卫东、庄冬弟 7 人组成，吴筱蓉当选为书记，唐奎军为副书记。

共青团朱泾乡第十六次代表大会　1993 年 6 月 25—26 日，大会在乡政府会议室召开，出席代表 100 人。会议听取和审议吴筱蓉所作的《树雄心，为共青团事业建功立业，立大志，为振兴家乡经济献青春》工作报告。会议选举产生共青团朱泾乡第十六届委员会，由吴筱蓉、丁金其、唐奎军、陈春风、朱根林、陆妹 6 人组成，吴筱蓉当选为书记，唐奎军、陈春风为副书记。

共青团朱泾乡第十七次代表大会　1995 年 8 月 14 日，大会在乡政府会议室召开，出席代表 69 人。会议听取和审议吴筱蓉所作的《抓住机遇、开拓奋斗，为两个文明建设献青春》工作报告。会议选举产生共青团朱泾乡第十七届委员会，由朱建强、陈春风、陆妹、丁金其、朱根林、沈建明 6 人组成，朱建强当选为书记，陈春风、陆妹为副书记。

共青团朱泾乡第十八次代表大会　1998 年 10 月 14 日，大会在乡政府会议室召开，出席代表 51 人。会议听取和审议朱建强所作的《在邓小平理论指导下，开拓进取、求实创新，不断推进朱泾乡的两个文明建设》工作报告。会议选举产生共青团朱泾乡第十八届委员会，由朱建强、倪岚岚、谢丽锋、王永根、沈建明、张芳、陈晓华 7 人组成，朱建强当选为书记，倪岚岚、谢丽锋为副书记。

三、主要活动

1991 年 7 月 17 日，朱泾镇、乡团委发动团员救援灾区人民，共捐助衣服 1500 件、编织袋

2000只、现金875元,通过金山县团委送至安徽省六安县。

1993年,朱泾镇、乡团委均建立"为民服务队""帮困助耕队""青年突击队"3支队伍,大力开展岗位学雷锋、树新风活动,成绩显著。是年,获上海市"新长征突击队"称号。

1996年9月10日,镇、乡团委在朱泾中学举行帮困助学捐款仪式,基层团支部组成9个帮困小组,与朱泾中学的9名学生结成对子,给予他们物质与精神上的帮助。

1998年4月7日是世界第十个卫生日,镇、乡团委均组织团员青年清除垃圾、杂草、堆物等,开展"社区是我家,清洁靠大家"为主题的卫生月活动,全面整治环境。10月28日是中国第十个敬老节,镇、乡团委均组织团员青年到敬老院打扫卫生、送礼物等敬老活动。乡团委获"红旗团组织"称号。

1999年,镇、乡团委共组织13支青年志愿者服务队,志愿者100余人,开展"阳光助老"活动,每个团支部与敬老院孤老结成"一助一"对子,定期探望、服务老人。

2000年5月,由镇团委及在镇的区局、行等单位团组织联合建立金山区朱泾地区青年工作委员会,开展各项青年活动。

2001年,镇团委组建青年医疗服务队、水电维修服务队、助学帮困服务队、雏鹰护绿队、房产交易与金融咨询等志愿服务队40多个,志愿者800余人,开展为民服务。在活动中,2名青年被评为上海市农口系统青年人才,朱泾第二小学团员唐连明被评为上海市"十路百佳"优秀青年,镇团委书记夏红梅获上海市"新长征突击手"称号。

2002年10—12月,朱泾镇青年工作委员会举办"朱泾镇首届文化艺术节"。

2004年8月,镇团委建立朱泾社区青年中心,为金山区首家社区青年中心,面向全镇40岁以下青年开设的健身俱乐部,有66名青年参加。青年中心还设有青少年电脑学习班、英语角、棋牌活动,并举办青少年器乐才艺比赛等。

四、少年先锋队

(一)组织机构

1990年,朱泾镇、乡各中、小学(三年级以上)均建立少先队大队部。各小学在一年级、二年级中建立红星儿童团,以绿领巾为标志。以班级为单位建立中队,中队下设小队。设队长、副队长,大队和中队设立队委会。少先队分别聘请青年教师担任大队、中队辅导员。共青团朱泾镇、乡历届委员会均设有学生少年委员,关心指导少先队工作。

2004年,朱泾镇有少先队大队4个,中队106个,队员5358人。

(二)主要活动

少先队工作富有时代特点,朱泾镇、乡各学校少先队先后开展"五爱"(爱祖国、爱人民、爱劳动、爱科学、爱公共财物)教育,组织队员勤工俭学,参加爱国卫生等公益活动;少先队组织队员参加"争做雷锋式好少年"活动,进行集体主义教育;开展学雷锋、学赖宁等活动;举行迎香港、盼澳门回归、"飞翔吧新世纪的雏鹰"等活动。

1990—2004年,罗星中学、朱泾中心小学、实验小学等少先队大队部4次被授予"全国红旗大队"称号;1992年,朱泾中心小学社会服务队获国家教委全国少年工作委员会和共青团中央授予的"全国少先队学雷锋活动先进单位"称号。

第三节　妇女联合会

一、组织机构

1990 年，朱泾镇、乡妇女联合会（以下简称妇联）有妇代会 72 个。2000 年 7 月，原朱泾镇、乡“撤二建一”，建立新的朱泾镇妇女联合会。2004 年，全镇有妇代会 48 个，会员 5200 人。

二、代表大会

（一）朱泾镇

朱泾镇第十次妇女代表大会　1994 年 5 月 18 日，大会在镇政府礼堂召开，出席代表 49 人。会议听取和审议金杏英所作的《抓住机遇，奋发有为，在建设微型城市中充分发挥半边天作用》工作报告。会议选举产生朱泾镇第十届妇女联合会执委会，由金杏英、经英英、郭玉云、杨珍、丁英模、倪惠兵、张祥花、奚德宝 8 人组成，金杏英当选为主席，经英英、郭玉云为副主席。

朱泾镇第十一次妇女代表大会　1997 年 10 月 21 日，大会在镇政府礼堂召开，出席代表 51 人。会议听取和审议金杏英所作的《自强不息，开拓进取，为建设和发展朱泾镇建功立业》工作报告。会议选举产生朱泾镇第十一届妇女联合会执委会，由金杏英、夏红梅、黄建、丁英模、杨珍、倪惠兵、陈婉花 8 人组成，金杏英当选为主席，夏红梅、黄建为副主席。

朱泾镇第十二次妇女代表大会　2001 年 8 月 30 日，大会在镇电教室召开。会议听取和审议金杏英所作的《开拓创新，锐意进取，为朱泾的建设和发展而努力奋斗》工作报告。会议选举产生朱泾镇第十二届妇女联合会执委会，由张梅花、张福珍、杨珍、金杏英、顾月英、黄建、薛志英 7 人组成，金杏英当选为主席，张梅花、黄建为副主席。

（二）朱泾乡

朱泾乡第十次妇女代表大会　1994 年 6 月 28 日召开，出席代表 85 人。会议听取和审议陈惠琳所作的《抓住机遇，奋发进取，团结全乡妇女为赶超全县中等乡镇水平而努力奋斗》工作报告。会议选举产生朱泾乡第十届妇女联合会执委会，由陈惠琳、李美玲、范红宝、张福珍、胡红、赵红秀、姚翠辉、顾八娣、曹白妹 9 人组成，陈惠琳当选为主席，曹白妹、张福珍为副主席。

朱泾乡第十一次妇女代表大会　1997 年 10 月 23 日召开，出席代表 64 人。会议听取和审议陈惠琳所作的《认清形势，开拓进取，真抓实干，为进一步推进我乡两个文明建设而建功立业》工作报告。会议选举产生朱泾乡第十一届妇女联合会执委会，由庄雪华、李菊英、陈惠琳、张丽萍、张梅花、张福珍、赵红秀 7 人组成，陈惠琳当选为主席。

三、主要活动

1992 年，朱泾镇、乡妇联均举行“三八”妇女运动会，全镇、乡 20 个代表团近 500 名女运动员参加拔河、跳绳、踢毽子、跳远、赛跑等7个项目的比赛。

1995年,朱泾镇、乡妇联均成立"星期六家庭志愿队伍"。1997年,全镇、乡开展8次志愿活动,有1200人参加;成为"双学双比"示范户30户,示范手75人。

1996年起,镇、乡妇联开展学科学、学知识、学技术,带头勤劳致富、发展家庭经济,带头种好责任田,带头创造文明家园的活动。全镇、乡有21名妇女获绿色证书,32名妇女获实用技术证书,8名妇女取得初、中级职称证书。戈金宝获上海市"三八红旗手"称号。

1998年,乡敬老院被评为上海市"三八红旗集体",戈金宝、张福珍获上海市"三八红旗手"称号。2000年,张梅花被评为第四届上海市"学知识、学科学、学技术"状元、市"三八红旗手";宋蔚家庭被评为"上海市学习型家庭""上海市'五好'文明家庭"。

2001年,新《中华人民共和国婚姻法》颁布后,镇妇联认真组织妇女干部学习,在健康路幼儿园举办0—6岁社区儿童亲子俱乐部,第一批吸收100名会员,以后每年开展活动4次。

2002年3月,金山区妇联、金山区妇幼保健所与朱泾镇妇联联合在朱泾镇开展送健康绿卡、情暖妇女姐妹首发仪式,有150名特困妇女参加;宋蔚、沈国平家庭被评为"金山区学习型家庭",张梅花被评为全国"双学双比"女能手,金杏英被评为上海市"三八红旗手",高峰家庭被评为"金山区敬老好家庭",宋蔚家庭被评为全国"五好"文明家庭。

2004年2月,朱泾镇妇女联合会到上海女子监狱探望帮教对象,做好帮教工作;3月,以"参与、和谐、发展"为主题,在紫金广场举办"巾帼颂"百万家庭网上行——"和平之春"广场文艺演出。是年,金杏英被评为"上海市家庭教育先进工作者",社区亲子俱乐部被评为"上海市家庭教育先进集体";冯来花被评为上海市"三八红旗手",大茫村被评为"全国文明在农家先进集体"。

第四节　科学技术普及协会

一、组织机构

1990年,朱泾镇、乡分别成立科学技术普及协会(以下简称科协),共有会员247人。2000年7月,朱泾镇、乡"撤二建一",建立新的朱泾镇科协。

2004年,朱泾镇科协有会员192人,委员会由王文辉、朱五华、陆吉根、陆国云、郦小平、胡忠新、黄建、姚亚平、彭顺其9人组成,胡忠新任主席,陆国云、彭顺其任副主席。

二、主要活动

1992年,镇、乡科协在各小学举办科普杯少儿演讲比赛,暑期里开展书法、美术、摄影、小制作等各类兴趣小组活动。

2000年,建立科技示范户206户,示范面积38.11公顷,种植几十种品种的果蔬,采用科技种植,经济效益增幅大,年均公顷产值59940元。

2001年2月,镇科协会同农办成立由示范户、种养业大户及科普爱好者参加的果树、蚕桑、食用菌、西甜瓜、蔬菜、畜禽、水产7个农业技术学组和12个网点,并进行实地调查、监测，做好科技咨询服务；9 月上旬，镇科协与农业技术推广中心联合举办秋季大棚蔬菜栽培技术培训班，有 80 人参加；9 月中旬，配合金山区蔬菜办、镇农业技术推广中心举办“家家富工程”蔬菜服务咨询活动。是年，沈吉林获金山区科技致富带头人称号，姚小梅获金山区科技致富能手称号。

2002 年 6 月，《中华人民共和国科学技术普及法》颁布，镇科协组织科技干部学习、领会、贯彻。农村加快了产业结构调整的步伐，中、小、幼学校在科技兴教中均办出特色。是年，种、养专业户杨道林、沈书根、姚小梅被评为金山区种、养业“土专家”；秀州村、南圩居民区被评为金山区科技文明村、文明居民区；朱泾中心小学被评为金山区科技教育先进单位。

2003 年 12 月 28 日，朱泾良种繁育场的课题《大麦细胞工程育种技术体系的建立与“花 30”选育》获上海市科学技术进步一等奖。

2004 年 10 月 14 日，大茫村创建朱泾镇第一个农村科普教育阵地，旨在传播科学知识，引导广大村民投身各类科普活动。

第五节　商　　会

一、组织机构

1990 年，朱泾镇、乡商会成立，共有会员 67 人。2000 年 7 月，朱泾镇、乡“撤二建一”，建立新的朱泾镇商会。2004 年，朱泾镇商会有集体会员 86 家，个人会员 28 人，会长吕春华，副会长盛雪彪，秘书长顾劲飚。

二、主要活动

为企业提供法律咨询、专业人员培训、融资、出国办证等多项服务。2002 年，组织企业人员出国参加经贸会、考察或培训 11 人次。帮助信峰时装厂、银和制衣有限公司、耀申服装有限公司等企业成为金山区“十佳私营企业”。

第六节　红十字会

一、组织机构

1990 年，朱泾镇、乡均建有红十字会。各村（居）委会、学校及有关企、事业单位均建立红十字卫生站。2002 年，朱泾镇、乡“撤二建一”，建立新的朱泾镇红十字会。

二、主要活动

开展社会救助、社区服务、急救知识培训等人道领域的工作。

1998 年起，各村（居）委会红十字卫生站成立“红十字志愿者服务队”，由退休与在职专业人员组成,开展社区服务。

1999年,朱泾镇、乡均建立"红十字人道救助基金",用于肿瘤、精神病等特困家庭以及因病致贫的特困老人和遭遇突发性灾害等家庭的救助。是年,发放救助金达40多万元,慰问品达60多万元。

2001年,镇红十字会对红十字卫生站增加设备经费投入等计5000元,

2002年,镇红十字会成立4支"群众性红十字救护队"和1支"救灾联络员队伍",形成红十字救灾、救护网络,并对每位队员进行现场急救技能、居家护理、家庭安全与保健"三位一体"知识培训。

是年,镇红十字会实施"安康通"求助铃工程,分批为33户孤寡散居老人家庭安装求助铃。

2003年1月12日,镇红十字会在紫金广场举办"千万人帮千家"迎春募捐帮困慰问活动,400多名红十字会干部、志愿者参加,45家企事业单位现场捐款25万元,慰问特困家庭400户,发放慰问金、慰问品总价值12万元。

2004年,中国红十字会成立100周年,镇红十字会在紫金广场举办"庆百年博爱行——携手共享生命绿卡"募捐活动和千名红十字青少年入会宣誓仪式。是年,朱泾镇红十字会有理事9人,会员10342人(其中,居委会512人,企、事业单位2375人,学校7455人),志愿者500多人。会长阮仙华,副会长姜善忠、朱莲英、李小芳。

1993—1995年度、1996—1998年度、1999—2001年度,朱泾镇红十字会获上海市红十字会先进集体称号;2002年,朱泾镇成功创建上海市红十字工作示范镇。

第七节　残疾人协会

一、组织机构

1992年底,朱泾镇、乡残疾人协会分别成立,由民政助理兼任残疾人协会秘书长。1993年6月,残疾人协会更名为残疾人联合会(以下简称残联)。1998年,完成单列,残疾干部由原来的兼职改为专职。是年,换发"中国残疾人证"。2000年7月,朱泾镇、乡"撤二建一",成立新的朱泾镇残疾人联合会。2004年,朱泾镇残疾人联合会主席阮仙华,副主席张伟东、杨珍、邵连英、陆学峰,理事长邵连英。

二、主要活动

对各类残疾人数,填表登记造册发证,每年进行1—2次残疾评定工作,掌握变动情况,开展康复、助困、安置等活动。

2000年起,镇残联重点抓组织建设,镇、乡配备专职干部,先后成立残疾人社会康复指导站、残疾人志愿者联络站,建立社区康复指导站,设立残疾人活动室、训练房、社康医疗室,配备指导医生等。村(居)委会也配备残疾人工作者。

2004年,全镇享受定期生活补助的重残无业人员240人,享受重残人员"助医卡"147

人，落实7.3万元无业者助医资金，享受志愿者帮老助残服务的抚养单身重残子女的老年人家庭有41户；开展“扶残助学春雨行动”，有95名学生共得到助学金9.38万元；调查农村残疾人的基本情况，实施农村残疾人“双推”（推行农村养老保险和农村合作医疗经费）工作，有555人享受补贴，共补贴经费54568元；有社会福利厂11家，安排296名残疾人进福利厂，占福利职工总数的40%，残疾人与一般职工实行同工同酬。

每年，元旦、春节、国庆等节日，结合助残日、国际残疾人日、国际盲人节、国际聋人节、爱眼日、爱耳日等残疾人节日，开展送温暖走访慰问及服务活动，提供义诊、修理、法律咨询等服务。2004年，慰问贫困残疾人208人次，发放慰问金、临时救济金6.73万元，为3户贫困残疾人家庭实施危房翻建补助，补助总额9000元。

每年，开展残疾人文体活动，组织残疾人参加体育活动，做好残疾人来信来访工作。

第八节 个体劳动者协会

一、组织机构

1990年，朱泾镇、乡个体劳动者协会有会员700户（2100人），下辖饮食、豆制品、蔬菜、水产、肉类、水果、小百货、裁缝、建筑材料、修理、南北杂货、禽蛋、理发等20个组。2000年7月，朱泾镇、乡“撤二建一”，建立新的朱泾镇个体劳动者协会。2004年，全镇有会员1900户（6000人），主任王明根，副主任马金云、金惠英、吴惠花。

二、主要活动

对会员进行爱国守法教育、法制教育和“三自”（自我教育、自我管理、自我服务）教育；做好价格、计量和卫生等的检查管理；做好安全生产、新颁布政策或条例的宣传；及时调解各种纠纷等工作。并积极参与金山区（县）协会组织的各种活动，年年发动会员为灾区人民捐款赈灾；平时关心会员生活，做好冬送暖夏送凉工作。

1992年，全镇、乡有21名会员被评为金山县文明个体工商户、十佳个体工商户、先进个体劳动者；1995—1996年，吴金海和王明根被评为上海市先进个体劳动者。1998年，朱泾镇个体劳动者协会被评为金山区先进个体劳动者协会。

第七章　精神文明建设

1990 年，朱泾镇、乡分别建立精神文明建设委员会，镇、乡党委和政府坚持“两手抓、两手都要硬”的方针，在抓物质文明建设的同时，切实抓好精神文明建设，建立工作机构，充分发挥有关部门的作用，做到齐抓共管，开展形式多样的宣传教育和精神文明创建活动。1990—2004 年，朱泾镇（乡）被评为上海市文明单位 41 个（次），金山区（县）文明单位 206 个（次）；上海市文明小区 16 个，上海市农口系统文明小区 1 个，金山区（县）文明小区 72 个（次）；上海市文明村 7 个（次），金山区（县）文明村 23 个（次）；金山区“十佳”好事 7 件。2003 年，中共朱泾镇委员会获“上海市优秀乡镇党委”称号。

第一节　组织机构

1990 年代，朱泾镇、乡分别建立精神文明建设委员会，由党委书记任主任，党委、政府有关领导任副主任，有关部门负责人任委员。精神文明建设委员会下设办公室（以下简称文明办），由党委宣传委员兼任办公室主任。精神文明建设委员会贯彻落实上级关于精神文明建设的要求，指导和组织、检查和总结全镇、乡精神文明建设活动，推广精神文明建设先进典型，不断提高精神文明建设水平。各村、居民委员会和企事业单位均建立精神文明建设领导小组，由主要领导（一般为党支部书记）任组长。精神文明建设领导小组根据自己的实际情况，开展形式多样、内容丰富、生动活泼、各具特色的精神文明创建活动。

第二节　精神文明教育

一、邓小平理论和“三个代表”重要思想教育

20 世纪 90 年代，朱泾镇、乡在党员、干部中深入开展邓小平理论、“三讲”（讲政治、讲学习、讲正气）和“三个代表”重要思想的学习和教育。从机关到基层把学习不断引向深入，使理论学习规范化、制度化。同时，举办村委会、居委会、企事业单位干部培训班 24 期，轮训党员 1678 人，组织学习“三个代表”重要思想。开展“让人民高兴、使党放心”的

教育活动，党政干部深入基层，广泛听取群众意见和要求，帮助群众排忧解难，不断改进工作。

21 世纪初期，朱泾镇在组织党员、干部学习“三个代表”重要思想基础上，开展学习胡锦涛总书记的科学发展观。坚定走科学发展之路，用科学发展观统领全镇经济社会发展全局。其间，镇党委、镇政府响应金山区委、区政府的号召，开展“千人帮万户”活动，全镇 338 名党员、干部与贫困家庭结对帮扶，帮助困难户解决实际问题。开展“与文明同行，做可爱的上海人”和“塑造新形象”等学习教育活动。

二、爱国主义、社会主义、集体主义教育

朱泾镇（乡）坚持把爱国主义、社会主义、集体主义教育活动作为经常性的工作。每年元旦、春节、“五一”、“五四”、“六一”、“七一”、国庆等重大节日，采用举办报告会、演讲会、座谈会、图片展览和组织红色旅游、观看电影等形式，对广大人民群众、青少年学生进行爱国主义、社会主义、集体主义教育。每年清明节，各单位组织党员、干部、职工、共青团员和青少年学生前往烈士陵园，瞻仰革命烈士，接受爱国主义和革命传统教育。每年暑期，社区邀请老干部对中小学生讲革命斗争故事，讲述中华人民共和国建立以来朱泾镇、乡的变化、发展，进行爱国主义、社会主义、集体主义教育。

2004 年，朱泾镇在全镇干部群众中，开展爱国主义和革命传统教育，自觉开展互助活动，举行修建“日军登陆金山卫遗址”募捐活动，募集资金 13 万元。每年筹措资金，解决优抚对象的生活、住房等方面的困难，春节前夕对军人家属进行慰问，进一步密切军政、军民关系。

三、市民文明教育

朱泾镇（乡）坚持对党员、干部和广大人民群众进行“三观”（世界观、人生观、价值观）、“三德”（社会公德、职业道德、家庭美德）、“四有”（有理想、有文化、有道德、有纪律）和“七不”（不随地吐痰、不乱扔垃圾、不损坏公物、不破坏绿化、不乱穿马路、不在公共场所吸烟、不说粗话脏话）等宣传教育活动。在机关干部中开展立党为公、执政为民教育，提倡勤政、廉政、高效、服务，遵守职业道德和社会公德，要求做到不贪污受贿、不索取钱物、不侵占集体和国家的利益、不参与赌博、不搞封建迷信等。在全镇各行各业中开展“三学”（学知识、学科学、学技术）和“想明天、干今天、忆昨天”活动，抓住新机遇，树立新观念，弘扬新精神，建设新朱泾，兴起学知识、学技术、学计算机的热潮。发动群众开展“五好”（爱国守法、热爱公益好，学习进取、爱岗敬业好，男女平等、尊老爱幼好，移风易俗、少生优生好，勤俭持家、保护环境好）家庭创建活动，开展家庭美德“十要”（夫妻平等要恩爱，孝敬父母要贴心，婆媳相处要宽容，教育子女要重德，兄弟姐妹要谦让，亲友邻里要互帮，持家立业要勤俭，有事共商要民主，生活文明要守法，社区建设要尽责）的宣传教育。

四、破除迷信、崇尚科学教育

朱泾镇（乡）精神文明建设委员会针对居民、村民中存在的封建迷信活动和陈规旧习，开展破除迷信、崇尚科学的宣传教育活动，倡导科学文明的生活方式。

每年元旦、春节，朱泾镇、乡精神文明建设委员会、综合整治办公室、计划生育办公室、妇

女联合会、团委等部门会联合开展“树新风、破迷信”的宣传教育活动;组织禁赌、禁毒宣传队等,深入农村、居民区进行宣传教育,改善社会风气。

朱泾镇(乡)计划生育办公室和生殖咨询站深入开展人口与计划生育宣传教育,增强居民、村民们的计划生育观念,破除旧俗,确保计划生育工作的顺利开展。

2000—2004 年,朱泾镇每年开展文化、科技、卫生“三下乡”活动,送戏下乡 50 多场次;紫金广场月月有文艺演出,每年放映露天电影 120 场次。

第三节 精神文明创建

一、文明镇创建

2001 年、2002 年、2003 年,朱泾镇获上海市文明镇称号。2000、2001 年,朱泾镇被评为金山区文明镇。

二、文明单位创建

1990 年代,朱泾镇、乡开展文明单位创建活动,创建标准 6 条:领导班子团结,党风建设好;加强思想教育,道德风尚好;生产稳定发展,工作成绩好;重视教育、科学、文化、计划生育,全面发展好,安定团结,公共秩序好;环境整洁优美,安全生产好。每两年评选一次。

评选由单位申报,镇、乡精神文明建设委员会对创建单位工作进行检查、考核,报请区(县)精神文明建设委员会审核,由区(县)委、政府批准命名。创建市文明单位,原则上在区(县)文明单位中择优选拔,报请市精神文明委员会审核,由市委、市政府批准命名。对创建成功的单位颁发相应的文明单位证书和牌匾。

1990—2004 年,朱泾镇(乡)被评为上海市文明单位 8 个、13 次,金山区(县)文明单位 49 个、118 次。

1989—2004 年朱泾镇、乡获上海市、金山区(县)文明单位称号一览表

表 18

授予年份	获评称号	获评单位
1989—1990	金山县文明单位	金山烘漆厂、朱泾服装厂、朱泾化工厂、上海针织五厂金山分厂、上海金星拉链厂、朱泾镇新汇居委会
1991—1992	上海市文明单位	朱泾粮油管理所、朱泾镇粮油管理所
1991—1992	金山县文明单位	朱泾化工厂、朱泾石灰厂、上海鑫鑫时装厂、上海针织五厂金山分厂、上海金星拉链厂、上海光美针织厂、上海新亚药业金山有限公司、朱泾镇新汇居委会、朱泾镇派出所

续表 18

授予年份	获评称号	获评单位
1993—1994	金山县文明单位	上海鑫鑫时装厂、朱泾粮油管理所、朱泾中心小学、朱泾化工厂、上柴股份公司金山缸套厂、上海针织品进出口公司美达针织厂、上海金星拉链厂、朱泾镇派出所、朱泾镇市场管理所、朱泾工商行政管理所、朱泾镇第二小学、朱泾镇东风幼儿园、朱泾镇粮油管理所、新亚药业金山有限公司
1995—1996	金山县文明单位	上海鑫鑫时装厂、朱泾粮油管理所、上海柴油机厂金山缸套厂、朱泾化工厂、朱泾乡卫生院、朱泾中心小学、朱泾中学、上海新亚药业金山有限公司、上海针织品进出口公司美达针织厂、上海金星拉链厂、朱泾工商行政管理所、朱泾镇市场管理所、朱泾镇派出所、朱泾镇粮油管理所、朱泾镇第二小学、朱泾镇东风幼儿园、朱泾镇罗星幼儿园、朱泾镇健康路幼儿园
1997—1998	金山区文明单位	上海新亚药业金山有限公司、朱泾第二小学、东风幼儿园、罗星幼儿园、健康路幼儿园、朱泾镇派出所、朱泾镇粮油管理所、朱泾镇环卫所、上海流仕制衣有限公司、朱泾粮油管理所、上海柴油机股份公司金山缸套厂、朱泾乡卫生院、朱泾中心小学、朱泾中学
1999—2000	上海市文明单位	上海流仕制衣有限公司、上海新亚药业金山有限公司、朱泾粮油管理所、朱泾镇派出所、金山区水质净化厂
1999—2000	金山区文明单位	上海新亚药业金山有限公司、上海流仕制衣有限公司、上海柴油机股份有限公司金山缸套厂、朱泾粮油管理所、朱泾镇派出所、朱泾中学、朱泾中心小学、朱泾第二小学、东风幼儿园、罗星幼儿园、健康路幼儿园、朱泾镇环卫所、金山邮政局朱泾支局、朱泾税务所、朱泾第二税务所、朱泾地段医院
2001—2002	上海市文明单位	上海新亚药业金山有限公司、上海流仕制衣有限公司、朱泾镇派出所
2001—2002	金山区文明单位	上海新亚药业金山有限公司、上海流仕制衣有限公司、罗星幼儿园、金山缸套厂、朱泾中学、朱泾中心小学、朱泾镇第二小学、东风幼儿园、健康路幼儿园、上海顶新箱包厂、上海信峰时装厂、上海林雄箱包厂、上海皓月电容器厂、上海江鸟实业公司、朱泾税务所、朱泾地段医院、朱泾镇派出所、万安农贸市场、临源农贸市场
2003—2004	上海市文明单位	朱泾镇派出所、上海新亚药业金山有限公司、上海流仕制衣有限公司
2003—2004	金山区文明单位	上海新亚药业金山有限公司、上海流仕制衣有限公司、金山缸套厂、朱泾中学、朱泾中心小学、朱泾镇第二小学、东风幼儿园、健康路幼儿园、上海顶新箱包厂、上海信峰时装厂、上海皓月电容器厂、朱泾镇城乡规划所、上海金甫时装公司、上海飞德服饰公司、上海银和服饰公司、上海珠龙经济开发区、朱泾企业发展公司、朱泾镇环卫所、朱泾镇城乡环境管理所、上海兴南混凝土有限公司、临源农贸市场、朱泾镇派出所

三、文明村创建

1989 年,朱泾乡开展创建文明村活动。创建标准 6 条:党政领导班子坚强,组织建设好;农工副业稳步发展,经济效益好;村镇建设规划有序,环境整洁好;社会风气健康向上,思想道德好;科教文卫计划生育,全面发展好;综合治理措施到位,安全防范好。

1989—2004 年,朱泾镇(乡)被评为上海市文明村 4 个、7 次,金山区(县)文明村 11 个、23 次。

1989—2004 年朱泾镇(乡)获上海市、金山区(县)文明村称号一览表

表 19

授予年份	获评称号	获评村名
1989—1990	金山县文明村	朱泾乡前进村
1993—1994	金山县文明村	朱泾乡建设村、秀泾村
1995—1996	金山县文明村	朱泾乡建设村、秀泾村
1999	金山区文明村	朱泾乡秀泾村、民主村
2000	金山区文明村	朱泾镇水产大队、民主村、蒋泾村
2001	金山区文明村	民主村、增产村、万安村
2001—2002	金山区文明村	大茫村、蒋泾村、东方红村、民主村、万联村
2002	上海市文明村	增产村
2003	上海市文明村	大茫村、东方红村、秀州村
2004	上海市文明村	大茫村、东方红村、待泾村
2004	金山区文明村	新泾村、长浜村

四、卫生村创建

1996 年,朱泾乡开展上海市卫生村的创建工作。创建标准 8 条:创建卫生村领导小组,建立除害、卫生保洁专业队伍;生活、生产垃圾得到管理,宅前屋后堆物整齐,道路平整、硬化,环境整洁,大力开展绿化造林;鼠密度达到国家标准,蚊蝇滋生地基本控制,成蚊成蝇少见;饮用自来水普及率达到98%以上,饮用水水质达到国家饮用水卫生标准;鸡、鸭圈养,人、畜粪便管理达到市规定要求;搞好饮食卫生,不发生集体性食物中毒,肝炎、伤寒、流行性出血热等传染病无暴发流行;搞好家庭卫生,做到室内地面、门窗清洁,堆物整齐,村民卫生习惯良好;村卫生室的建设达到市规定的标准,村民享受医疗保健制度,健康教育覆盖率达到 90%。

1999—2004 年,全镇先后有仙居、万安、蒋泾、胜利、前进、幸福、秀泾、富强、东方红、增产、一农、新范 12 个村被评为上海市卫生村。

五、文明小区创建

1995 年起，朱泾镇开展文明小区的创建和评选工作。创建标准 5 条：治安秩序良好；环境整洁优美；社会服务全面；邻里关系和睦；文化生活丰富。

1995—2004 年，被评为上海市文明小区 10 个、18 次；上海市农口系统文明小区 1 个、1 次；金山区（县）文明小区 17 个、73 次。

1995—2004 年朱泾镇获上海市、金山区（县）文明小区称号一览表

表 20

授予年份	获评称号	获评单位
1995—1996	上海市农口系统文明小区	朱泾镇胜利新村
1995—1996	金山县文明小区	朱泾镇胜利新村
1997	金山区文明小区	朱泾镇胜利新村、临源二村
1998	金山区文明小区	朱泾镇胜利新村、临源二村、南圩新村
1999	金山区文明小区	朱泾镇胜利新村、临源二村、南圩新村、凤翔新村，朱泾乡金龙新村
2000	上海市文明小区	凤翔新村、南圩花苑
2000	金山区文明小区	南圩花苑、凤翔新村、胜利新村、临源一村、临源二村、万安新村、南圩新村、金龙新村
2001	上海市文明小区	凤翔新村、南圩花苑、临源一村
2001	金山区文明小区	凤翔新村、南圩花苑、临源一村、临源二村、钟楼小区、胜利新村、万安新村、南圩新村、金龙新村、罗星新村
2002	金山区文明小区	凤翔新村、南圩花苑、临源一村、钟楼新村、胜利新村南圩新村、金龙新村、万安小区、罗星新村、秀州小区、广福小区、罗东小区、北圩小区
2003	上海市文明小区	临源一村东部小区、秀州小区、凤翔小区、临源一村西部小区、鸿越华庭、南圩花苑、钟楼小区
2003	金山区文明小区	凤翔新村、南圩花苑、临源一村、钟楼新村、金龙新村、万安新村、罗星新村、秀州小区、广福小区、罗东小区、北圩小区、鸿越华庭、金昌苑、临源二村、东林苑
2004	上海市文明小区	凤翔小区、钟楼小区、秀州小区、金昌苑、南圩花苑、鸿越华庭
2004	金山区文明小区	凤翔新村、南圩花苑、钟楼新村、秀州小区、鸿越华庭、金昌苑、金龙新村、胜利新村、南圩新村、万安小区、罗星新村、广福小区、罗东小区、东林苑、凤翔东村

六、“五好”文明家庭创建

1986年开始,朱泾镇、乡开展五好文明家庭的创建工作,五好文明家庭的标准是:爱国守法,热心公益好;学习进取,爱岗敬业好;男女平等,尊老爱幼好;移风易俗,少生优生好;勤俭持家,保护环境好。五好文明家庭每两年评选一次。1989—2004年,朱泾镇(乡)有1户被评为全国五好文明家庭,4户被评为市五好文明家庭,87户被评为区(县)五好文明家庭。

1989—2004年朱泾镇(乡)获全国、上海市、金山区(县)五好文明家庭称号一览表

表21

户主姓名	授予年份	荣誉称号	户主姓名	授予年份	荣誉称号
张金明	1989—1990	金山县五好文明家庭	曹家骏	1995—1996	金山县五好文明家庭
吕凤祥	1989—1990	金山县五好文明家庭	唐阿龙	1995—1996	金山县五好文明家庭
叶启明	1989—1990	金山县五好文明家庭	朱云根	1995—1996	金山县五好文明家庭
潘宝才	1989—1990	金山县五好文明家庭	郭　勤	1995—1996	金山县五好文明家庭
金黛云	1989—1990	金山县五好文明家庭	沈惠良	1997—1998	金山区五好文明家庭
沈阿培	1989—1990	金山县五好文明家庭	肖道生	1997—1998	金山区五好文明家庭
王坛泉	1989—1990	金山县五好文明家庭	潘香林	1997—1998	金山区五好文明家庭
褚引根	1991—1992	金山县五好文明家庭	王明龙	1997—1998	金山区五好文明家庭
陈道明	1991—1992	金山县五好文明家庭	顾连云	1997—1998	金山区五好文明家庭
许德明	1991—1992	金山县五好文明家庭	汪小弟	1997—1998	金山区五好文明家庭
郭　鸣	1991—1992	金山县五好文明家庭	姚岳忠	1997—1998	金山区五好文明家庭
陆金喜	1991—1992	金山县五好文明家庭	黄明甫	1997—1998	金山区五好文明家庭
吕阿邱	1993—1994	金山县五好文明家庭	王克华	1997—1998	金山区五好文明家庭
姚水云	1993—1994	金山县五好文明家庭	孙惠英	1997—1998	金山区五好文明家庭
沈吉林	1993—1994	金山县五好文明家庭	蔡正德	1997—1998	金山区五好文明家庭
唐龙福	1993—1994	金山县五好文明家庭	莫　嘉	1997—1998	金山区五好文明家庭
翁根法	1993—1994	金山县五好文明家庭	孙长柏	1997—1998	金山区五好文明家庭
陆美娟	1993—1994	金山县五好文明家庭	张士英	1997—1998	金山区五好文明家庭
周菊仙	1993—1994	金山县五好文明家庭	肖慧兵	1997—1998	金山区五好文明家庭
阙广铮	1993—1994	金山县五好文明家庭	袁晓林	1997—1998	金山区五好文明家庭
骆秋林	1995—1996	上海市五好文明家庭	陈　诤	1997—1998	金山区五好文明家庭
姚岳忠	1995—1996	金山县五好文明家庭	胡伯祺	1997—1998	金山区五好文明家庭
程水根	1995—1996	金山县五好文明家庭	张秋英	1997—1998	金山区五好文明家庭
夏培云	1995—1996	金山县五好文明家庭	周毛妹	1997—1998	金山区五好文明家庭
顾大伟	1995—1996	金山县五好文明家庭	蔡凤英	1997—1998	金山区五好文明家庭

续表21

户主姓名	授予年份	荣誉称号	户主姓名	授予年份	荣誉称号
王秀珍	1997—1998	金山区五好文明家庭	胡伯祺	1999—2000	金山区五好文明家庭
朗静辉	1997—1998	金山区五好文明家庭	陈秀林	1999—2000	金山区五好文明家庭
钟锋杰	1997—1998	金山区五好文明家庭	金林法	1999—2000	金山区五好文明家庭
汤耀明	1997—1998	金山区五好文明家庭	唐来根	1999—2000	金山区五好文明家庭
陆慧芳	1997—1998	金山区五好文明家庭	刘小弟	1999—2000	金山区五好文明家庭
沈惠良	1998	上海市五好文明家庭	陆保根	1999—2000	金山区五好文明家庭
宋　蔚	1999—2000	上海市五好文明家庭	沈国平	2002—2003	全国五好文明家庭
宋　蔚	1999—2000	金山区五好文明家庭	杨征来	2002—2003	上海市五好文明家庭
周益平	1999—2000	金山区五好文明家庭	张申科	2002—2003	金山区五好文明家庭
叶龄逸	1999—2000	金山区五好文明家庭	曹金根	2002—2003	金山区五好文明家庭
凌水观	1999—2000	金山区五好文明家庭	赵学群	2002—2003	金山区五好文明家庭
李小芳	1999—2000	金山区五好文明家庭	任文萍	2002—2003	金山区五好文明家庭
汤　健	1999—2000	金山区五好文明家庭	张建新	2002—2003	金山区五好文明家庭
盛宗耀	1999—2000	金山区五好文明家庭	李成章	2002—2003	金山区五好文明家庭
金丽勤	1999—2000	金山区五好文明家庭	匡秀英	2002—2003	金山区五好文明家庭
郐静辉	1999—2000	金山区五好文明家庭	王桂强	2002—2003	金山区五好文明家庭
马昌焯	1999—2000	金山区五好文明家庭	徐引娣	2002—2003	金山区五好文明家庭
李静娥	1999—2000	金山区五好文明家庭	李福根	2002—2003	金山区五好文明家庭
陈　净	1999—2000	金山区五好文明家庭	沈锦贤	2002—2003	金山区五好文明家庭
蔡卫国	1999—2000	金山区五好文明家庭	黄明甫	2002—2003	金山区五好文明家庭
李丽珍	1999—2000	金山区五好文明家庭	沈趣宝	2002—2003	金山区五好文明家庭
陈援朝	1999—2000	金山区五好文明家庭	沈美林	2002—2003	金山区五好文明家庭
王伯顺	1999—2000	金山区五好文明家庭	彭平兴	2002—2003	金山区五好文明家庭
王爱国	1999—2000	金山区五好文明家庭	龚黎明	2002—2003	金山区五好文明家庭
冯国良	1999—2000	金山区五好文明家庭			

七、敬老好儿女

1991—1992年，陈四龙被评为上海市敬老好儿女。

1999年，高丽华、王爱国被评为金山区敬老好儿女。

2001年，胡军、赵娟花、许道宝、张道珍、范元弟、赵晓敏被评为金山区敬老好儿女。

第八章 公安 司法

第一节 公 安

一、组织机构

(一)派出所

1990 年,朱泾镇、乡均建有派出所,共有干警 32 人。

2000 年 12 月,撤销镇、乡派出所建制,建立新的朱泾派出所,办公地址设在临源街 655 号。

2004 年,朱泾派出所有干警 54 人。下设社区警务组、治安组、综合组。

(二)联防队

1990 年,朱泾镇、乡分别建有工纠队、联防队,共有队员 28 人。1999 年 1 月 1 日,撤销原工纠队,成立金山区社区第二保安队,有队员 40 人。主要职责是协助镇派出所做好朱泾城区的治安工作。2004 年,朱泾镇有保安队队员 50 人,联防队队员 75 人。

二、治安管理

(一)打击刑事犯罪

1992 年,朱泾镇、乡派出所创立"一段一警"制。

1993 年,镇、乡派出所开展反窃车专项治理,共收缴被窃自行车 350 辆,绝大部分返还失主;开展对特种行业、公共场所的治安管理和检查,发现问题,及时予以处理。

1994 年 7 月 12 日,对朱泾镇域内刻字行业进行检查整顿,取缔非法刻字个体户 2 家,收缴印章 224 枚,并予以罚款处理。

1996 年 5 月 4 日,根据群众举报,县公安特警、治安大队会同镇、乡派出所在三门茶馆当场查获 100 余人在店内观看黄色录像,对业主刘某予以劳教处罚,对观看者进行教育。

1997 年 11 月 26 日,抓获作案犯罪嫌疑人陈某,一举破获发生在朱泾镇秀南、北圩新村、金龙小区等闯窃案 20 余起,总案值 10 万余元。

2000 年,全镇先后破获 6 起轿车被盗案;清查整治公共娱乐场所、特种行业 300 余家,其中取缔69家、整治55家,抓获逃犯4人;缴获轿车12辆、摩托车34辆、自行车30余辆及其他物品,折合400余万元。

2001年,全镇清查整治公共娱乐场所、特种行业200余家,取缔50家、整治45家;抓获在逃犯罪嫌疑人5人;缴获赃物摩托车70辆、自行车120辆及其他物品,折合10余万元。是年,全镇创建市安全小区3个、区安全小区9个。是年底,全镇房屋租赁办证1743户,“治安许可证”发证率、挂牌率100%,登记簿使用率95%,派出所与房东、房东与房客的治安签约率100%,外来人口登记率、办证率分别为95%、90%,信息采集率为100%。

2002年,全镇创建市安全小区3个、区安全小区10个、区安全村4个。

2003年,全镇开展“人人为创安(创建安全小区)献计、大家为创安出力”活动。钟楼新村创建为市级安全小区。

1990—2004年朱泾镇(乡)治安情况表

表22

年份	刑事案件(件)				处罚(人)					治安案件(件)	
	受理	立案	侦破	大案	刑事拘留逮捕劳教	收缴	行政拘留	治安罚款	警告	受理	审结
1990	47	36	30	17	17		8	75	12	77	72
1991	79	61	51	33	33		14	111	9	86	77
1992	27	27	23	19	19	6		90	10	149	136
1993	50	50	50	31	31			154		143	137
1994	82	82	60	38	38			179	19	348	328
1995	120	120	105	31	31	31	15	174		136	123
1996	85	85	59	28	28	25		200		350	330
1997	195	195	69	34	34		22	339	1	317	289
1998	496	496	81	51	51			353	17	1800	1620
1999	334	334	107	62	62		39	545	20	3759	3383
2000	552	452	213	166	119	8	63	654	19	3399	3059
2001	520	510	361	11	146	18	63	200	70	470	454
2002	474	332	261	208	110	7	39	102	54	243	219
2003	475	475	291		171	16	55	350			
2004	727	727	274		163	163	142	401		413	372

(二)破获刑事案件

1991年4月12日晨,朱泾镇临源一村个体商贩崔某(男,16岁)深夜潜入金山县中学扼死高三(4)班学生陆某某(女,19岁)。1993年,崔某被判处无期徒刑。

1992年11月6日,金山县农机厂女职工吴某因婚姻纠纷激化,杀死10岁的亲生儿子,后窜入金山县实验小学,用美工刀划伤丈夫情人女儿的脸部。吴某作案时被学校老师抓获并扭送到派出所,后被判处死刑,缓期2年执行。

1993年1月8日,浙江省嘉善县个体船户徐某某夫妇在朱泾乡增产村收购废品。罪犯庄某某(男,34岁,犯有盗窃罪)获悉徐某某身有巨款,当晚10时许,携带掺有“利眠宁”药物的袋装咖啡到船上,诱骗徐某某夫妇饮服,以待二人昏迷后再劫财。翌晨3时许,另一伙抢劫犯沈某某(男,22岁,朱泾乡增产2组)、张某(男,21岁,吕巷厍浜3组)、夏某(男,17岁,朱泾乡良种6组)3人殴打徐某某夫妇后劫走现金1000多元。庄某某得知已被人抢先下手,唯恐罪行暴露顿起杀人灭口歹念。当即将徐某某引至曲曲河附近农田,用棍棒将其击昏后再用绳索勒死,尸体拖至船上藏匿。四犯被捉拿归案,抢劫杀人犯庄某某被判处死刑,剥夺政治权利终身;抢劫犯沈某某、张某、夏某分别被判处有期徒刑10年、6年、4年零6个月。

1995年9月17日晨,发现一名年轻女子惨死在朱泾乡万安村13组地域的田埂边。经现场勘察,确认是一起拦路强奸杀人的恶性大案,受害女子陈某(女,30岁),家住朱泾乡前进村,是16日晚上被扼昏奸污后抛入河中窒息死亡的。经近一个月艰难而缜密的侦查,10月14日,将重大作案嫌疑人夏某某(男,27岁,松江县五厍镇人)传唤审查。夏某某交代“9·16”拦路强奸凶杀案犯罪事实后,相继又交代发生在松江五厍的1992年“12·6”和1993年“11·13”的拦路强奸凶杀案、1995年“8·19”拦路强奸杀人未遂案以及朱泾万安村“8·19”拦路强奸未遂案。时跨3年,涉及金山、松江两县的5起拦路强奸杀人恶性案件告破。

1996年,朱泾乡派出所在刑侦大队配合下,破获蔡某、李某某和金某某3名金山籍犯罪嫌疑人于1994年流窜到厦门抢劫出租车并杀死司机的恶性大案,案件移交给厦门警方处理。

1996年5月8日,朱泾乡增产村钟某某(男,30岁)因家庭琐事与其妻沈某某争吵,其妻回钱圩镇娘家未归。钟某某携带水果刀威逼妻子回家未遂,用刀刺死岳父,刺伤岳母。钟某某以故意杀人罪被判处死刑,剥夺政治权利终身。

1998年3月8日深夜,吴某某(男,24岁,新农镇人)因感情纠葛,在朱泾镇东风新村居室用手猛扼其女友张某某的颈部,致其窒息而死。4月28日,疑犯吴某某在云南中缅边境的勐海县被抓获。吴某某被判处死刑,缓期两年执行,剥夺政治权利终身,并处罚金2000元。

1999年10月1日,“110”公安司法联动首日在朱泾镇东林街50号捕获通缉犯林某某(浙江温岭人),林某某在8年前被公安部网上通缉,是在逃嫌疑犯。

2000年3月24日,抓获朱泾镇犯罪嫌疑人沈某某。沈某某被判处有期徒刑15年,剥夺政治权利4年,并处罚金8万元。

2001年10月8日,朱泾镇公园新村11号107室房东张某某,因情感纠葛,杀死女房客后逃离。经过8天8夜的艰苦侦查,10月17日,追捕小分队终于在云南瑞丽市将犯罪嫌疑人张某某擒获。张某某被判处死刑,剥夺政治权利终身。

2003年10月24日凌晨,朱泾镇“小辣椒”火锅店闯入10余名蒙面男子,手持东洋刀、白铁管,砍伤4名顾客后乘车逃逸。经过3个月调查取证,查明该案系杨某某(男,27岁,金山区人,刑释人员)流氓恶势力团伙因地下赌场抽头事发生矛盾而寻衅滋事。2004年1月18日,分局捕获主要犯罪嫌疑人杨某某,其余30名团伙成员先后落网,并趁势破获该团伙所犯非法拘禁案、故意伤害案、赌博案等积案5起,及时移交检察机关侦查起诉。后首犯杨某某被判处有期徒刑 14 年,并处罚金 40 万元;俞某某等 23 名被告被判处有期徒刑 10 个月至 7 年不等刑期。

三、户籍管理

(一)户口

1985 年起,改革户籍管理,实施“居民身份证”制度,对年满 16 周岁的公民发放居民身份证,并办理“自理口粮”户口。至 1990 年,全镇、乡共发放居民身份证 41906 张,办理“自理口粮”户 402 户、802 人。

1993 年,实行户口信息微机网络化,朱泾镇派出所首先试行人口信息电子计算机系统,替代传统手工登记、统计等人口管理工作,职业、婚姻、文化等项可随时提供服务。

2004 年,全镇共制发居民身份证 1135 张、临时身份证 372 张,补发身份证 251 张,换发身份证 425 张。

(二)门(弄)牌

1996 年起,朱泾镇、乡开展编制或整顿门(弄)牌号的实事工程。至 2004 年,全镇门(弄)牌完成率达到 100%。

(三)外来人口

1986 年起,随着外来人口的不断增加,朱泾镇、乡成立外来人口管理小组,配备外来人口专职协管员和兼职协管员。实行民警、专管员、协管员三级管理的模式,对外来流动人员全面展开普查、登记、发证和安全签约等工作。至 1990 年,全镇、乡共发放外来人口暂住证和居住证 584 份。

1993 年,外来人口管理纳入民警岗位责任制,镇、乡配专职协管员和兼职协管员各 2 人。

1997 年,根据上海市公安局关于启用新版上海市外来人员暂住证的精神,朱泾镇、乡对外来人员进行逐人登记,全面换发或新发新版上海市寄住证。并试行计算机网络系统管理。

2001 年,对外来人口、房屋租赁实施“一簿”(房屋租赁登记簿)、“二图”(住宅房平面图、聚集地区域图)、“三表”(个人信息登记表、外来人口信息函调表、外来人口信息统计表)和计算机分类管理新措施。

2003 年 5 月,镇成立由 20 人下岗人员组成的朱泾房屋租赁协管服务社。是年,服务社人员提供线索协破刑事案件 12 起,抓获从事卖淫嫖娼活动人员 9 人。

2004 年,朱泾镇有外来人口 11278 人,其中,男性 6772 人,女性 4506 人;暂住在城镇 5336 人,农村 5942 人。

四、消防管理

(一)专业消防队伍

朱泾镇是金山消防中队驻地,辖区总面积 417.42 平方千米,主要担负朱泾等 5 个镇、1 个社区的消防保卫任务。

金山消防中队成功扑救 2000 年“9·25”朱泾镇棉花仓库火灾、2003 年“5·15”蓝建金属钠火灾、2004 年“3·16”翔茂爆炸等大事故。

2004 年,金山消防中队有官兵 36 人,行政班组 5 个,消防值勤备战车 2 辆。

(二)义务消防队伍

1988年起,朱泾镇、乡均组建义务消防联防队,形成区(县)防委、镇、乡防委与义务消防联防队三级防火安全网络。1990年,全镇、乡有义务消防队2支,队员24人。

1991年11月9日,朱泾镇、乡均开展首届消防活动日(以下简称"119消防活动日")活动。1992年4月,朱泾镇、乡均开展"人民保险杯"居民家庭消防知识大奖赛活动。1994年8月12日,朱泾镇、乡均举办"119红孩子活动日",县消防队会同朱泾二小组织30名小学生,志愿当一天消防队员。1996年"119消防活动日",朱泾镇胜利居民区创建为"119"规范小区,居民配备家用灭火器400余户。

2004年,全镇有义务消防队3支,队员32人。

第二节　司　　法

一、法律服务

(一)朱泾人民法庭

1990年,朱泾人民法庭有工作人员9人,其中审判员5人、书记员4人,管辖枫泾、兴塔、朱泾、新农、松隐等乡镇,受理辖区内民事、经济、执行及自诉刑事案件。2004年,有工作人员10人,其中审判员6人、书记员4人。

2000—2004年,朱泾人民法庭共受理各类案件5490件,审结并执行各类案件5418件。其中,民事3683件,占67.98%;经济案件801件,占14.78%;执行案件934件,占17.24%。每年案件的审结、执行率均98%以上。2004年,案件的结案率达100%。

(二)朱泾地区法律服务中心

1990年,朱泾镇、乡均建有法律服务所,担负着镇、乡的法制宣传、代理民事、经济案件的诉讼或调处和协办公证、见证等业务。

2000年4月25日,兴塔镇、朱泾镇、朱泾乡3个法律服务所进行优化组合,打破行政区域"撤三建一",成立跨区域的朱泾地区法律服务中心。

至2004年,朱泾地区法律服务中心担任企事业单位常年法律顾问63家,解答法律咨询2500余人次,代理诉讼726件、非诉讼682件,调解纠纷485件,参与经济谈判550件,追回拖欠款300余万元,挽回经济损失近2000万元。

(三)上海市金一律师事务所

原是上海市金山律师事务所。2001年1月1日,改名为上海市金一律师事务所,办公地点设在朱泾镇人民路261号。有律师7人,助理3人。

至2004年,上海市金一律师事务所担任朱泾镇域内企事业单位常年法律顾问102家,代理诉讼案件518件,其中办理经济案件218件,参与非诉讼调处380件,办理见证28件,解答法律咨询518人次,代写法律文书618件。

(四)上海市开乐律师事务所

1995年9月成立,1997年有律师6人,助理1人,办公地点设在朱泾镇罗星路15号。

至2004年,上海市开乐律师事务所担任49家企事业单位常年法律顾问,代理诉讼案件

342 件，其中办理经济案件 210 件，追回拖欠款 1900 万元，参与非诉讼调处 18 件，解答法律咨询 87 人次，代写法律文书 3 件。

（五）上海市金海律师事务所

1998 年 8 月成立，有律师 5 人，助理 3 人，办公地点设在朱泾镇人民路 485 号。

至 2004 年，上海市金海律师事务所担任 19 家企事业单位常年法律顾问，代理诉讼案件 53 件，其中办理经济案件 41 件，参与非诉讼调处 2 件，解答法律咨询 11 人次，代写法律文书 5 件。

二、民事调解

1990 年，朱泾镇、乡有调解委员会 46 个，调解人员 155 人。2004 年，全镇有调解委员会 28 个，委员 56 人，信息员 1400 人。至 2004 年，全镇、乡受理、调处纠纷 485 件，其中司法助理员指导、参与调处的有 437 件。

1992 年，朱泾乡的调解工作经验在《上海法苑》第 9 期《老娘舅》栏目作专题报道。1996—1998 年度，朱泾乡秀泾村调委会被评为上海市人民调解工作先进集体。1999 年，朱泾镇被市委、市政府信访办命名为信访“三无乡镇”。2003 年，区司法局会同朱泾镇司法信访综合服务窗口试行为期 3 个月驻警制，为全国首创。是年，朱泾镇星级司法信访综合服务窗口被评为五星级窗口。

三、普法教育

1986 年起，朱泾镇、乡均成立普法教育领导小组，开展全民普法教育活动。

1986—1990 年，在第一个普法教育期间，主要开展学习宣传宪法、刑法、刑事诉讼法、民事诉讼法和治安处罚条例等法律。全镇、乡接受教育人数 27580 人，经考核 27105 人获得“普及法律合格证”，合格率在 98% 以上。

1991—1995 年，在第二个五年普法教育期间，主要对经营及管理人员、学生开展学习企业法、经济合同法、兵役法、会计法、食品卫生法、商标法、专利法、税务法等法律的普法活动。其间，共分发《公民普法读本》3815 本；全镇、乡接受教育人数 6985 人。经统一考试，合格率在 96% 以上。

1996—2000 年，第三个五年普法教育期间，主要组织干部、管理人员学习村委会组织条例、居委会组织条例、行政诉讼法和国家行政赔偿法等法律法规，开展法律知识竞赛，提高干部群众的法制观念和执法水平。朱泾镇、乡开展制定岗位目标责任制、村务、厂务公开等制度。其间，分发学习资料 560 多份，全镇、乡接受教育者经考核合格率达 95%。

2001—2004 年，第四个五年普法教育期间，以领导干部、国家公务员、青少年、企业经营管理人员、外来经商务工人员作为重点对象，利用广播、黑板报、宣传栏、现场咨询等方式，组织学习《中华人民共和国产品质量法》《中华人民共和国劳动法》《中华人民共和国安全生产法》《中华人民共和国义务教育法》《中华人民共和国老年人权益保障法》《中华人民共和国行政处罚法》《中华人民共和国行政许可法》《中华人民共和国环境保护法》等法律法规。其间，全镇举办各类培训班 48 期，发放法律知识读本 15000 余册和宣传资料 25600 份，接受教育者 31850 人次。为外来人口较集中的单位举办培训班 21 期，对外来人员发放法制宣传资料 3800 多份，受教育的外来人员 5780 余人次。

第九章　人民武装

朱泾镇(乡)党委坚持党管武装原则,加强人民武装建设。1990—2000 年 6 月,朱泾镇、乡均建人民武装部(以下简称人武部)。2000 年 7 月,朱泾镇、乡“撤二建一”,建立新的朱泾镇人民武装部。人武部配部长、副部长、干事各 1 人。1990—2004 年,向部队输送合格兵员,加强民兵整组、训练,进行兵役登记和预备役登记,在全镇开展国防教育。

第一节　兵役工作

一、兵役登记

1990—2004 年,每年开展一次兵役登记工作,对 18—22 周岁的男性适龄公民进行兵役登记,经兵役机关审核确定,发放“上海市公民兵役证”。

二、兵役征集

征兵工作由镇(乡)征兵办具体承办。征集时,在应征青年自愿报名基础上,进行体格检查和政治审查,择优录取,由区(县)人民政府征兵办公室批准入伍。

1990—2000 年,对入伍青年由镇(乡)预先安排落实好复员、退伍后的镇(乡)办企业工作单位,实行“两张通知”(入伍通知、工作安置通知)一起发。服役期间有关待遇由安置单位按上级有关规定承担。2001—2004 年,由于乡镇企业改制,朱泾镇执行退伍军人安置新办法。农村籍应征公民服役期满退伍后,实施政府帮助就业,鼓励自主择业的“以资代劳”奖励办法。非农业户口的应征公民服役期满后,仍由政府部门依法妥善安置。从 1999 年 1 月起,全区农村义务兵及其家属的年度优待金由区级统筹发放。

三、预备役工作

根据 1984 年 5 月颁布的新《中华人民共和国兵役法》规定,参加中国人民解放军和人民武装警察部队为服现役,参加民兵组织和经过预备役登记的为预备役人员。

按照新《中华人民共和国兵役法》规定,18—28 周岁登记为一类预备役,29—35 周岁登记为二类预备役。退伍军人在办理报到手续时,同时办理好预备役的有关手续。朱泾镇

(乡)按照上级要求,每年认真办理好预备役登记,使民兵预备役工作顺利开展。

1997 年 9 月,上海市组建陆军预备役步兵师,朱泾镇(乡)组建预备役排。1999 年 7 月,上海组建陆军预备役炮兵团,朱泾镇(乡)组建炮兵连。

朱泾镇(乡)预备役人员在战备值勤、军民联防,参加物质文明和精神文明建设、防台防汛、抢险救灾、维护社会治安等工作中都做出重要贡献。

第二节　民兵工作

一、组织建设

1990 年,朱泾镇(乡)贯彻中央关于民兵组织"缩小民兵数量,提高民兵质量"的要求,成立民兵营,各村、企事业单位成立民兵连。1990 至 2000 年 6 月,朱泾乡民兵组织建有民兵营,民兵营长和副营长分别由镇、乡长和镇、乡人武部长担任,正、副教导员由镇、乡党委书记和副书记担任。民兵分为基干民兵和普通民兵,28 周岁以下的退伍军人和经过军事训练的人员以及选定参加军事训练的人员编为基干民兵;28—35 周岁符合服兵役的男性公民为普通民兵。

二、政治建设

1990 年起,朱泾镇(乡)在民兵中进行刊授教育,基干民兵每月一课,普通民兵每季度一课,后改为基干民兵每季度教育一次,普通民兵逢重大活动或节假日进行教育。基干民兵参加军事训练时,政治教育课时间占 20%,教育内容根据不同时期的形势、任务而定,主要为中国共产党的路线、方针、政策教育,爱国主义、英雄主义教育,学雷锋、学好八连、发扬光荣传统教育等。

三、军事训练

为保证及时完成民兵各项任务,民兵组织在抓好国防教育的基础上,加强民兵军事训练。民兵军事训练任务按照上级军事部门下达的具体要求进行,主要组织民兵学习步兵共同科目,实施轻武器基础训练,进行实弹射击和快速动员、集结点验等军事训练。

第三节　国防教育

朱泾镇(乡)党委和政府始终把国防教育列入党政班子学习的重要内容,定期研究国防教育计划,建立教育工作机制,成立国防教育领导小组,由镇、乡党委副书记任组长,镇、乡人武部部长任副组长。组建国防教育讲师团,成员由离退休干部,学校教师以及镇、乡教委,社区服务中心等单位职工组成。讲师团深入社区学校、工厂、农村,讲授国防知识、国际形势、台湾问题等,开展“军事一日”活动。组织学习《上海市国防教育条例》,举办文艺节目演出,展览宣传展板等,组织军事训练、实弹射击比武、国防知识竞赛、观看专场电影等活动,增强全民国防意识,树立国防观念。

1990—2004 年朱泾镇(乡)人武工作获奖情况表

表 23

年 份	获奖单位	获奖项目	颁奖单位
1993	乡人民政府	市双拥模范镇	市人民政府、市警备区
1993—1994	镇人民武装部	全国国防知识竞赛先进单位	市警备区
1994—1995	乡人民政府	基础民兵建设达标单位	市人民政府、市警备区
1997	镇人民政府	民兵工作三落实先进单位	市警备区
1997	乡人民政府	全国国防知识竞赛先进单位	市警备区
1999	镇、乡人民政府	国防教育先进基层单位	市警备区
2000	镇人民武装部	民兵武器装备管理工作先进单位	市警备区
2001	镇人民政府	征兵工作先进单位	市人民政府、市警备区
2002	镇民兵营	民兵工作三落实先进单位	市警备区
2002	镇人民武装部	民兵工作三落实先进单位	南京军区
2003	镇人民政府	拥军优属模范街道(镇)	市人民政府、市警备区

第十章　农　业

1990年起,朱泾镇(乡)全面实施农业生产结构调整,使农业综合生产能力和整体经济效益不断提高。2004年,全镇种植业总产值4126万元,比1990年增加2.33倍;养殖业总产值2875万元,比1990年增加1.96倍;农民人均收入6175元,比1990年增加5.8倍。

第一节　农村经营体制改革

一、完善家庭联产承包责任制

1999—2004年,根据《中华人民共和国农村土地承包法》和《金山区人民政府关于进一步稳定和完善我区农村土地承包关系的通知》精神,朱泾镇(乡)对农村土地承包进行清理,经核实后的土地承包数据资料统一输入计算机,建立土地承包证登记制度,稳定土地承包经营,巩固家庭联产承包责任制。

二、实施"家家富工程"

2000年9月13日,金山区召开"家家富工程"工作会议,朱泾镇以纯农户为基本对象,以规模和特色为基本要求,三年内配置塑料钢管管棚(每套管棚宽6米、长30米,计180平方米)4522套。引导农民发展大棚蔬菜、西瓜、甜瓜、草莓、葡萄等农产品,增加农民收入。

三、发展大农户、专业户

2000年,东方红村16组曹金妹,流转1.33公顷耕地,购置管棚60套,种植日本樱桃番茄、草莓、西瓜、甜瓜,获得较好的经济效益。待泾村蒋泾18组袁红辉,流转1.6公顷耕地,购置管棚66套,种植早、中、晚熟3个品种的葡萄,冬季在葡萄园内养鸡,获得较好收益。秀州村前进9组杨道林,购置管棚27套,在0.6公顷承包地上种植反季节蔬菜,年公顷产值15.98万元,年公顷盈利12.41万元。2004年,全镇有大农户、专业户318户,其中,秀州村前进8组姚小梅,9组曹瑞林,万联村万安13组陈方明,14组杨海云,民主村12组潘振华、沈大奎,东方红村7组傅白弟,新泾村富强6组王连生等大农户、专业户的经济效益显著提高。

四、创办合作农场

2000 年,大茫村周林龙在建设 7 组承包 7.2 公顷耕地,创办合作农场,种植水稻和反季节蔬菜、西瓜、甜瓜;大茫村建设 13 组彭补根承包 7.2 公顷耕地,创办合作农场,种植饲料玉米及大头菜;大茫村增产 13 组张建军承包 3.2 公顷耕地,种植青毛豆及西瓜、甜瓜;干巷镇杨文忠在新泾村富强 11 组承包 12 公顷耕地,创建上海创隆园艺场,种植蟠桃、玉露桃、黄桃、苗木、花卉;待泾村秀泾 4 组黄林根承包 3 公顷耕地,创办合作农场,种植西瓜、甜瓜及反季节蔬菜;万联村干部流转 4 公顷耕地,创办合作农场,种植日本东昇南瓜、精品西瓜、甜瓜、西兰花等。2004 年,全镇有合作农场 27 个,均获得较好经济效益。

五、建设农业"高优高"示范基地

1992 年,根据金山县委政策研究室关于发展金山县农业适度规模经营提出的 7 条指导性意见精神,朱泾乡在原有 9.2 公顷良种繁育场的基础上,扩大至 33.33 公顷农业"高优高"示范基地,指导全乡各阶段的农业生产,推行先进的科学种田经验。

六、实行农税改革

2002 年,朱泾镇贯彻金山区人民政府《关于金山区实行涉农价格和收费公示制度的意见》和《关于农村税费改革后农业税征收管理的实施意见》,对涉农价格收费实行统一标准。

2003 年起,上海市农村全部减免农业税。全镇有耕地 2438.93 公顷,每公顷免缴农业税 626 元,年免缴农业税 152.68 万元。

七、加强为农服务

(一)服务机构

1990—2000 年,朱泾镇(乡)建有农、副公司为农服务,其中,农业公司下设农科站、农机站、林业站,副业公司下设水产技术推广站、畜牧兽医站、渔政站。共有为农服务人员 32 人。2001 年 6 月,镇农、副业公司"合二建一",建立朱泾镇农业技术服务推广中心,组站不变,有服务人员 35 人。全镇 14 个村都建立了农机、排灌、用电、植保、运输等服务队,有服务人员 68 人。对全镇 212 个村民小组、8122 户农户基本做到"机耕、排灌、植保、农电、供种"统一服务,乡、村、户"上下相通、左右相连"的农业服务体系网络在全镇基本形成。

(二)资金投入

1995—2000 年,市、区(县)、镇(乡)三级财政对农业投入 286.6 万元,建立农业服务体系,朱泾镇(乡)共建造种子仓库 780 平方米,种子晒场 2200 平方米,购置种子烘干机 1 台、种子精选机 4 台、工农 36 型喷雾机 42 台、东方红 18 型喷雾机 16 台,配置耕作机械上海 50 型大拖拉机 1 台(带开沟犁)、收割机 1 台。

在实施"家家富工程"中,市、区、镇三级财政投入资金 705.43 万元,共购置管棚 4522 套。

第二节 劳动力 耕地 肥料

一、劳动力

1990年,朱泾乡有劳动力17298人(其中女性劳动力8931人)。从事农业9433人,占总劳动力的54.53%;工业4104人,占总劳动力的23.73%;建筑业164人,占总劳动力的0.95%;运输业439人,占总劳动力的2.54%;商业197人,占总劳动力的1.14%;外出劳动力2520人,占总劳动力的14.57%;从事其他劳动444人,占总劳动力的2.57%。2004年,朱泾镇总劳动力18274人(其中女性劳动力9136人)。从事农业7246人,占总劳动力的39.65%,比1990年下降14.88%;工业7944人,占总劳动力的43.47%,比1990年上升19.74%;建筑业735人,占总劳动力的4.02%,比1990年上升3.07%;运输业623人,占总劳动力的3.41%,比1990年上升0.87%;商业493人,占总劳动力的2.70%,比1990年上升1.56%;外出劳动力1233人,占总劳动力的6.75%,比1990年下降7.82%。

二、耕地

1990年末,朱泾乡总耕地面积2404.4公顷,其中,集体耕地2189.5公顷,农民自留地214.9公顷。按农业人口平均每人占耕地0.086公顷。2004年年末,全镇总耕地面积2240公顷,其中,集体耕地2020.6公顷,农民自留地219.4公顷。按农业人口平均每人占有耕地0.082公顷,农业人口人均耕地面积比1990年减少0.004公顷。

1990—2004年朱泾乡耕地面积变化情况表

表24

年份	总耕地面积(公顷)	集体耕地面积(公顷)	农民自留地面积(公顷)	农业人口(人)	人均耕地(公顷)
1990	2404.4	2189.5	214.9	28034	0.086
1991	2373.3	2158.4	214.9	28293	0.084
1992	2352	2138.1	213.9	28721	0.082
1993	2099	1885	214	28822	0.073
1994	2018	1807	211	28875	0.070
1995	2007	1798	209	28001	0.072
1996	2215	2011	204	26689	0.083
1997	2208.9	2004.9	204	26334	0.084
1998	2207	2002.6	204.4	26146	0.084
1999	2190.11	1985.71	204.4	26340	0.083
2000	2279.77	2072.26	207.51	26761	0.085

续表 24

年份	总耕地面积（公顷）	集体耕地面积（公顷）	农民自留地面积（公顷）	农业人口（人）	人均耕地（公顷）
2001	2254.06	2046.67	207.39	26614	0.085
2002	2186.8	1979.4	207.4	28963	0.075
2003	2261.5	2042	219.5	26274	0.086
2004	2240	2020.6	219.4	27455	0.082

三、肥料

(一)有机肥

农村有机肥料有猪塮、绿肥、草塘肥、饼肥、秸秆还田等。1990 年,朱泾乡每公顷农田施用有机肥 252 担;1996 年,下降至 48 担;2004 年,朱泾镇农田施用有机肥几乎为零。

(二)化肥

1990 年起,朱泾镇(乡)农田用肥以化肥为主,主要有氮肥、磷肥、钾肥等。1990—2004 年,全镇(乡)农田年均化肥用量每公顷 2641.43 千克(其中,碳酸氢铵 1323.08 千克,尿素 585 千克,磷肥 560.55 千克,钾肥 3.3 千克,复合肥 169.5 千克)。农民在肥料施用上有“三重三轻”现象,即:重化肥、轻有机肥;重碳化肥、轻磷钾肥;重产出、轻投入。

1990—2004 年朱泾镇(乡)化肥施用量情况表

表 25

年份	耕地面积(公顷)	施用总量(吨)	每公顷用量(千克)
1990	2404.4	5990.56	2491.5
1991	2373.3	5375.52	2265
1992	2352	5292	2250
1993	2099	5481.54	2611.5
1994	2018	5318.44	2635.5
1995	2007	5777.15	2878.5
1996	2215	5541.93	2502
1997	2208.9	5853.59	2650
1998	2207	5975.45	2707.5
1999	2190.11	5795.03	2646
2000	2279.77	6165.64	2704.5
2001	2254.06	6153.58	2730
2002	2186.8	6199.58	2835
2003	2261.5	6513.12	2880
2004	2240	6518.4	2910
合计	33296.84	87951.53	2641.43

第三节　农业机械

2004年,朱泾镇拥有农业机械总动力9358千瓦,其中,耕作机械244台、2784千瓦,农产品加工机械112台、450千瓦,种植机械9台、27千瓦,收割机械48台、1934千瓦,灌溉泵站68座,灌溉机械90台(套)、1939千瓦,排涝泵站38座,排灌机械48台(套)、2224千瓦。

一、农机类型

耕作机械　2004年,朱泾镇有上海50型大拖拉机21台,东风12型小拖拉机223台。全镇机耕面积2061公顷,占总耕地面积2240公顷的92%。麦田开沟76公顷,占麦田面积的94.61%;油菜田开沟243.98公顷,占油菜田面积的30.30%。

种植机械　1991年起,水稻种植引进沪嘉J－280－10水稻直播机。至1996年,朱泾乡有水稻直播机28台,动力84千瓦,机直播单季稻面积336公顷,占单季稻面积的20.23%。2004年,朱泾镇有水稻直播机9台。

植保机械　1992年,朱泾乡有机动喷雾机94台,动力222千瓦;机动喷粉机18台,动力36千瓦。2004年,朱泾镇有工农18型手动背负式喷雾机7355台。

排灌机械　1992年,朱泾乡有灌溉泵站48座,灌溉机械59台(套),动力775.5千瓦,灌溉总控制面积2352公顷;有排涝泵站3座,排灌机械4台(套),排涝总控制面积95.6公顷。2004年,朱泾镇有灌溉泵站68座,灌溉机械90台(套)、1939千瓦,灌溉总控制面积2667公顷;有排涝泵站38座,排灌机械48台(套)、2224千瓦,排涝总控制面积4961.40公顷。

收割机械　1996年,朱泾乡引进PBR481－K型和CA355型半喂入履带式联合收割机各1台,后逐年引进。1996年,全乡大麦、小麦种植面积733.5公顷,机械收割645.48公顷,占大、小麦总面积的88%;单、后季稻种植面积1839.2公顷,机械收割480.85公顷,占单、后季稻收割面积的26.14%。2004年,朱泾镇收割机机械总动力1943千瓦。大麦、小麦种植面积52公顷,机收面积49.4公顷,占大、小麦总面积的95%;单、后季稻种植面积1732.47公顷,机收面积1178.07公顷,占单、后季稻总面积的68%,基本实现稻麦收割脱粒和清扬机械化。

运输机械　1992年,朱泾乡拥有运输汽车3辆,动力261千瓦,大中型拖拉机拖车5辆、小型拖拉机拖车200辆,机动运输船84艘,吨位1585吨、动力736千瓦。1998年起,农副产品流通量逐年减少,至2004年,朱泾镇有小型拖拉机拖车84辆。

二、农机服务

1990年起,朱泾镇(乡)不断完善和发展农机服务体系,有乡级农机服务站1个,村级农机服务队14个。2004年,全镇有镇级农机服务站1个,村级农机服务队8个,镇、村两级共有农机服务人员278人,其中,农机技术人员9人,大中型拖拉机驾驶员21人,小拖拉机驾驶员223人,修理人员25人。

三、农机管理

1990 年,朱泾乡举办培训班 3 期,受训人员中大型拖拉机驾驶员 21 人,小拖拉机机手 248 人,小拖拉机拖车驾驶员 168 人。

2004 年,朱泾镇开展创建“文明监理、优质服务”活动,建立农机管理,政务公开制度,将办事人员、办事程序、收费项目、收费标准上墙公布。设立投诉电话、投诉箱,接受广大机手和农户的监督,有效降低农机事故的发生。

第四节　农业科技

一、调整结构

1990 年,朱泾乡按照县政府提出“稳粮、调棉、保菜、扩经作”的种植业结构调整方案,积极发展经济作物,提高综合生产能力和农业整体效益。1998—1999 年,增产村村民陈雪林从安徽亳州引进人参果种植,面积 0.18 公顷。1995 年,全乡桑园面积发展到 227 公顷,果园 27.4 公顷,固定菜地 62.3 公顷,西瓜、甜瓜 29.6 公顷,粮食作物与经济作物面积比例为 62:38。1995 年,全乡种植业产值 1945 万元,比上年增加 17.59%。2004 年,朱泾镇粮食种植面积 1812.8 公顷,经济作物 2982.73 公顷,粮经比例为 43:57,经济作物比 1995 年增加 19 个百分点。种植业产值 4126 万元,比 1990 年 1774 万元(90 年不变价)增加 232.58%。

二、专业培训

为适应科技兴农的需要,朱泾镇(乡)开展对各村干部、科技人员及科技示范户进行实用农技知识的培训,内容有农学、园艺、食用菌、植保、农业机械、经营管理等。1990 年,全乡培训 48 人。2004 年,全镇培训 212 人次,通过培训有 988 人获得各类证书。

三、引进良种

1990 年,朱泾乡良种繁育场从江、浙、沪引进丰产性好、抗逆性强、适应性广的稻、麦、油菜、蔬菜、西瓜、甜瓜等优良品种,提质增效。

水稻品种　1990—2004 年,朱泾镇(乡)引进粳稻优质品种“9759”“98110”“丙 0203”“03128”“嘉花 1 号”“秀水 09”,糯稻优质品种“9914”,杂交稻优质品种“寒优湘晴”“申优 4 号”。

三麦品种　1990—2004 年,朱泾镇(乡)引进大麦优质品种“申麦 1 号”“申麦 3 号”“沪麦 4 号”“沪麦 6 号”“沪麦 8 号”“沪麦 10 号”,小麦优质品种引进“杨麦 1 号”“杨麦 4 号”“杨麦 5 号”“杨麦 7 号”“花 29622”“花 9811”。

油菜品种　1990—2004 年,朱泾镇(乡)引进油菜优良品种“92-13 系”“宁油 2 号”“汇油 50”“沪油 15”等,全镇“92-13 系”占油菜种植面积的 95%,“汇油 50”“沪油 15”占 20%,“宁油 2 号”占 5%。

蔬菜品种　1990—2004 年,朱泾镇(乡)引进蔬菜优良品种西兰花、白菜花、樱桃番茄、

"台湾75"毛豆、结球生菜、团菜、荷兰黄瓜、日本东升南瓜、桃太郎番茄。

西甜瓜　1990—2004年，朱泾镇（乡）引进西瓜、甜瓜优质品种"早春红玉""浙密1号""8424""蜜天下""春光""伊丽莎白""古拉巴"。

第五节　种植业

一、粮食作物

朱泾镇（乡）粮食种植以水稻为主、二麦为辅。1990年，全面推行一年二熟制种植，全乡种植粮食2741公顷，复种指数184%，常年公顷产量8775千克。粮食总产量16452吨，其中，二麦3029吨，占粮食总产的18.41%；单季稻13347吨，占81.13%；后季稻69吨，占0.42%。2004年，全镇种植粮食1813公顷，复种指数186%，常年公顷产量8124千克，总产量14728吨。

（一）单季晚稻

1990年，朱泾乡种植单季晚稻1869.5公顷，占耕田面积的99.3%。单季稻公顷产量7140千克，总产13347吨，占水稻总产的99.49%。1991年，全乡1870.6公顷单季晚稻，公顷产量7530千克，比上年公顷产量增加390千克，增长5.46%；总产量14081吨，比上年增加734吨，增长5.5%。1993—2004年，朱泾镇（乡）连续12年公顷产量超过7500千克。

（二）后季稻

1990年，朱泾乡后季稻面积前茬是西瓜或后季稻专用秧田，全乡种植后季稻29.07公顷，公顷产量5252千克，总产152.68吨。2004年，朱泾镇种植后季稻80.47公顷，公顷产量7743千克，总产623.1吨。后季稻总产量占全年粮食总产量的4.23%。

（三）二麦（小麦、大麦）

1990年，朱泾乡种植二麦843.73公顷，公顷产量3570千克，总产3012.1吨。2004年，朱泾镇种植二麦80.33公顷，公顷产量5268千克，总产423.2吨。

（四）杂粮

1990年，朱泾乡种植蚕豆4.64公顷，公顷产量3750千克，总产17.4吨；种植大豆1.6公顷，公顷产量4995千克，总产8.0吨。2004年，朱泾镇种植蚕豆28.33公顷，公顷产量5268千克，总产149.2吨。玉米、山芋、大豆、赤豆、绿豆等各类杂粮作物，农户利用自留地零星种植，自食为主，多余部分在农贸市场销售。

二、经济作物

（一）棉花

1990年，朱泾乡种植棉花456.2公顷，单产皮棉705千克，总产321.6吨。1991年，全乡种植棉花400.2公顷，单产皮棉381千克，总产152.5吨。1992年，全乡停止种植棉花。

（二）油菜

1990年，朱泾乡种植油菜1098.93公顷，公顷产量2340千克；2000年，朱泾镇种植油菜

1634 公顷,公顷产量 2850 千克;2004 年,朱泾镇种植油菜 805 公顷,公顷产量 2545 千克。

(三)蔬菜

2000 年 7 月,朱泾镇实施"家家富工程",全镇购置钢管大棚 4522 套,发展蔬菜种植,落实菜地面积 100.49 公顷。

蔬菜种植品种根据市场需求,确定新老品种,安排好种植茬口。切实加强管理,及时收获上市。全镇蔬菜茬口分冬播、春播、火播、秋播。

(四)西瓜、甜瓜

1990 年,朱泾乡种植西瓜、甜瓜 32 公顷,公顷产量 23 吨,总产 736 吨。1995 年,从日本引进"伊丽莎白""西卜洛托""古拉巴"等甜瓜品种,产量高、品质好,种植面积占全乡甜瓜面积的 90%。2004 年,朱泾镇种植西瓜、甜瓜 253 公顷,公顷产量 17 吨,总产 4301 吨。1990—2004 年,全镇(乡)累计种植西瓜、甜瓜 1578 公顷,平均每年种植 105 公顷。东方红村种植的西瓜以汁多、糖分高、爽口而闻名全镇。

(五)食用菌

1995 年,朱泾乡发展蘑菇生产面积 5556 平方米。1996 年底,蘑菇生产跌入低谷,但有外省农民在民主村租赁 0.27 公顷土地,种植草菇 2667 平方米;1997 年,下降到 556 平方米。2004 年,朱泾镇种植草菇 2700 平方米,总产 4 吨。

(六)其他

药材 1999—2004 年,待泾村蒋泾联户种植西红花 1.33 公顷,年产值 20 万元左右。

草莓 2000 年,东方红 16 组曹金妹种植 1.33 公顷草莓,总产 17 吨,产值 10 万元。2004 年,朱泾镇扩种至 2.67 公顷,总产 32 吨,年产值 20 万元。

水果 1990 年,朱泾乡种植桃子、梨等果树 14 公顷,公顷产量 939 千克,总产 13.15 吨。2004 年,朱泾镇桃子、葡萄等果树面积扩至 40.2 公顷,公顷产量 8955 千克,总产 360 吨。

三、植树造林

朱泾镇(乡)在调整农业产业结构中,每年开展冬春"四旁"(路、河、宅、村旁)植树造林活动,推进农田林网化建设。1994 年,全乡发展桑园 250 公顷。1995 年,全乡种植日本甜柿 4 公顷。1996 年,在永丰农场发展苗圃 1.47 公顷。2001 年,在大茫村种植速生杨 118 公顷。2002 年,在待泾村种植苗木 160 公顷。2004 年,在掘石港、胥浦塘、大泖港、小泖港、秀州塘畔发展涵养林 217.67 公顷。至 2004 年,全镇有林业 419.14 公顷,占总面积的 8.45%。

(一)苗木基地

1990 年,朱泾乡有苗圃 0.27 公顷。1996 年,在永丰农场发展苗圃 1.47 公顷,采用地膜覆盖的方法,提高土壤温度,保持土壤湿度,抑制杂草生长,提高苗木成活率,促进苗木生长,培育水杉苗木 19.8 万株。2004 年,朱泾镇有苗圃 1.47 公顷。

(二)"四旁"树木

1990 年,朱泾乡农村"四旁"种植苗木 18.4 万株,造林面积 11.2 公顷。2004 年,朱泾镇农村"四旁"树木有 28 万株,造林面积 151.9 公顷。

(三)经济林木

桑树 1990年,朱泾乡有桑园11公顷,每1000克蚕茧价格20.40元。1991年,有桑园56公顷。1992年,有桑园165公顷。1993年,有桑园199公顷。1994年,有桑园250公顷。1995年,有桑园227公顷。1996年,每1000克蚕茧降至12.4元,因经济效益差而砍桑种稻。

竹林 1990年,朱泾乡有竹林26.30公顷,多为农家宅后、河边、浜头零星种植。品种以燕竹、篾竹、哺鸡竹、乌竹为主,少量种植淡竹、黄金竹和桃子竹。1999年,全乡竹林扩至49.65公顷。2000年后,因连年平整土地(竹林、河浜、老宅基地用推土机平整),竹林面积逐年减少。2004年,朱泾镇竹林面积仅剩37.24公顷。

(四)林木管理

按照《中华人民共和国林业法》,朱泾镇(乡)建立林业工作站,配备专职人员4人,经市、区(县)培训合格后,持证上岗,并制定林业发展规划,组织生产经营管理。1999—2000年,朱泾镇被评为上海市绿化先进集体,镇林业工作站陈肖华被评为市绿化先进工作者。

四、植物保护

(一)水稻

稻瘟病 又称稻热病,是一种因真菌引起的病害,分苗瘟、叶瘟、穗颈瘟和谷粒瘟,发生轻重与水稻品种、氮肥用量及稻苗处在孕抽穗期的气候条件有密切关系,防治上主要采用"综合防治、预防为主"的策略,苗期用药控制叶瘟发生,后期控制氮肥用量,穗期用药剂预防穗颈瘟发生,药剂用瘟克星和克瘟灵。

纹枯病 俗称"花足秆""烂脚瘟",是一种因高温高湿导致的病害,通常在水稻中后期发生。影响孕穗,增加空瘪率。一般采用"烤田"排水和使用井冈毒素等农药进行防治。

螟虫 俗称"钻心虫",有大螟、二化螟、三花螟虫害,其中以三化螟危害最严重。三化螟发生时,正值水稻孕穗期,受害后造成"枯心";在抽穗时发生,则造成"白穗",严重影响产量。防治上主要用杀虫醚、甲胺磷、乐果、杀虫双等药物。

稻飞虱 1985年以来,稻飞虱发生量较大,每年都有不同程度的水稻枯死面积。防治药剂主要用稻虱净、威克和噻嗪酮等农药。

纵卷叶螟 俗称"小青虫"。每年都有较大的发生,且发生时间长,全生育期一般要防治2—3次,药剂用杀虫双防治。

(二)二麦

赤霉病 俗称"烂穗头",是二麦的主要病害,发病取决于感病生育期的气候因素,一般在麦子齐穗期用药一次,如遇暖湿天气,一周后再用药一次,药剂用赤霉清或多菌灵。

20世纪90年代起,麦类种植以大麦为主,选用"沪麦8号""申麦4号"等高产抗病种子,病害得到有效控制。药物防治除用多菌灵(有效成分含量50%)进行消毒处理外,也可用赤霉青或多菌灵等进行喷洒。

黏虫 俗称"行军虫"。此虫专咬麦秆,使麦秆断裂无收。1990—2004年,南方虫源量小,迁入量不大,如有危害,用晶体敌百虫。

黑穗病 俗称"黑麦",以散黑穗病居多,坚黑穗病、腥黑穗病较少,可用药剂浸种防治。

药剂以大麦清3号为主。

(三)油菜

蚜虫 油菜苗期容易受蚜虫危害,防治蚜虫一般用乐果乳剂(有效成分含量40%)、晶体敌百虫(有效成分含量90%)等农药。

菌核病 又称油菜菌核软腐病。发病率较高,盛花期防治效果最佳,药剂用多菌灵。

(四)蔬菜

蔬菜品种多,茬口密,病虫害发生较多,主要有灰霉病、菌核病、早疲病、白粉病、叶霉病和小菜蛾、甜菜疸蛾、斜纹疸蛾、豆野螟、瓜蛸螟等。

防治采用农业防治和药物防治相结合的方式。农业防治主要是加强菜地清沟理沟,降低地下水位,保持土壤通透。药物防治过去多采用常规农药杀虫双、敌百虫、杀灭菌酯,2000年以后改用速克灵、扑海因、菌核净、加瑞农、克露、多菌灵、病毒凡、卡配克、卡死克、锐劲特、杀螨等高效低毒农药。

第六节 养殖业

1990年起,朱泾镇(乡)贯彻"公私并举、两条腿走路"的方针,实施"家家富工程",发展养殖业,猪、禽、蛋及水产品等有较大的增长。2004年,全镇上市生猪28500头、家禽45.31万羽、鲜蛋562.90吨、水产品633吨,养殖业产值2875.3万元,比1990年增加1.96倍。

一、家畜

(一)生猪

1990年,朱泾乡全年饲养生猪46902头,上市29681头。1992年4月,取消养猪供应饲料政策。5月,猪肉销售价格开始放开。1993年,强化养猪主管部门指导,明确生猪上市任务,解决卖猪难问题。2000年,实施"家家富工程",养猪向专业化、规模化方向发展。是年,全镇有养猪专业户54户,其中规模最大的专业户是吴新忠,全年饲养量2000多头,上市肉猪1300多头。2004年,全镇饲养生猪43858头,出栏肉猪28500头。

1990—2004年朱泾镇(乡)生猪出栏情况表

表26　　单位:头

年份	生猪			
	全年出栏量	全年饲养	年末圈存量	其中:母猪
1990	46902	17221	2394	29681
1991	42619	17473	2915	25146
1992	40184	23215	4174	16969
1993	33502	14347	2319	19155

续表 26

年份	生　猪			
	全年出栏量	全年饲养	年末圈存量	其中:母猪
1994	26740	8850	1732	17890
1995	25774	10203	2117	15571
1996	32230	12191	1074	20039
1997	38685	14179	30	24506
1998	36771	12246	906	24525
1999	34856	10312	1782	24544
2000	37256	12183	1942	25073
2001	39843	11190	1703	28653
2002	40781	11854	1239	28927
2003	44371	15371	1213	29000
2004	43858	15358	1330	28500

(二)牛、羊、兔

牛　1990 年,朱泾乡有奶牛场 1 个(朱泾奶牛场),坐落在富强村 13 组。饲养奶牛 143 头,上市牛奶 419 吨。1994 年,朱泾奶牛场由上海第十牧场接管。2000 年,朱泾奶牛场因规模小、效益差停办。

羊　1990 年,全乡饲养山羊 1193 只,上市 475 只,自宰 530 只。2004 年,全镇饲养山羊 10000 只,比 1990 年增加 7. 38 倍。上市 3982 只,自宰 4443 只。

兔　1990 年,全乡饲养肉兔 172 只。2004 年,全乡饲养肉兔 1800 只,比 1990 年增长 946. 51% 。

二、家禽

(一)鸡、鸭

1990 年,朱泾乡上市鸡、鸭 10 万羽,年末圈存量 8. 8 万羽,其中,肉用鸡、鸭 7. 3 万羽,产蛋鸡 0. 8 万羽,产蛋鸭 0. 7 万羽,总产蛋量 234 吨。是年起,规模化养鸡、鸭户逐年增多。2004 年,朱泾镇有大棚养鸡户 7 户,年上市肉鸡 17. 5 万羽;大棚养鸭户 9 户,年上市肉鸭 14 万羽。是年,全镇上市鸡、鸭 45. 31 万羽,上市鲜蛋 562. 9 吨。

(二)鹅

历来农民家庭有少量养鹅,以自食为主。品种有狮子鹅(系大型灰棕色鹅种)、太湖鹅(小型白色鹅种)2 个品种。2004 年,朱泾镇共饲养 1520 羽。

1990—2004 年朱泾镇(乡)家禽(鸡、鸭)、鲜蛋产出情况表

表 27

年份	家禽(鸡、鸭)(万羽)		鲜蛋(吨)		
	上市量	圈存量	上市量	其中	
				鸡蛋	鸭蛋
1990	10	8.8	234	120	114
1991	10.2	5	224	131	93
1992	8.4	7.85	172	123	49
1993	3.11	8.06	156	80	76
1994	5.6	10.7	139	71	68
1995	7	12.4	150.5	77	73.5
1996	12.5	13.2	295	151	144
1997	18	15.05	439	225	214
1998	22	13.5	489	251	238
1999	25.4	12.7	537.4	276	261.4
2000	27.42	13.6	820.8	421	399.8
2001	31.7	14.3	868	445	423
2002	47.14	15.05	1100.5	564	536.5
2003	33.11	17.16	860	441	419
2004	45.31	16.42	562.9	289	273.9

三、其他

(一)蜂

1990 年,朱泾乡有蜂群 550 箱,年产蜂蜜 220 吨、皇浆 0.6 吨。每年冬春时赴江西、广东、广西等地放蜂。清明节后,朱泾镇(乡)紫云英、油菜花、蚕豆花盛开,即返回放养。5 月底,赴黑龙江、吉林、辽宁等地放养。10 月初,天气转冷转向南方放蜂。2004 年,朱泾镇有蜂群 400 箱,年产蜂蜜 160 吨、皇浆 0.5 吨。

(二)肉鸽

1996—1998 年,增产村姚阿元、张全弟租赁原横港小学校舍,饲养肉鸽 200 羽。后因产蛋量少,孵化出壳率差,造成经济亏损,于 1998 年停止饲养。

(三)麝鼠

1999 年,曹明君在联盟村租赁土地 700 平方米,建造麝鼠养殖场,从俄罗斯购进公母麝鼠 50 对进行人工饲养。2001 年,因气候不适应,停止饲养。

四、疫病防治

(一)猪病

猪的疫病有猪瘟、猪丹毒、猪肺疫和猪乙型脑炎,按照免疫程序,开展经常性和突击性相结合的防疫制度。1987 年起,控制猪瘟病发生,猪肺疫、猪丹毒和猪乙型脑炎的发病、死亡也逐年减少。猪的常见病有猪胃肠炎、猪黄白痢、猪水肿病、猪气喘病、仔猪副伤寒、猪流行性胃肠炎等,朱泾在改善饲养条件和加强饲养管理中提高猪的抗病能力,猪的疾病发生和死亡逐年减少。

(二)牛、羊、兔病

奶牛的疫病有布氏杆菌和结核病两种传染病,每年春秋两季分别进行全面防疫与严格检疫,“两病”的阳性率控制在 3% 以下,对“两病”中可疑牛通过复检为阳性的坚决扑杀,确保牛群健康化。羊的传染病为羊痘,每年春季注射羊痘免疫,控制羊疫病发生。兔的疫病有疥螨、兔虱等常见病;兔的传染病兔瘟和兔巴氏杆菌病等,经免疫后疫病得到控制。

(三)禽病

家禽疫病主要有鸡新城疫、鸭瘟、鹅瘟、禽流感等,选用“190”等菌苗免疫后得到有效控制。

五、水产

(一)内河捕捞

1990 年,朱泾乡有 14 个野生捕捞专业队,495 个劳动力,全年捕捞野生鱼 294 吨。在田间、河浜投放蟮笼的有 100 多户,每户每夜投放 100 余只蟮笼,全年能捕黄鳝 300 吨左右。野生捕捞鱼类、黄鳝等年总产值 229 万元。

(二)淡水养殖

1990 年,朱泾乡淡水养殖面积 42. 32 公顷,养殖草鱼、鲢鱼、鲫鱼、鳊鱼和罗氏沼虾,总产量 294 吨,上市 214 吨。2004 年,全镇淡水养殖面积 105. 33 公顷,水产品产量 790 吨,上市 774 吨、产值 790 万元。

1990—2004 年朱泾镇(乡)精养鱼塘面积、产量情况表

表 28

年份	渔业生产劳动力(人)	淡水养殖面积(公顷)	产量(吨)	上市量(吨)
1990	523	42. 32	294	214
1991	366	41. 73	342	342
1992	125	41. 67	326	326
1993	315	41	311	300
1994	108	41	308	305
1995	90	43	298	290

续表28

年份	渔业生产劳动力（人）	淡水养殖面积（公顷）	产量（吨）	上市量（吨）
1996	79	42	314	303
1997	68	40. 87	330	315
1998	73	42	330	307
1999	78	43. 2	329	300
2000	76	41. 6	648	620
2001	132	38. 93	656	650
2002	62	48	705	700
2003	68	74	765	740
2004	81	105. 33	790	774

(三)特种养殖

牛蛙 2000年起,联盟村村民陈木根在0. 133公顷责任田里,围起1米高的网墙饲养牛蛙。2001年,盈利2万元。后因牛蛙多病及销售价格低,于2003年停止饲养。

罗氏沼虾 又名马来西亚大虾,长期在20℃—39℃的温度下生存,14℃以下会冻死,饲养周期短,投资效益高。1998—2001年,张惠林承包永丰农场2公顷鱼塘,养殖罗氏沼虾,每公顷水面生产罗氏沼虾3000千克,年利润3万—5万元。后因罗氏沼虾销售价格下降而转产。

南美白对虾 2002年,在联盟村2公顷鱼塘里试养南美白对虾成功。2004年,扩至28公顷,年产南美白对虾84吨,利润140万元。

(四)疫病防治

鱼病 有病毒性、细菌性和寄生虫病三种。其中病毒性原体有出血病和痘疮;细菌性有败血病、烂鳃病、白头白嘴病、肠炎病、赤皮病等;寄生虫病有原生动物中的车轮虫、小瓜虫病等。鱼病防治必须从控制和消灭病源着手,重点抓住彻底清塘、鱼种消毒、饲料消毒、食场消毒、工具消毒等环节,才能获得养殖水产品稳产、高产。

第十一章 水 利

2004年，朱泾镇域内有市级河道3条段、13.71千米；区级河道4条段、18.76千米；镇级河道9条段、29.53千米；村级河道109条段、97.07千米。镇域内共有河道125条(段)，总长159.07千米，总河口面积270.08公顷，占全镇总面积的5.44%。镇域内有水闸76座，排涝泵站38座、48台套、2224千瓦；灌溉泵站64座、90台套、1939千瓦；圩堤护坡长56.91千米，控制面积4961.4公顷；地下渠道81.57千米，水泥明沟77.16千米。

第一节 河道治理

1990年2月8日，机械疏浚中官塘及朱泾市河，至6月30日，疏浚淤泥6.1万立方米。2000年冬，机械开挖东方红村中心河，长1.65千米，宽14米，计3.8万立方米。2001年冬，机械开挖蒋泾港一农段，长1.50千米，宽18米，计4.95万立方米。2003年冬，机械截弯取直渔洋泾，长1.50千米，宽18米，计4.95万立方米。1990—2004年，全镇(乡)各村机口灌溉河道，每年轮流疏浚20万—28万立方米。

1991年，朱泾乡被上海市农田水利基本建设指挥部评为市农村水利先进乡。

2004年朱泾镇疏浚河道情况表

表29

等级	条数(段)	长度(千米)	淤泥土方(万立方米)
市级河道	3	13.95	0
区级河道	5	21.81	17.78
镇级河道	9	26.07	49.35
村级河道	109	96.41	67.13
总　计	126	158.24	134.26

第二节　圩区建设

一、圩堤

2004 年,朱泾镇有 5 个圩区,圩堤总长 56.91 千米,排涝总控制面积 4961.4 公顷。

2004 年朱泾镇圩堤基本情况统计表

表 30

圩堤名称	控制面积（公顷）	圩堤长度（千米）	平均堤顶宽（米）	平均堤顶高（米）	护坡长度（千米）
21 号联圩	1443.14	19.86	2.4	4.5	19.86
万联圩区	593.33	8.61	2.2	4.3	8.61
增建圩区	650.93	9.1	2.0	4.3	9.1
幸福圩区	1498	14.48	2.1	4.3	14.48
新农北圩	776	5.86	2.3	4.4	5.86
合计	4961.4	57.91			56.91

二、水闸

中官塘北泵闸　2001 年,金山区投资 1800 万元,在朱泾镇中官塘北首与小泖港交汇处建造中官塘北泵闸,占地面积 7000 平方米,是全区首座自动化控制泵闸,主要承担朱泾镇区及秀州、民主、东方红 3 个村农业引排水任务。

中官塘北泵闸为“闸、泵、桥”相结合的综合性建筑物,设有 6 米节制闸、5 立方米/秒流量排涝泵站和工作桥各 1 座,闸首为钢筋混凝土坞式结构,净宽 6 米,长 18 米,6×5 平面钢闸门,闸首两侧各有 2 个流道,宽 2.6 米,高 1.9 米,流首进口装置 4 扇(PGZ2600×2100)手、电两用启闭钢闸门。引航道长 30 米(包括消力池 14 米),外引航道墙顶标高 5 米,内引航道墙顶标高 4 米。东西泵站各安装 900ZLB2.7-2.4 轴流泵 1 台,115 千瓦电动机 1 台,总排水量 10 立方米/秒,启闭机动率为 7.5 千瓦。

泵闸西侧建有管理房,内设中央控制室,高、低压配电室各 1 间,系统操作采用电脑远程遥控操作和现场电动操作两种方式,闸室内外装有摄像头各 1 个。

中官塘南闸　位于中官塘南出口处。2001 年建造,工程造价 55 万元,占地面积 500 平方米,闸首为钢筋混凝土结构,闸门宽 6 米,高 4.3 米。

朱泾市河东水闸　位于朱泾市河东出口处。1997 年 10 月建造,工程造价 38 万元,占地面积 100 平方米,闸首为钢筋混凝土结构,闸门宽 5 米,高 4.3 米。

朱泾市河西闸　位于朱泾市河西出口处。1997 年 10 月建造,工程造价 29 万元,占地面积 100 平方米,闸首为钢筋混凝土结构,闸门宽 4 米,高 4. 3 米。

第三节　农田灌溉

1990 年起,朱泾镇(乡)各村开始建设水泥大明沟,实施排灌分开,提高灌溉效益。2004 年,全镇有水泥明沟 77. 16 千米,地下渠道 81. 54 千米,砖砌渠道 3. 5 千米,土明沟 274. 43 千米,渡槽倒虹吸 19 只,灌溉泵站 64 座,灌溉控制面积 2667 公顷。

2004 年朱泾镇灌溉设施情况表

表 31

所在村域	灌溉面积（公顷）	灌溉渠道长度(千米)				渡槽倒虹吸(只)
		水泥明沟	地下渠道	砖砌渠道	土明沟	
秀州	240. 66	8. 93	8. 75	—	28. 37	2
民主	186	11. 73	8. 48	—	23. 60	—
东方红	308. 67	12. 38	7. 85	—	21. 21	1
新泾	446. 67	7. 59	12. 52	—	51. 80	6
待泾	440. 67	7. 97	9. 84	—	40. 18	2
大茫	328. 67	10. 15	11. 71	—	46. 51	3
万联	377. 33	6. 74	10. 58	—	47. 48	4
长浜	311. 67	11. 04	10. 43	—	15. 28	1
永丰	26. 66	0. 63	1. 38	3. 50	—	—
合计	2667	77. 16	81. 54	3. 50	274. 43	19

第四节　水务管理

1990—2000 年,朱泾镇(乡)建有水利排灌站,配站长、技术员、会计等人,负责全镇(乡)的河道治理、圩区建设、农田灌溉、防汛抗灾等水务工作。2001 起,朱泾镇各村的灌溉泵站进行承包试点。2002 年,全镇每公顷灌溉费用由原来的 600—675 元,控制在每公顷 600 元左右,节约灌溉成本。

一、机口

朱泾镇(乡)各机口配主任 1 人和机师 2—3 人,各村民小组配引水员 1 人。机口主任负责带领引水员做好工程配套工作,包括修整渠道、开挖清理大明沟,确保农户灌溉用水;机师负责机房设备的维修保养等工作。

二、圩区

朱泾镇(乡)各圩区配专职和兼职管理员1人,负责水闸、泵站的日常运行和设备的维修养护工作;圩区内的涵洞和圩堤由属地引水员兼管。如遇大潮、暴雨、台风,镇(乡)防汛指挥部协同圩区所在村开展防汛抗灾工作。

第十二章　工　业

1990 年起,朱泾镇(乡)工业企业实施经营体制改革,形成联营和民营等多元化的工业经济结构。2004 年,全镇有工业企业 60 家,总产值 38.02 亿元;职工 7944 人,人均年收入 15575 元。

第一节　工业构成

一、镇级工业企业

1990 年,朱泾镇有镇级工业企业 13 家,职工 2195 人,产值 5604 万元,利润 449 万元。

1995 年,朱泾镇有镇级工业企业 15 家,厂区占地面积 48746 平方米,建筑面积 36472 平方米,产值 11178 万元,利润 594 万元,职工 2068 人,人均年收入 10648 元。

2004 年,朱泾镇有镇级工业企业 27 家,厂区占地面积 293178 平方米,建筑面积 148803 平方米,产值 83367 万元,利润 4450 万元,上缴税金 4067 万元,职工 4678 人,人均年收入 14374 元。

1995 年朱泾镇级工业企业情况表

表 32

企业(单位)名称	地址	法人代表	主要行业
上海金星拉链厂	万安街 256 号	夏勤连	生活用其他产品制造业
金山县朱泾塑料制品厂	新安街 7 号	陈铭伍	塑料包装品及容器制造业
上海锦山针织厂	公园路 91 号	沈善定	服装制造业
上海针织五厂金山分厂	公园路 91 号	沈善定	服装制造业
上海金航洗涤机械厂	万安街 261 号	陆雪君	商业、饮食业等专用机械制造业
上海新亚药业金山分厂	沈浦泾路 200 号	郭载庸	金属包装物品及容器制造业
上海针织进出口公司美达针织厂	南圩路 149 号	王孝弟	服装制造业
上海锦山皮革制品厂	万安街 325 号	盛济人	皮包制造业

续表32

企业(单位)名称	地址	法人代表	主要行业
上海金山超越化纤厂	沈浦泾路251号	蒋庭伍	涤纶纤维制造业
上海东英童车轮胎厂	沈浦泾路350号	李根祥	其他塑料制品业
上海金山新颖透明包装容器厂	新安街7号	彭惠根	塑料包装箱及容器制造业
上海中鑫服装辅料有限公司	文化街101号	张维新	生活用其他产品制造业
上海阳光屋制衣有限公司	公园路100号	冯昌华	服装制造业
上海威斯敦服饰有限公司	南圩路149号	松岛正义	服装制造业
上海百合花服饰有限公司	沈浦泾路325号	赵海根	服装制造业

二、乡级工业企业

1990年,朱泾乡有乡级工业企业17家,职工2818人,产值4387万元,利润496万元。

1995年,朱泾乡有乡级工业企业15家,厂区占地面积157771平方米,建筑面积78255平方米,产值25281万元,利润795万元;职工1911人,人均年收入9243元。

1995年朱泾乡级工业企业情况表

表33

企业(单位)名称	地址	法人代表	主要行业
上海金山汽车检测中心	朱泾乡良种村	骆秋林	汽车修理业
上海光达针织漂染厂	朱泾乡万安桥西	范多云	印染业
上海玻璃厂金山分厂	朱泾镇万安街40号	曹正华	其他玻璃及玻璃制品业
上海市金山县朱泾塑料胶木厂	朱泾镇南横街140号	黄金林	其他塑料制品业
金山县朱泾轻工机械厂	朱泾镇南横街2号	金春光	阀门制造业
上海鑫鑫时装厂	朱泾镇万安街724号	金连观	服装制造业
金山县朱泾石灰厂	朱泾乡万安村8组	陈有亦	石灰制造业
上海集成过滤器材厂	亭枫公路待步泾桥北首	郦小平	医疗仪器、设备制造业
上海柴油机股份公司金山缸套厂	亭枫公路1125号	张承林	内燃机零部件及配件制造业
上海可尔曼食品有限公司	亭枫公路待步泾北首	王桂强	饼干业
金山县朱泾工艺品厂	朱泾镇健康路南首	沈华宝	抽纱刺绣工艺品制造业
上海市金山县烘漆厂	朱泾乡良种村6组	陈秀方	金属表面处理及热处理业
上海市金山县朱泾化工厂	朱泾乡万安村8组	范多云	有机化工原料制造业
上海鑫义服装有限公司	朱泾镇万安街724号	佐古建彦	服装制造业
上海金峰汽车电器有限公司	朱泾镇健康路南首	徐仁林	汽车零部件及配件制造业

2000 年 7 月,朱泾镇、乡"撤二建一",建立新的朱泾镇,工业企业进一步发展。2004 年,全镇有镇级工业企业 27 家,厂区占地面积 293178 平方米,建筑面积 148803 平方米,产值 8.4 亿元,上缴税金 4067 万元,利润 4450 万元,职工 4678 人,人均年收入 14374 元。

2004 年朱泾镇级工业企业情况表

表 34

企业名称	占地面积(平方米)	建筑面积(平方米)	产值(万元)	利润(万元)	上缴税金(万元)	职工(人)	人均年收入(元)
新亚药业公司	8121	6004	5068	-57	490	295	23299
金星拉链厂	7765	6064	1670	26	73	280	8694
锦山针织厂	2000	3300	443	-52	20	75	10666
集成过滤器材厂	17240	5447	1037	-40	101	48	13200
三超服装公司	8638	4230	1085	260	100	180	11517
流仕实业公司	15992	8622	1225	37	172	100	11682
豪达工艺品厂	6600	4800	2425	165	178	230	11000
朱泾化工厂	5600	5000	181	-6	25	90	3888
汽车检测中心	11991	2574	167	100	15	145	9655
金山缸套厂	31000	16000	5431	326	394	270	18000
升星印染公司	11000	8200	765	36	33	75	11973
新亚闵行分厂	8717	4966	11431	611	769	244	23489
力同板业公司	26000	16000	11823	350	180	105	15000
品之杰公司	5415	3078	9336	349	204	327	13561
耀申服饰公司	7807	5023	7860	717	512	525	22298
林雄箱包公司	16800	6050	3559	-28	8	405	8605
皓月电容器公司	2000	1000	3650	203	147	60	10433
锦涤化纤公司	12264	4537	891	48	52	70	9714
顺超服饰公司	6000	4800	2193	34	13	220	12481
人意服饰公司	1830	830	6864	474	235	380	9745
仁心服饰公司	25454	13200	615	77	44	100	8500
葵领服饰公司	11000	5000	891	161	62	60	12000
麦伦日化公司	9660	1800	703	11	64	7	30000
永杰工艺品厂	1000	600	65	4	2	40	9600
保功机械公司	14622	4856	1989	456	151	66	19990
润田服饰公司	2000	3500	1433	2	23	198	1550
金洙检测中心	16662	3322	568	186	福利企业	83	12000
合 计	293178	148803	83367	4450	4067	4678	14374

1990—2004 年朱泾镇(乡)级工业企业情况表

表 35

年份	镇级企业				乡级企业			
	利润（万元）	企业数（个）	人数（人）	产值（万元）	利润（万元）	企业数（个）	职工（人）	产值（万元）
1990	13	2195	5604	449	17	2818	4387	496
1991	12	2377	6557	389	18	2876	7298	469
1992	12	2499	9000	301	18	3132	11208	536
1993	13	2063	12603	635	16	3132	15983	675
1994	15	1946	17570	-374	20	2378	25466	942
1995	15	2068	11178	594	15	1911	25281	795
1996	15	1916	14034	1264	16	1689	17161	1001
1997	14	2086	17119	967	11	1585	15687	1738
1998	9	1221	13115	760	22	2679	21680	1932
1999	12	1492	18931	1115	11	2064	15223	800
2000	36	4486	55575	4443				
2001	31	4907	85331	6729				
2002	32	5024	99537	4634				
2003	44	7105	133150	5199				
2004	52	7676	377593	16130				

说明:2000 年 7 月 13 日,朱泾镇、乡合并为新朱泾镇

三、村级工业企业

1990 年,朱泾乡有村级工业企业 33 家,厂区占地面积 61390 平方米,建筑面积 26288 平方米,产值 2086 万元,利润 33 万元,职工 1894 人。

1995 年,朱泾乡有村级工业企业 23 家,厂区占地面积 52830 平方米,建筑面积 29092 平方米,产值 61222 万元,利润 380 万元,职工 1456 人,人均年收入 6921 元。

1995 年朱泾乡村级工业企业情况表

表 36

企业名称	地址	法人代表	主要行业
金山县银珠制箱厂	一农村	盛吉林	纸制品业
金山县朱泾船厂	水产大队	车金文	船舶修理业
金山县胜利制锁配件厂	胜利村 14 组	张保龙	制琐业
胜利复合塑料包装袋厂	万安街沈浦泾路北首	李连根	塑料薄膜制造业

续表 36

企业名称	地址	法人代表	主要行业
金山县三友机械厂	民主村	车金文	饲料工业专用设备制造业
上海第十二服装厂金山分厂	建设村	李长虹	服装制造业
上海市金山合营纸袋厂	一农村	毛正兴	纸制品业
上海申司针织毛衫时装厂	增产村	张小杜	毛针织品业
金山县朱泾农机修造厂	一农村	许保根	医疗器械修理业
金山县朱泾动力机械设备厂	良种村	陶巧明	其他农、林、牧、渔业机械制造业
金山县胜利输送机械厂	胜利村	张永健	起重运输设备制造业
上海杜蕾染色厂	增产村	张玉连	其他针织品业
金山县宏胜机械配件厂	朱泾镇东林街 228 号	张奇峰	其他类未包括的通用设备零件制造业
金山县宏达汽车修配厂	蔬菜村	吕国强	汽车修理业
金山汽服公司民主汽车修理联营厂	民主村	管振华	汽车修理业
上海凯托纺织制衣公司金山联营厂	秀泾村	姚金花	服装制造业
上海东方高压紧固件厂	东方红村	陈国华	紧固件制造业
金山县万安木器厂	万安村 4 组	钱金弟	木制家具制造业
金山县民主综合厂	民主村	周木云	其他金属加工机械制造业
金山县朱泾并线厂	一农村	钮汉林	其他棉纺织业
上海田村秀针织制衣有限公司	蒋泾村	周在根	服装制造业
上海金山联盟五金机械厂	联盟村	宋海龙	拖拉机配件制造业
金山县朱泾乡红艺综合厂	蔬菜村 4 组	曹华根	铸件制造业

2004 年，朱泾镇有村级工业企业 8 家，厂区占地面积 23840 平方米，建筑面积 9952 平方米，产值 2618 万元，利润 225 万元，上缴税金 182 万元，职工 268 人，人均年收入 10946 元。

2004 年朱泾镇村级工业企业情况表

表 37

企业名称	占地面积（平方米）	建筑面积（平方米）	产值（万元）	利润（万元）	上缴税金（万元）	职工（人）	人均分配（元）
金山宏胜机械厂	400	280	0	－3	1	6	3000
民主汽车修理厂	1140	572	258	－17	6	20	14000
金山三友机械厂	2000	700	37	－2	1	8	9000

续表 37

企业名称	占地面积（平方米）	建筑面积（平方米）	产值（万元）	利润（万元）	上缴税金（万元）	职工（人）	人均分配（元）
上海信峰时装厂	12000	5780	638	98	95	120	12500
动力机械设备厂	600	400	15	-1	3	16	11000
上海工农食品厂	550	350	185	31	8	29	9500
联盟五金塑料厂	6670	1500	1226	89	62	43	9000
上海工农纺织厂	480	370	259	30	6	26	9000
合　计	23840	9952	2618	225	182	268	10946

1990—2004 年朱泾镇(乡)村级工业企业情况表

表 38

年份	(居)村办企业				村办企业			
	利润（万元）	企业数（个）	人数（人）	产值（万元）	利润（万元）	企业数（个）	人数（人）	产值（万元）
1990					33	1894	2086	33
1991					37	2016	3003	213
1992					35	1847	4260	285
1993					37	1925	5549	421
1994					33	1880	9068	127
1995					23	1503	9164	380
1996					16	1328	6221	264
1997					13	893	5067	137
1998					11	673	5285	423
1999					10	627	7693	1067
2000	11	679	7351	545				
2001	8	759	9026	546				
2002	7	306	2544	95				
2003	6	285	2599	252				
2004	8	268	2618	225				

说明:2000 年 7 月 13 日,朱泾镇、乡合并为新朱泾镇

四、校办工业企业

1995 年,朱泾镇域内有校办工业企业 17 家。

1995 年朱泾镇域内校办工业企业基本情况表

表 39

企业名称	地址	法人代表	主要行业
金山县珠联日用化工厂	文化路 90 号	唐吉甫	化学试剂、助剂制造业
金山县秀风旅游用品厂	文化路 130 号	毛更生	其他塑料制品业
上海金山实验丝绸厂	文化路 18 号	王亚华	棉针织品业
金山县达丽日用化工厂	东林街 230 弄 4 号	汤纪林	化妆品制造业
金山县育才电子设备厂	文化路 80 号	冯　钲	钟表制造业
上海冰箱压缩机股份有限公司金旋铸造厂	金吕公路 67 号	周学成	铸造机械制造业
金山县罗星塑料五金厂	东林街 230 弄 4 号	吴淅氏	其他塑料制品业
上海金宇节能电子设备厂	健康路 135 号	干伯超	电器设备元件制造业
金山县向阳五金加工厂	健康路 311 号	倪继烈	其他类未包括的金属制品业
金山县罗星中学印刷厂	罗星路 234 号	陆栋权	其他印刷业
金山食品工业学校校办厂	东林街 230 弄 15 号	姜鸣渊	其他工具制造业
朱泾第二小学校办厂	万安街	徐进才	其他塑料制品业
金山县包装材料厂	健康路 135 号	王铭国	泡沫塑料及人造革制造业
金耀印刷厂	健康路 42 号	奚桂珍	其他印刷业
上海市金山县金龙电器厂	健康路 370 号	徐　春	其他日用电器制造业
上海金山学群针织厂	朱泾乡胜利 12 组	蒋爱萍	制鞋业
上海益晓实业公司	文化路 18 号	颜　力	木制家具制造业

五、“三资”工业企业

朱泾镇、乡“三资”工业企业始于 1990 年。1995 年，朱泾镇有“三资”工业企业 4 家，厂区占地面积 3297 平方米，建筑面积 4990 平方米，产值 4.24 亿元，职工 224 人，人均年收入 2050 元。朱泾乡有“三资”工业企业 3 家。厂区占地面积 11681 平方米，建筑面积 6439 平方米，产值 9.32 亿元，职工 535 人，人均年收入 4617 元。

1988—1995 年朱泾镇、乡“三资”工业企业情况表

表 40

编号	企业名称	总投资（万元）	外资比例（%）	批准日期	合资中方	合资外方及中国港澳台方
1	上海南山箱包有限公司	200	34	1988 年 9 月	金山县南山实业公司	香港港辰有限公司 崇邦有限公司
2	上海捷先音像制品有限公司	350	25	1988 年 11 月	朱泾乡工业公司 县对外贸易公司	JRC 捷先音像制品有限公司

续表40

编号	企业名称	总投资(万元)	外资比例(%)	批准日期	合资中方	合资外方及中国港澳台方
3	上海金兴陶瓷有限公司	998	80	1992年11月	金山县装卸储运公司	马兰西亚金兴工业有限公司
4	上海金碟磁电有限公司	240	30	1993年2月	朱泾乡工业公司	美国科联自动化设备公司
5	上海金皇装饰材料有限公司	490	40	1993年3月	朱泾乡工业公司	秦伍皇实业有限公司
6	上海金贝打字机有限公司	400	60	1993年3月	金山县经济贸易总公司	美国龙贝国际股份有限公司
7	上海兴南混凝土有限公司	474	60	1993年12月	金珠农工商实业总公司上海金山水泥厂	中国澳门兴南置业发展有限公司
8	上海顺鑫钢制品有限公司	300	60	1994年6月	金山县装卸储运公司	中国台湾三永合板股份有限公司
9	上海吉生集装箱运输有限公司	200	60	1994年11月	金山汽车运输公司	中国香港统一产权开发有限公司
10	上海金亚包装有限公司	350	30	1995年12月	新亚药业公司金山分厂	香港五丰达(中国)有限公司

2004年,朱泾镇有“三资”工业企业24家,厂区占地面积212814平方米,建筑面积147333平方米,产值78043万元,利润1952万元,上缴税金895万元,职工2998人,人均年收入17863元。

2004年朱泾镇“三资”工业企业情况表

表41

企业名称	占地面积(平方米)	建筑面积(平方米)	产值(万元)	利润(万元)	上缴税金(万元)	职工(人)	人均分配(元)
鑫义服装厂	4000	6000	1305	88	0	200	5800
金兴优耐特公司	6600	5280	1524	-35	0	28	11000
金甫时装公司	7700	4500	8333	431	47	192	18958
兴南混凝土公司	44242	8000	9312	22	410	165	26257
银和胁田公司	10440	4592	2571	-63	2	247	18654
中鑫服饰公司	2600	2300	498	11	35	70	11728
飞德服饰公司	5205	3349	1670	74	138	187	22298
顶新箱包公司	35786	19060	9041	457	47	409	18801
荣乙化工公司	3000	200	1389	-98	0	120	8144
奥瑞安特公司	4000	2000	3061	8	1	150	12960
达威服装公司	4747	3759	2728	70	6	300	17033

续表41

企业名称	占地面积（平方米）	建筑面积（平方米）	产值（万元）	利润（万元）	上缴税金（万元）	职工（人）	人均分配（元）
汉华水处理公司	32000	6300	11831	274	65	143	27410
东锦木业公司	10200	2800	1631	20	0	50	36880
百合花服饰公司	1486	1314	483	26	28	40	12775
昌辉木业公司	120	90	1262	-193	9	20	23080
鼎豪家俱公司	300	200	771	28	11	29	18052
金贝打字机公司	1500	900	516	-380	0	37	8216
若彬诗制衣公司	7500	4500	10972	978	0	145	28000
流仕制衣公司	3513	7611	1363	315	1	200	17017
爱碧埃建材公司	3860	2200	1503	-39	14	23	12000
三隆油脂公司	10000	4700	632	-28	9	14	9200
共得乐公司	2000	1800	826	22	18	32	9600
力同装饰公司	5415	3078	1481	5	4	35	13500
金兴陶瓷公司	6600	5280	3341	-41	50	162	15938
合　计	212814	147333	78043	1952	895	2998	17863

六、私营工业企业

2004年，朱泾镇有私营工业企业3182家（按注册登记统计），产值21.62亿元，利润9728万元。

第二节　工业类别

朱泾镇的工业随着快速发展，类别也由少至多。2004年，全镇工业拥有12个类别，即医用器材，针织、服装，汽车检修，环保，箱包，服装辅件，建材，铸造，电器，化工，机械，食品。

一、医用器材业

生产单位有上海新亚药业金山有限公司和上海集成过滤器材厂2家，均于1990年建成。其中上海新亚药业金山有限公司主要生产药用软管、片剂装罐、喷雾剂用罐等，上海集成过滤器材厂主要生产药用和食品加工用过滤器材。

二、针织、服装业

1990—2004年，朱泾镇有针织、服装生产企业20家（锦山针织厂、三超服装公司、流仕实业公司、豪达工艺品厂、品之杰公司、耀申服饰公司、顺超服饰公司、人意服饰公司、仁心服饰公司、葵领服装公司、润田服饰公司、鑫义服装公司、金甫时装公司、中鑫服饰公司、银和胁田服饰公司、飞德服饰公司、达威服装公司、百合花服饰公司、若彬诗制衣公司、流仕制衣公司),占全镇工业企业数的33.33%;产值5.44亿元,占全镇工业产值的14.31%。

三、汽车检修业

1990—2004年,朱泾镇(乡)汽车检修经营单位有上海金洣机动车检测有限公司1家。主要业务为检测汽车、修配汽车。

四、环保业

1986年,朱泾镇建有金山县水质净化厂,接纳朱泾城区居民生活污水和135家企、事业单位的有机工业污水处理。

1992年,朱泾镇创建朱泾深井水厂,日供应能力2000立方米。2004年,日供应能力3.98万立方米,可满足全镇的饮用水需求。

1998年,建立汉华水处理有限公司。主要职能为设计、生产净水处理器材和设备安装,以及电子工程、环保工程的设计安装。在国内成功地将纯水的工艺应用在半导体工业水处理上。2004年,企业产值1.18亿元,占全镇工业产值的3.11%。

五、箱包业

朱泾镇建有箱包企业2家。其一为上海顶新箱包厂,1997年建成投产,主要生产拉杆箱包、化妆包、手提包等。其二为上海林雄箱包厂,1998年1月建成投产,主要生产普通型旅游用拉杆箱。

2004年,全镇箱包行业产值12600万元,占全镇工业产值的3.32%。

六、服装辅件业

朱泾镇建有服装辅料制造企业2家。其一为上海金星拉链厂,1985年3月建成投产,主要生产螺旋型尼隆3号、5号拉链。其二为上海共得乐有限公司,2003年建成投产,主要生产各系列纽扣。

七、建材业

1990年起,朱泾镇、乡先后建有上海兴南混凝土有限公司、上海金兴陶瓷厂、金兴优耐特公司、爱碧埃建材公司、上海力同板业公司、上海东锦木业公司等。产品主要有混凝土管桩、内外墙瓷砖、地砖、内外墙涂料、百叶窗帘、涂层铝卷、各类家具等建材。

2004年,全镇建材工业企业7家,产值3.37亿元,占全镇工业产值的8.87%。

八、铸造业

1990年起,朱泾镇(乡)铸造企业有上海柴油机股份有限公司金山缸套厂1家。主要生产135型、114型系列柴油机缸套、东风牌气缸等。2004年,产值5431万元,占全镇工业产值的1.43%。

九、电器业

1990年起,朱泾镇(乡)电器制造企业是上海皓月电容器有限公司。主要生产双保险安全膜防爆电容器,LRC抑制电源、电磁干扰组件,铁路轨道信号补偿电容器,马达运行电容器,马达启动电容器等。2004年,产值3650万元,占全镇工业产值的0.96%。

十、化工业

1990年起,朱泾镇(乡)有5家化工企业,即上海麦伦日化公司、上海锦涤化纤公司、上海升星印染公司、上海荣乙化工公司、朱泾化工厂。主要产品有"6501"洗洁精原料、化纤、塑料造粒、工业用防腐剂等。2004年,全镇化工行业产值3929万元,占全镇工业产值的1.03%。

十一、机械业

1990年起,朱泾镇(乡)机械制造企业有2家。其一为上海保功机械公司,主要生产彩钢板及成型机械设备。其二为金贝打字机有限公司,主要生产制造露华牌打字机。2004年,全镇机械制造业产值2505万元,占全镇工业产值的0.66%。

十二、食品业

1990年起,朱泾镇(乡)食品生产企业是上海三隆油脂公司,主要是食用油加工。2004年,产值632万元,占全镇工业产值的0.17%。

第三节　工业管理

一、管理机构

1990年,朱泾镇、乡均建有工业公司,主管工业的生产和发展。1993年,朱泾乡工业公司更名为金珠农工商实业总公司。2000年7月,朱泾镇、乡"撤二建一"后,建立朱泾镇工业经济贸易办公室(以下简称工办)。

二、资金投入

1990—2000年,朱泾镇、乡随着集体经济的壮大和横向联合的发展,工业资金投入不断增加。工业资金来源于集体投入、国家扶持、经营积累、外来投入(联营、外商及中国港澳台商)、银行贷款、职工集资等。

工业利润用于缴纳税金、上缴有关部门和企业留成。

三、经营机制

1990—2001年,朱泾镇(乡)工业贯彻改革开放的方针,不断转换工业企业经营机制,先后实行企业承包经营责任制、厂长(经理)负责制、厂长(经理)任期目标制、股份合同制、产权转让制等,促进工业发展。

至2001年,朱泾镇有工业企业53家(朱泾镇属30家、村属23家),其中,48家企业实行经营机制转换,企业转制率为90.57%;5家企业实行产权转让,盘活存量资产1390万元。

第四节 企业选介

一、上海金洙机动车检测有限公司

坐落在亭枫公路3238号。1987年建成投产,为福利企业,原名金山汽车修配厂,1995年4月更名为上海金山汽车检测中心,2002年11月更名为上海金山汽车检测有限公司,2004年更名为上海金洙机动车检测有限公司。1987—2004年,企业占地面积16661.6平方米,建筑面积3321.9平方米,总投资1550万元,注册资本150万元,固定资产1100万元。年检测与修配汽车分别为65000辆和1800辆。在册职工(包括残疾职工)60人。2004年,产值769.75万元,利润185.67万元,职工83人,人均年收入12000元。

1997年,企业获上海市行业首批达标单位称号;1997—2000年度,被评为金山区文明单位;2000年,通过ISO 9001国际质量体系认证和计量认证;2001—2004年度,被评为上海市文明单位;2004年度,被评为上海市星级企业。

1990—2004年上海金洙机动车检测有限公司经营情况表

表42

年份	产值(万元)	利润(万元)	职工(人)	人均年收入(元)
1990	234.32	18.95	138	1440
1991	261.96	16.51	143	1562
1992	370.88	219.55	145	1787
1993	388.55	5.86	142	2200
1994	356.96	19.96	144	2800
1995	600.30	83.57	147	4278
1996	663.17	175.96	148	6650
1997	698.55	186.46	149	7514
1998	693.05	246.38	145	8441
1999	544.41	158.80	150	8666
2000	584.17	145.02	153	9019
2001	551.30	110.84	155	9032
2002	691.91	146.24	152	10394

续表 42

年份	产值(万元)	利润(万元)	职工(人)	人均年收入(元)
2003	746.09	157.90	150	11133
2004	769.75	185.67	83	12000

二、上海品之杰服装有限公司

坐落在仙居路 115 号,2000 年 6 月建成投产,占地面积 5415 平方米,建筑面积 3077.98 平方米,固定资产 936.49 万元,注册资本 318.8 万元。主要产品有服装、饰品、皮装、针织、床上用品等,产品销往全国及全球各地。2004 年,产值 9936 万元,利润 349 万元,上缴税金 204 万元,职工 327 人,人均年收入 13561 元。

2003 年,被评为金山区 50 强企业。

2001—2004 年上海品之杰服装有限公司经营情况表

表 43

年份	产值(万元)	销售收入(万元)	利润(万元)	上缴税金(万元)	职工(人)	人均年收入(元)
2001	2798	2554	108	58	351	10787
2002	7015	6441	169	155	371	11989
2003	15872	14173	1470	64	352	12346
2004	9336	9742	349	204	327	13561

三、上海耀申服饰有限公司

坐落在亭枫公路 3158 号,2001 年 8 月建成投产,占地面积 78072 平方米,建筑面积 3078 平方米,注册资本 380 万元,固定资产 3400 万元。主要生产各类针织、梭织服装及配套的缝纫制品,产品销往日本等国家及中国香港、东南亚等地区。2004 年,产值 7860.87 万元,利润 989.47 万元,上缴税金 512.12 万元,职工 525 人,人均年收入 22298 元。

2000—2004 年,先后被评为金山区"二星""三星"级企业,区交通安全先进企业,区 50 强企业,上海市"重合同、守信誉"企业,市先进企业。

2001—2004 年上海耀申服饰有限公司经营情况表

表 44

年份	产值(万元)	销售收入(万元)	利润(万元)	上缴税金(万元)	职工(人)	人均年收入(元)
2001	2262.19	2262.19	784.54	215.67	380	20914
2002	4682.29	4682.29	1070.38	447.71	395	26252

续表44

年份	产值 (万元)	销售收入 (万元)	利润 (万元)	上缴税金 (万元)	职工 (人)	人均年收入 (元)
2003	6038.44	6038.44	1235.09	618.78	505	23088
2004	7860.87	7860.87	989.47	512.12	525	22298

四、上海保功机械厂

坐落在仙居路318号,2002年7月建成投产,占地面积14622平方米,建筑面积4855.54平方米,注册资本50万元,固定资产753万元。主要制造加工彩钢板成型机械设备,产品由上海保盛机械设备有限公司包销。2004年,产值1989万元,利润456万元,上缴税金151万元,职工66人,人均年收入19990元。

五、上海力同板业有限公司

坐落在亭枫公路5000号,2000年9月建成投产,占地面积26000平方米,建筑面积16000平方米,投资总额5000万港元。主要生产涂层铝卷,产品销往国内外。2004年,产值11823万元,利润350万元,上缴税金180万元,职工105人,人均年收入15000元。

六、上海皓月电容器有限公司

坐落在沈浦泾路269号,1996年4月建成投产,占地面积2000平方米,建筑面积1000平方米。主要生产各种金属化薄膜电容器,产品通过ISO 9001国际质量认证。2004年,产值3650万元,利润203万元,上缴税金147万元,职工60人,人均年收入10433元。

2001年,产品被认定为上海市高新技术产品。2004年,抑制电磁干扰用RC组件产品列入上海市重点新产品。

七、上海新亚药业金山有限公司

坐落在沈浦泾路200号,前身为新亚药业金山分厂,1990年建成投产。占地面积8121平方米,建筑面积6004平方米,总资产5765万元,职工254人。拥有3条引进的封闭、半封闭式全自动铝管生产线,并配以现代化的程控设备,产品通过ISO 9002国际质量体系认证。质量稳定,达到国际先进水平,深得西安杨森、天津史克、上海施贵宝、北京四环等几十家国内制药企业的信赖和采用。2004年,产值5060万元,利润57万元,上缴税金490万元,职工295人,人均年收入23299元。

1996、1998、2000年,企业连续被评为上海市文明单位。1996、1998年,总经理郭载庸被评为上海市劳动模范。1997年,企业生产组被评为金山区先进集体。2002年,总经理郭载庸获全国企业家称号。

八、上海柴油机股份有限公司金山缸套厂

坐落在亭枫公路1125号,1989年建成投产,系国家一级企业——上海柴油机股份有限

公司与朱泾乡工业公司联营企业。占地面积31000平方米,建筑面积16000平方米,固定资产2760万元。主要产品有柴油机135、113系列气缸套和110、121、160、180系列淬火气缸等。主要装备有14位PC控制系统等先进设备,生产工艺采用国内先进的连续式离心铸造工艺及标准平台珩模网纹等。年产东风牌气缸套等50万件,产品被列入上海市火炬科技项目。用户遍及全国29个省、自治区、直辖市,国内设立23个特约经销单位,共有200余个,产品全国市场覆盖率达到85%以上。2004年,产值5431万元,利润326万元,上缴税金394万元,职工270人,人均年收入18000元。

1990—2004年,企业先后被评为金山区重点企业、上海市农口系统文明单位、金山区文明单位、上海市"重合同、守信誉"单位,并被吸纳为上海世贸中心会员、中国贸促会上海分会会员、中国国际商会上海分会会员等。

九、上海顶新箱包厂

属中法合资企业,坐落在亭枫公路3168号,1997年建成投产,占地面积35785.50平方米,建筑面积19060.38平方米,投资总额28万美元,注册资本20万美元,主要生产拉杆箱包、化妆包、手提包等,产品销往德国、法国、意大利等60多个国家。2004年,产值9041万元,利润457万元,上缴税金47万元,职工650人,人均年收入18801元。

1997—2004年,企业先后通过ISO 9001认证,获金山区文明单位称号,连续五年被评为金山区外商投资双优企业,被认可为上海市A类纳税信用单位。

1997—2004年上海顶新箱包厂经营情况表

表45

年份	产值（万元）	销售收入（万元）	利润（万元）	上缴税金（万元）	职工（人）	人均年收入（元）
1997	2100	1994	-5	—	144	6224
1998	2806	2617	85	—	168	10642
1999	2920	2870	196	26	324	11034
2000	4800	4022	465	63	357	12212
2001	5650	5530	328	38.6	464	9762
2002	6210	5728	236	30.3	480	11252
2003	6530	5788	204	26	550	15032
2004	9041	8930	457	47	650	18801

十、上海达威服装公司

沪港合资企业,坐落在大茫村建设9组,1999年5月建成投产,占地面积4746.6平方米,建筑面积3758.69平方米,投资总额190万美元,注册资本160万美元,固定资产900万元人民币。主要生产西服,产品销往日本、美国、韩国。2004年,产值2728万元,利润70万元,上缴税金6万元,职工300人,人均年收入17033元。

1999—2004 年上海达威服装公司经营情况表

表 46

年份	产值（万元）	销售收入（万元）	利润（万元）	上缴税金（万元）	职工（人）	人均年收入（元）
1999	8	8	—	—	100	1150
2000	309	309	94	1	100	13263
2001	449	449	73	2	150	13142
2002	2213	2213	110	38	150	15311
2003	3409	3409	30	1	300	17133
2004	2728	2728	70	6	300	17033

十一、上海流仕制衣厂

中日合资企业，坐落在朱泾镇万安街 724 号，前身为上海鑫鑫时装厂。2002 年 7 月，更名为上海流仕制衣厂。占地面积 3513 平方米，建筑面积 7611.17 平方米，投资总额 120 万美元，注册资本 105 万美元。主要生产西服，产品销往日本、韩国、美国等国家。2004 年，产值 1363 万元，利润 315 万元，上缴税金 1 万元，职工 200 人，人均年收入 17017 元。

2003—2004 年上海流仕制衣厂经营情况表

表 47

年份	产值（万元）	销售收入（万元）	利润（万元）	上缴税金（万元）	职工（人）	人均年收入（元）
2003	766	766	161	1	200	17516
2004	1363	1378	315	1	200	17017

十二、上海飞德服饰有限公司

属中日合资企业，坐落在亭枫公路 3158 号，1998 年建成投产，占地面积 5205 平方米，建筑面积 3349 平方米，注册资本 50 万美元。主要生产各类针织、梭织服装、饰品及配套的缝纫制品，产品销往日本等国家及中国香港、东南亚等地区。2004 年，产值 1670 万元，利润 74.1 万元，上缴税金 138.09 万元，职工 187 人，人均年收入 22298 万元。

1998—2004 年上海飞德服饰有限公司经营情况表

表 48

年份	产值（万元）	销售收入（万元）	利润（万元）	上缴税金（万元）	职工（人）	人均年收入（元）
1998	2213.20	2213.20	91.81	102.28	323	10872
1999	3499.76	3499.76	324.03	192.12	380	14031

续表 48

年份	产值（万元）	销售收入（万元）	利润（万元）	上缴税金（万元）	职工（人）	人均年收入（元）
2000	4357.56	4357.56	541.99	305.28	448	15672
2001	4792.35	4792.35	358.10	407.61	459	20914
2002	3393.96	3393.96	154.62	244.84	178	26252
2003	3051.99	3051.99	161.62	348.03	187	23088
2004	1670.00	1693.57	74.10	138.09	187	22298

十三、上海兴南混凝土有限公司

中澳合资企业，坐落在亭枫公路 4900 弄 15 号，1994 年建成投产，主要生产高强度预应力混凝土管桩。有职工 165 人，其中高级专业人才 17 人。占地面积 44242 平方米，建筑面积 8000 平方米，固定资产 5617 万元。主要设备有德国进口的搅拌机，配有先进电脑自动计量系统和电脑自动测定砂石水分系统以及从日本、中国香港进口的钢筋切割机、镦头机、钢模与喂料机等。年生产混凝土 5 万立方米。具有高强度预应力可应用于各种不同地质条件的高层建筑、桥梁、高架桥、码头的基础设施。产品在宝钢烧结车间、浦东新区行政中心、沪闵路立交、沪青平高速公路、江阴 500 伏长江大跨越铁塔等重大工程中应用，均获得较高评价。1995 年，经上海市建委、科委鉴定，产品各项指标符合日本 HSA5337 标准，达到国际同类产品先进水平，通过 ISO 9002 国际质量认证。

1999、2000 年，企业连续获得上海市混凝土预制结构件生产优胜称号。2003 年，企业被录入金山区 50 强企业。2004 年，被评为金山区文明单位。是年，产值 9312 万元，利润 410 万元，上缴税金 22 万元，职工 165 人，人均年收入 26257 元。

1995—2004 年上海兴南混凝土有限公司经营情况表

表 49

年份	产值（万元）	销售收入（万元）	利润（万元）	上缴税金（万元）	职工（人）	人均年收入（元）
1995	1116	1364	-63	—	120	7111
1996	1831	2236	-163	—	145	9920
1997	2451	2993	-310	—		
1998	3873	4730	161	222	160	29439
1999	1979	2417	67	257	155	21430
2000	4681	5717	362	116.8	175	29621
2001	8626	10535	2012	805	170	32113
2002	6924	8456	735	592	176	33287
2003	8785	10729	681	484	172	31147
2004	9312	10065	410	220	165	26257

十四、上海汉华水处理工程有限公司

台商独资企业,1998 年建成投产。2004 年 7 月迁址仙居路 388 号。占地面积 32000 平方米,建筑面积 6300 米,投资总额 102 万元,注册资本 101 万元,在北京、广州、西安等地设有分公司。主要采用纯水工艺处理工业水。

2003 年,企业通过 ISO 9001、ISO 2000 国际质量认证。2004 年,获全国外商投资双优企业称号,被评为金山区工业五十强企业。是年,产值 1.18 亿元,利润 274 万元,职工 143 人,人均年收入 27410 元。

2000—2004 年上海汉华水处理工程有限公司经营情况表

表 50

年份	产值（万元）	销售收入（万元）	利润（万元）	职工（人）	人均年收入（元）
2000	3531	3531	172	73	11120
2001	8024	8024	439	114	13870
2002	9091	9091	-47	125	24560
2003	9106	9106	154	112	26710
2004	11831	11828	274	143	27410

十五、上海信峰时装厂

1997 年建成投产,坐落在一农村。占地面积 12000 平方米,建筑面积 5780 平方米,投资总额 118 万元,注册资本 118 万元,固定资产 680 万元。主要生产加工男、女西裤,产品销往日本、韩国、美国、澳大利亚。2004 年,产值 638 万元,利润 90.16 万元,职工 280 人,人均年收入 12500 元。

1998—2004 年上海信峰时装厂经营情况表

表 51

年份	产值（万元）	销售收入（万元）	利润（万元）	职工（人）	人均年收入（元）
1998	473.60	421.33	-40.45	185	7800
1999	492.08	435.26	1.72	201	8200
2000	821.76	806.66	40.33	220	8500
2001	836.69	836.61	88.73	221	9500
2002	969.49	963.49	34.24	290	10500
2003	1220.83	1220.82	56.19	310	11600
2004	638.00	638.00	90.16	280	12500

第五节　工业园区

1994年12月9日,经金山县人民政府批准,将新农镇朱泥泾以西、320国道以北、掘石港以东、大泖港以南的304公顷土地划归朱泾镇管辖,作为朱泾镇工业园区。

2002年12月1日,经金山区人民政府批准,将新农镇320国道以北、老温河泾以西的幸福、新范2个村(不包括新农镇老镇区)413.4公顷土地划归朱泾镇。朱泾镇工业园区进一步向东延伸,扩大至7.17平方千米。

1995年起,朱泾镇工业园区开展基础设施建设和招商引资工作。至2004年,园区水、电供给充足,工业设施完全,道路交错密布(南北向道路有仙安、仙居、仙乐、仙业和原有的东粮库路;东西向道路有新兴、新旺、新发、新达和新朱路)。总投资9434万元。

在招商引资上,除镇城区工业企业迁至园区外,还先后引进上海品之杰服装公司、上海东锦木业公司、上海耀申服饰公司、上海顶新箱包有限公司、上海锦涤化纤公司、上海人意服饰公司、上海新亚药业金山有限公司、上海金山汽车检测中心、上海润田服饰公司、上海银和胁田公司、上海中鑫服饰公司、上海飞德服饰公司、上海汉华水处理公司、上海力同装饰公司、上海金兴优耐特公司、上海保功机械公司、上海麦伦日化公司等企业。

2004年,工业园区总产值9.98亿元,利润6145.2万元,上缴税金6530.44万元。

第六节　经济小区

1994年11月,朱泾乡建立珠龙实业有限公司。1995年3月,改建为珠龙经济小区。1997年1月,朱泾镇建立朱泾企业发展有限公司,开展招商引资工作。2000年7月13日,朱泾镇、乡"撤二建一",建立朱泾镇私营经济管理委员会,辖2个经济小区、2个驻沪办事处、3个招商分公司,在上海市区设立26个招商点。2004年,全镇经济小区注册资金13.63亿元,引进税金3.47亿元,累计注册企业2881家。

一、珠龙经济小区

1995年3月,朱泾乡珠龙实业有限公司与青浦富民经济小区联手,成立上海富民珠龙经济小区。有注册企业150家。

1996年,把招商重点转向上海,在市区设2个招商办事处和若干个招商点,外聘招商人员20多人,在市区形成招商网络。1997年,累计注册企业1144家,注册资金6亿元,年税金增至1008万元。

1998年,小区开展争创"规范管理小区"活动。是年,新增注册企业800家,累计注册企业1280家,引进税金2350万元,比上年增长133%。

1999年,小区注重招商质量,把科技型、实业型、生产型和规模型的私营企业作为招商工作的重中之重,主动为客户热忱服务。是年,累计注册企业1500家,引进税金3504万元。

2000 年,小区开展规范经营、合法经营活动。是年,清除不合格企业 800 多家,新增注册企业 400 家,累计注册企业 1520 家,引进税金 6500 万元。

2004 年,珠龙经济小区累计注册企业 3182 家,注册资金 5.25 亿元,引进税金 2.05 亿元。

2000 年,珠龙经济小区获上海市首批规范管理小区荣誉称号;总经理张阿二被评为市劳动模范。2001 年,珠龙经济小区被评为金山区示范经济小区。

二、朱泾经济小区

1997 年 1 月,朱泾镇建立朱泾企业发展有限公司。是年 12 月,更名为朱泾经济小区。小区在上海市巨鹿路设立招商点,在常熟路设立驻沪办事处,开展招商引资工作。是年,招进注册企业 320 家,引进税金 350 万元。1998 年,小区在上海市区设 17 个招商点。是年,累计注册企业 500 家。

2001 年,经济小区在上海徐汇、静安、卢湾等区设立 3 家分公司,形成招商网络。是年底,累计注册企业 1158 家,注册资金 7 亿元,累计引进税金近 2 亿元。

2004 年,朱泾经济小区累计注册企业 2699 家,注册资金 8.38 亿元,引进税金 1.42 亿元。

第十三章　商　业

党的十一届三中全会后，朱泾镇、乡商业认真贯彻“改革、开放、搞活”方针，全面开展商业体制改革，逐步形成国有、集体、个体等多种经济成分并存的商业格局。

2004 年，全镇有商业网点 1935 个，其中国有 5 个、集体 4 个、私营 1272 个、个体 654 个，另有集贸市场 2 个、蔬菜批发市场 1 个。全年消费品零售额 9.81 亿元，集市贸易成交额 2400 万元，分别比 1990 年增加 36.7 倍和 48.15 倍。

第一节　商业经营体制改革

1993 年起，国家商业财政补贴取消，商品价格全面开放。为适应市场竞争，朱泾镇、乡国有、集体商业不仅在经营制度上实施改革，在产权制度上也实施改革。1993—1994 年，镇、乡国有、集体商业全面实施双定承包经营，即定营业收入和费用支出。按月（或按年）结算，增收减支，分成奖励；减收增支，分别处罚。1995—1996 年，镇、乡的集体商业先后实施抽资承包经营，即抽去集体的流动资金，由职工投入，明确上缴费用，实行自主经营、自负盈亏、自定分配、上不封顶、下不封底的经营模式。实施抽资承包经营模式的主要是乡供销社和朱泾商业分公司属下的商业企业。朱泾粮油管理所等少数国有商业企业继续实行双定承包经营模式。通过双定承包和抽资承包经营模式的实施，国有、集体商业的经济效益和职工收入明显提高。1996—2004 年，国有、集体商业除极个别企业之外，均逐步转制为私营个体商业。从业职工全部买断工龄，实行协保，自谋出路。从商者资金自负，原企业协助为其办理工商营业执照，置换或租赁经营场所和设施。

第二节　商业构成

一、国营商业

（一）朱泾粮油管理所

朱泾粮油管理所是金山区（县）粮食局管辖的国营商业企业，主要负责朱泾镇、乡粮油及饲料的收购、供销、调运、储存等经营业务。1990 年,占地面积 20000 平方米,建筑面积 14981.96 平方米,库容量 12500 吨。下设6 家粮店和1 家饲料供应站,职工180 人。1993 年 4 月起,粮油取消统销,废除票证,敞开供应,价格开放,粮管所经营收入减少。2002 年,粮管所实施体制改革,6 家粮店和1 家饲料店全部关闭,主要经营粮食和油菜籽收购业务,实行承包经营。

1994—2004 年朱泾粮管所粮食收购情况表

表 52　　单位:吨

年 份	实际收购数	其 中		
		计划数	当地议购	其 他
1994	112864.28	62630.81	10764.68	39468.79
1995	73553.92	36214.89	17536.43	19802.60
1996	95368.29	35500.00	37765.27	22103.02
1997	46038.45	984.83	44778.22	275.40
1998	159352.33	41004.14	53438.21	64909.98
1999	81187.56	32863.82	47713.53	610.21
2000	130494.41	7623.66	61813.44	61057.31
2001	316906.61	3512.52	110921.44	202472.65
2002	230697.19	—	18752.92	211944.27
2003	160522.60	—	12676.75	147845.85
2004	6455.68	—	6455.68	—
合计	1413441.31	220334.67	422616.57	770490.07

1994—2004 年朱泾粮管所油料收购情况表

表 53　　单位:吨

年 份	实际收购数	其 中			
		计划数	当地议购	兑换	其 他
1994	14210.63	6800.00	2518.95	4399.48	492.20
1995	27092.66	15400.00	6149.99	5352.67	190.00
1996	36775.61	21000.00	10741.36	4849.65	184.60
1997	13416.32	—	9898.82	3517.50	—
1998	15274.88	5113.21	6100.37	3889.32	171.98
1999	36319.35	5900.00	26161.21	3744.12	514.02
2000	19692.93	—	19326.81	—	366.12

续表 53

年 份	实际收购数	其 中			
		计划数	当地议购	兑换	其 他
2001	22146.24	—	21830.79	—	315.45
2002	17151.02	—	16932.36	—	218.66
2003	4201.38	—	514.86	—	3786.52
2004	9629.63	—	9629.63	—	—
合计	215910.65	54213.21	129705.15	25752.74	6239.55

（二）物资公司

1991 年，朱泾镇共有金山区（县）物资局下属商业公司 7 家（金属材料、木材、机电设备、化工轻工、建筑材料、农业机械、汽车运输公司），下设经营网点 44 个，职工 343 人，固定资产 1067.92 万元，自有流动资金 599.6 万元，年商品销售额 29551.7 万元。1997 年 4 月，撤销物资局，建立物资总公司，隶属区商旅会。是年，在朱泾镇的经营企业有 11 家，职工 574 人，销售收入 17639 万元。

2001 年，区物资总公司及下属 7 家企业（上海海晟物资有限公司、上海华金化工物资有限公司、金山木材有限公司、物资局车队、上海南方汽车销售公司、上海金舢机电设备有限公司、上海农业机械合作公司），划归朱泾镇属地化管理。

（三）食品、水产站

1990 年前，金山县食品公司在朱泾镇开设“一站”（食品站）、“六店”（肉类、副食品商店）、“一场”（屠宰场）。金山县水产供销公司，在朱泾镇开设 3 家水产门市部，在大桥西堍设立水产品批发部。万安农贸市场建成后，6 家肉类副食品店和 3 家水产门市部陆续搬迁进市场。1993 年起，县食品、水产公司均进行经营与产权制度改革，所有下属企业和门店先后实行承包经营及私营个体经营。

（四）药店

1990—2000 年，朱泾镇有药店 5 家，均属金山医药药材有限公司管辖的国营商业企业。2001 年，医药药材有限公司实施体制改革，所属药店从业职工全部买断工龄，实行全员合同制。由金山医药药材有限公司控股 51%，组建上海恒德大药房有限公司金山分公司，原镇上 5 家药店均改为恒德的连锁店，2004 年销售额达 2006 万元。

二、集体商业

（一）朱泾乡供销社

1990 年，下设 25 家门店、站和门市部，其中生产资料销售 5 家、生活资料销售 19 家、农副产品及棉花收购门市部 1 家。占地面积 14800 平方米，建筑面积 10000 平方米。从业人员 126 人。是年，营业收入 500 万元，利润 25 万元。1993 年起，全社实施经营体制改革，全部门店实行抽资承包或转为个体经营。

(二)朱泾城镇商业总店

1990年,朱泾商业分公司更名为朱泾城镇商业总店,下设48个营业门市部,占地面积309平方米,建筑面积707.4平方米,职工319人。是年,经营收入766.25万元。

1992年10月起,商业总店实施经营体制改革,所有经营门店实行抽资承包或转为个体经营。

三、私营个体商业

1990年,朱泾镇、乡共有注册发证的私营个体商业923户,从业人员1938人。是年,营业额1842.6万元。经营行业有餐饮点心、茶水冷饮、食品杂货、日用百货、日杂器皿、服装鞋帽、五金建材、棉布绸呢、南北干果、禽蛋杂粮、农副产品等。2004年,注册私营个体商业1926户,其中饮食业168户、日用百货零售123户、食品杂货零售106户、五金建材96户、加工修理13户、服装鞋帽274户、美容美发47户、其他商业1099户,从业人员7216人。是年,营业额48263.4万元。

第三节　商业网点

一、主要商业街

(一)万安街

是朱泾镇东西向的主要商业街,1988年建成。东起掘石港西侧,西至万安桥东堍,全长2174米,街面宽24米。1990年,第一五金交电商店和第一医药商店。1991年,中心地段的新世纪时装商店、文体用品商店、春意饮料厅、大昌食品商店等相继开业。至2004年,万安街上建有鞋服、美容、食品、烟糖、糕点、照相、灯具、眼镜、首饰及金融、文教等行业的商店(企业)278家。其中较有规模的有金山商厦、永乐家电朱泾店、联华超市、华联超市、老庙黄金、吴良材眼镜、东方眼镜、达芙妮鞋店、古今内衣店、元祖食品、克莉丝汀饼屋、肯德基、永和豆浆、上海浦东鸡、新华书店、钟书书店和工商银行、农业银行、中国银行、信用联社营业部等,基本形成一条现代、时尚、繁华的商业街。

(二)东、西林街

是朱泾镇唯一的一条商业老街,紧挨市河北侧(旧称上塘)。东起临仓街八德桥,西至秀州塘东岸的秀州路,全长2080米。中间以杨家桥为界,东段称东林街,西段为西林街。东、西林街的商业主要集中在罗星路至健康路段,长约1200米。1990年后,随着商业经营体制的改革,东、西林街的店铺多数为私营个体经营。2004年,东、西林街共有店铺350家,主要经营中低档鞋服、日用杂货、小商品、烟糖食品、南北杂货、百货、面点等。

二、各类市场

(一)农贸市场

万安农贸市场　初建于1989年,坐落在中官塘西、万安街南。设摊位751个。2000年,因建紫金广场，万安农贸市场迁址中官塘与公园路间的原金山体育场，占地面积 24042 平方米，建筑面积 22808 平方米。菜场面积 1 万平方米，设摊位 827 个。2001 年，有各类经营户 279 户。

临源菜场　1992 年 3 月建成，坐落于万安街浦源路南，占地面积 3850 平方米，建筑面积 3200 平方米，菜场面积 2750 平方米，设摊位 135 个。

城中农副产品批发交易市场　2003 年 5 月 1 日建成并开张营业。坐落于亭枫公路 4269 号，占地面积 5300 平方米，建筑面积 1700 平方米。2004 年，商品成交量 13112 吨，成交额 545 万元。

（二）金山建材交易市场

1998 年建成，坐落于 320 国道南、民主村一组地段，建筑面积 3500 平方米。2000 年，有商家 32 家，经营钢材、木材和各类建筑装潢材料。2004 年，迁至金山县种禽、种畜场原址。

（三）朱泾小商品市场

2001 年 3 月建成，坐落于公园路 215 号，占地面积 4600 平方米，建筑面积 6800 平方米。市场为 3 层楼建筑，底层 2600 平方米为小商品店铺，经营户 90 家。经营范围为小百货、箱包、床上用品、缝纫用品、小电器、化妆品、饰品、鞋类、雨具、玩具、衣着用品等。

（四）超市

联华超市　1996 年，由金山县供销社与上海联华超市有限公司联合经营，先后在罗星路与健康路开设 2 家门店。1999 年 4 月，2 家合并搬迁至金山商厦底层，营业面积 1300 平方米，员工 60 人。

农工商超市（61 店）　1998 年 4 月开张，坐落于东风路东风桥南堍。营业面积 1100 平方米，员工 65 人。

金山烟糖公司大卖场　2001 年 8 月开张，坐落于公园路万安商业广场 2 楼，营业面积 5000 平方米。

华联超市　2002 年初开张，坐落于万安街 450 号。营业面积 1000 平方米。

（五）农村双代店

1990—1993 年，朱泾乡供销社在民主、富强、建设、秀泾、蒋泾、胜利、万安、东方红和增产开设 9 家农村代购代销店（双代店）。

（六）服务性商店

1990 年起，朱泾镇的服务性商店发展迅速，特别是餐饮、美发美容和房产中介等。至 2004 年，全镇有餐饮店 160 多家、美容美发店 47 家、房产中介 7 家、旅馆 12 家、浴室 13 家、照相彩扩店 9 家、修理加工店 13 家、茶馆 18 家、洗染店 12 家、供水站 11 家、旅行社 6 家、其他服务性单位 286 家，总数近 600 家。

第十四章 房地产和建筑业

第一节 房地产业管理

一、管理机构

1989年3月,成立朱泾房产管理所,隶属金山县房屋管理局。房管所的主要职能是对朱泾镇公房进行调配、租赁、维修及私房的管理、复查、登记造册等。1995年起,因房屋体制的改变,朱泾镇成立新泾等多家物业管理公司,分别承担全镇所有居住小区的清洁卫生、绿化养护,设备保养、房屋维修等综合管理服务。房管所具体负责所属直管公房的管理与租赁,兼管镇上私有房产。

二、居民住房

1990年,朱泾镇共有居住公房170.19万平方米,其中,物业公司管理154.41万平方米,其他方式管理15.78万平方米。1990—1992年,对罗星、胜利、红旗新村部分住户增建厨房1075间,计4539平方米。2003年,投入资金6280万元,对万安、钟楼、南圩、临源一村部分居民楼实施"平改坡"工程,计4.4万平方米。至2004年,全镇翻建危房1624平方米,修缮局部危房3473平方米,小修养护9038户次。

三、农村建房

1992年10月后,根据上海市人民政府第24号令发布的《上海市农村个人住房建设管理办法》,对农村建房实行计划管理,并制定用地和建筑标准。县土地管理部门根据市计划委员会和市土地局下达的年度用地计划指标分解落实到乡(镇)人民政府,再按实际情况落实至村、户,农村控制建房用地面积。1993—1996年,农村建房向中心村、小集镇集中,朱泾乡年建房分别为208户、214户、223户、197户,总建筑面积15.01万平方米。2003年,为切实加强农村居民住房建设管理,金山区人民政府下发《关于进一步加强农村居民住宅建设管理的实施意见(试行)》,对原市府1992年第24号令所规定的建房标准作适当调整。

1990—2004 年上海市和金山区关于农村居民建房标准的规定

表 54

<table>
<tr><th></th><th>人　口</th><th>宅基地总面积
（平方米）</th><th>建房占地面积
（平方米）</th><th>层　高</th><th>备　注</th></tr>
<tr><td rowspan="3">1992 年
市府 24
号令</td><td>4 人及以下户</td><td>150—180</td><td>80—90</td><td rowspan="3">楼房不得超过 3 层，每层层高不得超过 3.3 米</td><td rowspan="3"></td></tr>
<tr><td>5 人户</td><td>150—180</td><td>90
（可适当增加住房建筑面积）</td></tr>
<tr><td>6 人及以上户</td><td>160—200</td><td>90—100</td></tr>
<tr><td rowspan="3">2003 年
区府 17 号
文件</td><td>4 人及以下户</td><td>180</td><td>90</td><td rowspan="3">2 层</td><td rowspan="3">一、一般农村规划点仍按市府 24 号令执行（可在宅基地范围内建副业棚舍）
二、中心村、集镇建房统一规划、统一建设，不安排副业棚舍</td></tr>
<tr><td>5 人户</td><td>180</td><td>110</td></tr>
<tr><td>6 人及以上户</td><td>200</td><td>125</td></tr>
</table>

1990 年，朱泾乡农村居民住房总面积 113. 37 万平方米，户均居住面积 140. 74 平方米，人均 39. 82 平方米。2004 年底，朱泾镇农村住房总建筑面积 154 万平方米，户均 186. 08 平方米，人均 56. 09 平方米。2004 年，农村居民总建筑面积、户均和人均居住面积比 1990 年分别增长 35. 84%、35. 84%、35. 84%。

四、住房制度改革

1991 年 6 月，金山县成立住房制度改革委员会。12 月，金山县成立公积金运用中心。1993 年，金山县出台优惠价出售出租公有住房管理办法和细则。1995 年底，朱泾镇出租公房的出售工作全部完成，累计出售 12157 套，建筑面积 83. 97 万平方米。

五、商品房开发

1990 年起，由于住房制度的改革，加快商品房开发的速度。至 2004 年，朱泾镇共建成 26 个商品房住宅小区和居民新村 921 幢（梯），占地面积 764893 平方米，建筑面积 1107704 平方米。

1990—2004 年朱泾镇新建住宅小区情况表（部分）

表 55

小区名称	建成年份	建设单位	住房（幢）	占地面积（平方米）	建筑面积（平方米）
临源一村	1991—1992	金山县住宅建设办公室	137	29350	123300
北圩新村	1991	朱泾乡住宅建设办公室	21	13047	16924

续表55

小区名称	建成年份	建设单位	住房（幢）	占地面积（平方米）	建筑面积（平方米）
珠溪大厦	1992	上海金山房产经营公司	1	2100	10866
北圩私建公住小区	1992—1993	金山县公积金运用中心 金山县住宅建设办公室	176	42370	36270
凤翔新村	1992—1995	上海金山房产经营公司	59	27066	58000
南圩花苑	1994	上海金山房产经营公司	21	10500	25200
钟楼新村	1994—2003	金山县公积金运用中心 上海金山房产经营公司	102	21550	99044
金龙新村	1994	朱泾乡住宅建设办公室	20	8015	37000
凤翔东村	1997	上海金山房产经营公司	28	11530	30240
景富公寓	1997	上海振兴房产公司	6	1248	5540
临仓小区	1998	上海奉枫房产公司	13	9800	11340
珠 溪 苑	1999	上海置业发展有限公司	6	2310	6500
朋 鑫 苑	2002	上海朋鑫房产公司	28	8008	29700
胜 利 苑	2002	上海天乐房产公司	5	6500	12700
金 昌 苑	2003	上海言青房产公司	26	44000	49000
东 林 苑	2003	上海金品房产公司	11	8839	16000
东林公寓	2003	上海天乐房产公司	11	7500	14100
汇佳新苑	2003	上海建佳房地产公司	15	38000	45000
鸿越华庭	2004	上海鸿越实业有限公司	36	10230	35470
星东花苑	2004	金山房地产开发总公司	44	8240	9800
秀州苑	2004	山阳金山嘴房地产开发总公司	33	12650	33830
榆松苑	2004	上海宏通房地产开发公司	12	8750	14080
金玉良苑	2004	上海金韵房地产公司	20	98720	112000
森海豪庭	2004	上海金禹房地产公司	17	99730	72000
弘泽阳光苑	2004	上海标力房地产公司	15	98640	62000
华光紫荆苑	2004	上海华光房地产发展有限公司	20	114200	102000
天 乐 苑	2004	上海天乐房产公司	38	22000	39800
合　计			921	764893	1107704

说明：珠溪大厦属南圩花苑小区

六、物业管理

1995—2004 年，朱泾镇先后成立新泾、宇政、仙居、祥城、云居 5 家物业管理公司，在朱泾镇房屋管理所领导下，对居住小区开展综合管理服务。

1995—2004 年朱泾镇物业管理公司一览表(部分)

表 56

公司名称	管辖小区
新泾物业管理有限公司	胜利新村　临源新村　罗星新村　南圩新村　万安新村　红旗新村　公园新村　东风新村　东林街道　西林街道　仓桥街道　新汇街道　广福街道　南横街道
仙居物业管理有限公司	金龙新村　秀州新村　北圩新村
祥城物业管理有限公司	钟楼新村　星东花苑
宇政物业管理有限公司	凤翔新村　南圩新村　金昌苑　凤翔东村　景富公寓
云居物业管理有限公司	鸿越华庭

七、落实私房政策

1990 年，经过调查摸底，朱泾镇原定私房改造的有 319 户。1993 年后，按有关文件精神经县政府批准，陆续落实私房政策。至 2004 年，全镇共落实政策 86 户，建筑面积 4832.77 平方米，其中，还产代经租 110.7 平方米，还产自管 2100.78 平方米，作价收购 654.66 平方米，已拆除作价补偿 1966.63 平方米。

第二节　建　筑　业

1990—2004 年，朱泾镇(乡)有属地化的建筑企业 2 家，即上海金珠建设工程有限公司、上海珠溪建筑工程有限公司。

一、上海金珠建设工程有限公司

1964 年建立，名为朱泾公社房屋修建队。1985 年，更名为金山县建筑工程总公司朱泾工程公司。1995 年，更名为上海金珠建设工程有限公司，属朱泾乡集体企业。1990 年，公司注册资金 2000 万元，职工 400 余人，其中技术人员 150 人(高级职称 3 名，中级职称 31 人，助理职称 54 人，技术员 62 人)，被列为三级资质建筑施工企业。主要从事建筑、装潢、市政及塑钢门窗制作和安装等。2000 年，公司转制为私营企业。

1990—2004 年，企业主要承接竣工项目有亭枫公路(金山水泥厂—朱泾乡秀泾村段)3 千米、崇明城海公路和上海沪闵路加固(上海精神病医院—莘庄南铁道口段)3 千米、金山区公积金商品住宅1.5万平方米、金山缸套厂铸工车间1850平方米、浦东拱北工贸公司通用厂房2.7万平方米、金山中学新址综合大楼7000平方米、上海建佳房地产公司15万平方米(汇佳新苑)、金禹房地产公司9万平方米(森海豪庭)、朱泾地段医院新址改扩建、朱泾工业园区5000米主干道、上海汇佳房地产开发公司(浦东新区)1.2万平方米商品房、上海建佳房地产开发公司(朱泾城南新区)1.1万平方米商品住宅、金山田村秀针织制衣有限公司0.8万平方米车间等。

二、上海珠溪建筑工程有限公司

1999年12月建立,属朱泾镇集体企业。2001年,公司注册资金600万元,职工200多人,其中技术人员65人(高级职称1人,中级职称20人,技术员44人)。2002年,转制为民营企业。

1999—2004年,公司主要承接施工商品住宅200927平方米(其中朱泾城南金玉良苑38597平方米、弘泽阳光苑11.03万平方米、秀州阁34826平方米、亭林镇寺平新村17204平方米),学校和机关用房16226.7平方米,地下车库与市场建筑15236平方米,厂房车间6521平方米。

第十五章　交通运输

朱泾镇交通运输环境优越。1990—2004 年,朱泾镇域内有公交线路 18 条,通往上海市区、闵行、松江、奉贤、苏州、无锡、新埭、嘉兴、杭州及全区各乡镇。水路客运有平湖—上海、平湖—松江等客轮(1993 年 5 月 21 日停运),有货运码头 16 个,年均吞吐量 139 万吨。

第一节　水路运输

2004 年,朱泾镇域内市级航道有小泖港、掘石港、胥浦塘 3 条(段);区级航道有秀州塘、大茫塘、斜塘港、中官塘 4 条(段);镇级航道有待步泾、五人港、蒋泾港、斜界泾、菱塘港、鱼洋泾、朱泥泾、长浜港、朱泾市河 9 条(段);村级河道 109 条(段)。

一、客运

1990—1993 年,途经镇域客运航线有 2 条,即平湖城区至上海十六铺码头(俗称平湖班)、海盐至上海十六铺码头(俗称海盐班)。后因陆上客运快速发展,水上客运量日益减少等原因,2 条航线于 1993 年先后停止运行。

二、货运

(一)县级运输企业

1996 年,朱泾镇域内有金山县级运输公司 3 家,即金山交通运输公司、新光航运公司、新明航运公司,有职工 980 人。有拖轮 22 艘;机动船 12 艘,吨位 829 吨;驳船 232 艘,吨位 14700 吨。后因运输业务逐渐减少,于 1997 年先后停止营业。

1996 年金山县航运企业情况表

表 57

单位	所有制	职工人数(人)	拖轮	机动船		驳船	
			艘	艘	吨位	艘	吨位
县运输公司	全民	332	9	1	220	90	5710

续表 57

单位	所有制	职工人数（人）	拖轮	机动船		驳船	
			艘	艘	吨位	艘	吨位
新光航运公司	集体	438	9	2	44	92	5990
新民航运公司	集体	210	4	9	565	50	3000
合　计		980	22	12	829	232	14700

(二)乡级运输企业

1990 年,朱泾乡交通运输管理站有拖轮 6 艘,驳船 24 艘。管理站有职工 112 人。年运输量 3 万吨,货物周转量 35.5 万吨·千米。1995 年后,因陆路运输趋盛,水运业务减少而停止营业。

1990—1994 年朱泾乡水上运输情况表

表 58

年份	拖轮艘	机动驳船艘	水运量（万吨）	周转量（万吨·千米）	营业额（万元）	利润（万元）	职工收入	
							人数	人均年收入（元）
1990	6	24	39	467	59.3	-22.7	112	1292
1991	5	12	30	355	51.7	2.6	81	1250
1992	3	20	56	810	77.9	-0.5	81	1490
1993	1	12	43	603	85	-13.8	62	1799
1994	2	15	43	283	50.5	1.65	65	2650

第二节　陆路运输

一、客运

(一)金山汽车站

1988 年 9 月建成运营,坐落在罗星路、亭枫公路交叉处。1990 年,有运营车辆 640 型解放牌客车 140 辆,从业职工 800 人。开设公交线路 8 条,年客流量 379.6 万人次,年行驶 423.4 万千米。2004 年,汽车站有大客车 12 辆、中型客车 83 辆,职工 330 人。开设公交线路 10 条,每天 306 个班次,日客流量 2.13 万人次,日行驶 2.06 万千米。

金枫线　由朱泾始发,经农场、待步泾、洋泾桥、成功、兴塔、野米泾,至枫泾。

金漕线　由朱泾始发,经新农、松隐、亭林、朱行,至漕泾。

南金线　由朱泾始发,经新农、松隐、亭林、庄行,至南桥。

金石线　由朱泾始发，经吕巷、干巷、张堰、查山、十字街，至石化汽车站。

金张卫支线　由朱泾始发，经吕巷、廊下、钱圩、张堰、山岛龙州、乐购，至石化。

朱(亭)卫专线　由朱泾始发，经新农、松隐、亭林、朱行、山阳，至石化。

朱松线　由朱泾始发，经新农、同三高速公路，至松江城东汽车站。

朱卫线　由朱泾始发，经新农、新卫公路、石化卫六路、山龙、东礁，至石化。

莘金线　由朱泾始发，经新农、松隐、亭林、叶榭、车墩、马桥、北桥、莘庄地铁南广场。

沪金线　由朱泾始发，经新农、松隐、亭林、叶榭、车墩、北桥、莘庄、莲花路，至梅陇。

(二)上海锦山客运汽车服务公司

1992 年建成运营，有大、中巴客车 14 辆，客位 613 座，职工 30 人。开设公交专线 4 条，每天 30 多个班次。2004 年，公司有大客车 29 辆、中型客车 26 辆，职工 210 人。开设公交线路 4 条，每天 515 个班次，日客流量 1.99 万人次，日行驶 2.14 万千米。

莲朱线　由朱泾始发，经新农、A30 新农收费站、莘庄收费站、报春路、南方商城，至地铁莲花站南广场。

莲金线　由朱泾始发，经新农、松隐、亭林、叶榭、车墩、新桥收费站、莘庄收费站、报春路、南方商城，至地铁莲花站南广场。

朱石线　由朱泾始发，经金山大桥、五龙庙、吕巷、姚家村、干巷、张堰、大石头、农建村、金卫南门、金山医院、石化友谊楼，至石化大堤路。

朱枫线　由朱泾始发，经金山中心医院、万安桥、新浜路口、成毛公路、长征村、长安村、华普汽车公司、钱明路、王圩路、环城路、野米泾，至枫泾牌楼。

(三)人力车

1990 年起，朱泾镇城区出现部分退休职工自购人力三轮车进行拉货、载人等客运服务，并逐年增多。1992 年，镇城区有人力三轮车 80 辆。1995 年，人力车客运服务业移交给朱泾镇市容管理委员会办公室管理。2004 年，镇城区有持证三轮车 400 辆，从业人员多为下岗工人、无业人员和邻近农村闲散人员。

二、货运

(一)金山县汽车运输公司

1992 年 3 月，重新组建的县级集体企业，有货运车 48 辆，吨位 247 吨，年运货 51 万吨，周转量 380.9 万吨/千米。1995 年起，因经营业务减少，经济效益不佳而停止营业。

1992—1994 年金山县汽车运输公司营运情况表

表 59

年份	汽车		运量（万吨）	周转量（万吨·千米）	产值（万元）	利润（万元）
	辆	吨				
1992	48	247	51	380.9	2777	44.2
1993	41	190	70	409.4	4391	61
1994	41	190	62	352.9	6076	23.5

(二)朱泾汽车运输队

1986 年成立,是乡级集体企业,有职工 17 人,货车 11 辆,吨位 30 吨,货物周转量 57.8 万吨/千米,年货运量 7000 吨。1995 年起,因规模小、业务少而停止营业。

1986—1994 年朱泾乡汽车运输队货运情况表

表 60

年份	货车(辆)	吨位	产值(万元)	利润(万元)	职工(人)	人均年收入(元)
1986	11	30	29.2	5.8	17	1110
1987	11	30	29.6	6.7	17	1160
1988	9	28	32.3	4.5	18	1250
1989	9	27.5	29.7	2.5	16	1793
1990	8	26	36.5	2.8	18	2216
1991	10	33	40.2	1.3	17	2030
1992	11	35	41.4	2.9	17	2050
1993	15	21.5	47.4	-3.5	15	2875
1994	9	24	49.2	-3.6	14	3310

第三节 运输管理

一、水路运输

1989 年起,朱泾乡贯彻《上海市乡镇船舶管理办法》,制定和健全各项制度和网络,配备船舶管理员。1990 年,建立一船一档、一船一卡、船员登记上册制度。2004 年,全镇发放乡镇个体运输船舶营运证 8 张,吨位 817 吨。

二、陆路运输

1989 年起,朱泾镇、乡按照运输法规和治理整顿的工作要求,对机动车辆进行运营证的审验换发、许可证的核查补证;清理营业性车辆和非营业性车辆的关系,建立一车一卡,削减部分非营业性车辆的营业性运输,对集体车辆出租给个体经营的单位发出限期收回车辆通知。1992 年,全镇、乡办理运输服务业 195 家,歇业 27 家;检查车辆 2799 辆,处理违章 257 起,罚款 25780 元。开展对危险品货运车许可证、运营证的年审,有 22 家单位通过审验,全年征收运管费 596274.21 元。加强对镇域内人力车的管理,规范客运服务。2004 年,全镇办理运输服务业 89 家、运输车 211 辆;对危险品运输车辆和旅客运输车辆进行大检查,全年检查车辆 3622 辆,查处违章 1660 起,罚款 162.9 万元。

第四节　装　　卸

1990—2004年,朱泾镇装卸业分为朱东、朱西二大作业区,共有装卸码头16个,均为石驳岸和钢筋混凝土排桩结构。机械设备有老虎车、翻斗车、吊车、行车、运输机等,年吞吐量194万吨。其中朱东作业区位于掘石港两岸,有装卸码头11个;朱西作业区位于秀州塘两岸,有装卸码头5个。

1990—2004年朱泾镇货运码头情况表

表61

码头名称	地　址	机械化程度	年吞吐量（万吨）	结　构	停泊吨位
金山水泥厂码头	秀州塘南岸(东靠西粮库)	装有40米1.5吨装卸桥和400米带式天桥各1座,吊车6台,输送机17台,装卸机械化	70	钢筋混凝土排桩结构,有泊位12个	100吨
兴南置业码头	秀州塘南岸(原朱泾砖瓦厂址)	行车3台,吊车2台	50	钢筋混凝土排桩结构,长130米,有泊位6个	100吨
县储运一站码头	掘石港西岸(北邻轧花厂码头)	吊车6台,运输机9台	30	石砌驳岸码头长184米,有泊位6个	100吨
煤库码头	掘石港东岸(南距亭枫公路350米)	2吨固定吊车1台,输送机11台	8	石砌垂直驳岸码头,长80米,有泊位2个	100吨
县建材公司码头	掘石港西岸(北距金山大桥20米)	2.5吨吊车1台,输送机7台	7	有泊位2个,滑板石砌驳岸各1个	100吨
县木材公司码头	秀州塘东岸(万安桥北420米)	吊车2台	7	垂直石砌驳岸码头,长80米	100吨
金兴陶瓷厂码头	掘石港东岸(储运二站码头北侧)	吊车3台	5	钢筋混凝土排桩结构,长110米,有泊位4个	100吨
金山化肥厂码头	秀州塘南岸(东邻金山水泥厂码头)	吊车2台,输送机6台	5	钢筋混凝土石砌驳岸,长180米	100吨
县轧花厂码头	掘石港西岸	0.5吨流动吊车1台	4	石砌垂直驳岸长185米,泊位7个	100吨
金山酒厂码头	秀州塘东岸(北距万安桥100米)	吊车2台,输送机9台,装卸基本实现机械化	3	垂直石砌驳岸码头,有泊位2个	100吨

续表61

码头名称	地　址	机械化程度	年吞吐量(万吨)	结　构	停泊吨位
县油脂化工厂码头	掘石港东岸(南距亭枫公路602米)	老虎车、翻斗车各2台	3	石砌码头3个,1个为垂直形,2个为阶梯形	100吨
县材料码头	掘石港东岸(金山大桥南1000米)	桅杆吊车2台	0.6	斜形简易石砌驳岸,长150米	100吨
县金属公司码头	掘石港东岸(朱泾市河东出口处)	1.5吨固定吊车1台	0.5	石砌驳岸78米,有泊位1个	60吨
上海垫圈厂码头	掘石港西岸(北邻储运一站码头)	转向单关吊车1台	0.4	石砌垂直驳岸40米,有泊位1个	100吨
日用批发部农资仓库码头	掘石港东部(朱泾市河东出口处)	1.5吨固定吊车1台	0.4	石砌阶梯形码头3个,驳岸长120米	60吨
县烟糖公司码头	掘石港西岸(北距金山大桥30米)	流动吊车1台	0.1	石砌垂直码头	100吨

第十六章　邮政　电信

第一节　邮　　政

一、机构

1989 年 7 月,金山县邮电局在朱泾镇设立朱泾邮政支局,下设邮电所,主要负责和经营朱泾镇域内的邮政业务。

1989—1990 年,朱泾邮政支局下设临仓街、万安街、杨家桥、西林街 4 个邮政所。1991—2004 年,朱泾邮政支局下设临仓街、万安街、公园路 3 个邮政所,有职工 56 人。

二、邮路

(一)开箱

1990—2004 年,朱泾镇城区内设有邮筒邮箱 17 个,开箱邮路 1 条、6 千米,专门安排 1 名开箱人员每日 3 频次开箱收取邮件;在农村设有信箱 8 个,每日开箱 1 次,由投递员收取邮件。

(二)投递

1990—2004 年,朱泾镇城区内设有汽车投递邮路 1 条,自行车投递邮路 10 条,农村投递邮路 1 条,共有投递员 26 人。

三、邮务

1990 年,朱泾邮政支局完成信函件出 21600 件,进 25200 件;包裹出 360 余件,进 400 余件;汇票出 240 余张,进 480 余张;征订报纸杂志 2482 份;年末储蓄余额 98. 25 万元。

2004 年,支局完成信函件 98. 3 万件,包裹 1. 17 万件,特快专递 0. 88 万件,汇兑 2. 77 万件,报纸杂志 471 万份,集邮 11. 23 万枚,年末储蓄余额 17608. 14 万元。

第二节　电　　信

一、机构

1989 年 5 月,金山县邮电局在朱泾镇设立朱泾电信支局。是年 9 月,更名为朱泾电信分局,坐落在朱泾镇临仓街 450 号。主要负责和经营朱泾镇域内电信业务。分局下设业务、机务 2 个班组。1989—2004 年,年均职工 25 人(含业务承包人员)。

二、设施

(一)交换机

1990 年起,朱泾电信分局先后开通或扩容电话交换机:开通 8 席 400 门 JT14 长途人工台和 114 查号台、开通 S－1240 数字程控交换机 1000 门。1992 年 5 月,扩容 S－1240 交换机至 2000 门。1993 年 11 月,开通 10CN 空分制程控交换机 18000 门。1996 年 11 月,扩容 S－1240 交换机至 16000 门。1998 年 11 月,扩容 S－1240 交换机至 5128 门。至 2002 年底,朱泾电信分局埠电话交换机总容量 26480 门(其中包括 ISDN 1152 门),实占 24157 门(其中 ISDN 占 338 门)。

(二)架空光缆

至 2002 年,朱泾分局至兴塔分局设有架空光缆 1 条 12 芯,计 9.5 千米;至吕巷分局设有架空光缆 2 条 66 芯,计 18.59 千米;至新农分局设有架空光缆 3 条 84 芯,计 11.4 千米;至张堰分局设有架空光缆 1 条 96 芯,计 20.82 千米;朱泾分局至亭林分局设有架空光缆 1 条 36 芯,计 14.88 千米。

2002 年底,朱泾电信分局有出局管道 100 孔,实占 47 孔。出局用户电缆 32 条,计 38250 线对,实占 24157 线对,其中 ISDN(程控电话交换机,以下同)占 338 线对。出局用户光缆 15 条,计 1608 芯线,实占 1447 芯线。分局营业服务区内共有各类在用通信电杆 5150 根(用户杆除外)。分局营业服务区内共有公用电话 182 处(其中,包括投币式电话 114 处,IC 卡电话 36 处,普通电话 26 处,磁卡电话 6 处)。

(三)设备

朱泾电信分局主要设备有总配线架 2 架、密封式蓄电池 3 组、三菱柴油发动机 2 台,分别设置于分局及电话站。机房内装有监控设备和烟火、温度等告警设备。分局还备有五十铃、雨花牌工程车 2 辆、电脑 14 台等设备。

三、业务

电信业务主要是通信线路维护保养,电话机装、拆、移,电话费收缴和通信器具销售等。

1989—1998 年,朱泾镇(乡)域内电信业务由朱泾电讯分局直接经营服务。1999—2004 年,镇(乡)域内电信业务由上海金脉通信合作公司承包经营服务。

1999—2004 年朱泾电信分局业务经营情况表

表 62

年 份			1999	2001	2002	2003	2004
本地电话	住宅	户	20054	25584	26858	23615	26872
	公用	户	1395	1345	1328	1580	1931
	小灵通	户	—	—	—	3252	12104
国际长途		次	1046641	10225093	1201414	4351654	1991825
		次	29400	25967	25730	27759	39096
港澳台		次	18262	13292	14264	13364	17827
宽带		户	—	—	5256	6339	7993
电信收入		万元	2180.43	2042.64	2417.00	3069.52	3624.79

四、电话村建设

1997 年,朱泾电信支局在朱泾乡前进村、万安村、联盟村率先开展电话村建设。1998 年起,对朱泾乡各村全面开展电话村建设。至 1999 年 3 月,全乡电话用户总数 4729 户,平均百户普及率超过 60%,达到电话村的标准。2002 年,朱泾镇电话用户 26484 户,平均百户普及率 100%。是年,朱泾分局、民主村分别被评为金山电话区建设先进集体。

第十七章　镇村建设

1990—2004 年，朱泾镇（乡）均编制镇村建设总体规划和土地利用规划，改革建设管理体制和建设投资体制，推行“两级政府、两级管理”和“规划控制、资金自筹、政府补偿”办法，利用多种积极因素、多渠道筹措资金，加快镇村建设。

第一节　城乡建设

一、总体规划

1998 年，朱泾镇（乡）编制“1996—2010 年土地利用总体规划”，规划用地面积 506 公顷；居住区及工矿用地 326 公顷，耕地 130 公顷，道路、港口、河流、沟渠等用地 50 公顷。2000 年 1 月，金山区人民政府将朱泾镇的城镇性质和发展目标确定为“上海市现代化中心镇，金山区北部地区的政治、经济、文化、居住重镇”。

二、城区街、路

1990 年，朱泾镇城区街、路有 26 条（段），全长 14725 米。

1990 年朱泾镇城区街、路情况表

表 63

街、路名	起	迄	长度（米）	宽度（米）		路面结构	建筑年份	翻修年份
				车行道	人行道			
东粮库路	亭枫公路	渡船埭	545	4.5	—	混凝土	1956	1987
清泉路	南旁湾村	码头桥	340	3.4	—	混凝土	1959	1987
码头路	轮船码头	亭枫公路	310	5.5	—	沥青	1976	1976
沈浦泾路	亭枫公路	临源街	1634	14	16	混凝土	1987	1995
幸福路	东林街	万安街	354	3.5	5	混凝土	1982	1985

续表 63

街、路名	起	迄	长度（米）	宽度（米）		路面结构	建筑年份	翻修年份
				车行道	人行道			
罗星路	亭枫公路	临源街	520	11	13	钢筋混凝土	1981	1990
人民路	东林街	临源街	600	12	6	沥青	1981	1996
东风路	亭枫公路	东林街	235	12	6	沥青	1958	1973
卫生路	花园路	亭枫公路	360	5. 4	—	混凝土	1956	1987
城中路	东林街	万安街	305	5. 5—6. 5	3—4	混凝土	1956	1988
东汇路	亭枫公路	新汇街	255	4. 5—5. 5	—	混凝土	—	1987
塘西路	西林街	万安街	300	4—5. 5	—	混凝土	1981	1987
南圩路	万安街	南下圩	415	7. 5	10	混凝土	1987	1987
公园路	亭枫公路	万安街	580	9	4	混凝土	1980	1990
文化路	西林街	万安街	305	7	9	混凝土	1985	1987
健康路	亭枫公路	万安街	670	11	13	混凝土	1987	1995
南横街	亭枫公路	广福街	380	3—4	—	混凝土	—	1967
秀州路	市河	南下圩	560	5	—	混凝土	—	1988
西粮库路	亭枫公路	三官桥	270	4	—	混凝土	1987	1987
仓桥街	东风路	新汇桥	265	11	—	混凝土	—	1967
新汇街	新汇桥	广福街	405	7	3. 5	混凝土	—	1981
广福街	新汇街	南横街	360	3—6. 3	4	混凝土	—	1981
东林街	掘石港	扬家桥	1350	7	4	混凝土	—	1981
西林街	扬家桥	秀州路	730	5—7	3	混凝土	—	1981
新安街	罗星路	城中路	530	5. 5	—	混凝土	1982	1982
万安街	沈浦泾河	万安桥	2147	11	13	混凝土	1983	1988
合　计			14725					

1990—2004 年，朱泾镇城区街、路新建和扩建 18 条（段），全长 19082 千米。

1990—2004 年朱泾镇城区街、路情况表

表 64

街、路名	起	迄	长度（米）	宽度（米）		路面结构	建筑年份
				车行道	人行道		
亭枫公路	新农镇	农场车站	5000	15	6	钢筋混凝土	1990
东风路	东林街	亭枫公路	360	11	6	混凝土	1991
公园路	万安街	亭枫公路	311	9	4	混凝土	1991
罗星路	万安街	亭枫公路	456	11	13	混凝土	1991
沈浦泾路	万安街	亭枫公路	825	30	14	混凝土	1993
临源街	沈浦泾路	健康路	1500	16	14	混凝土	1993
人民北路	临源街	秀州街	300	11	9	混凝土	1996
健康北路	万安街	临源街	300	24	11	混凝土	1998
沈浦泾北路	万安街	临源街	300	30	14	混凝土	2000
沈浦泾南路	亭枫公路	农业园区	80	30	14	混凝土	2000
沈浦泾南路	农业园区	亭枫高速	1200	30	10	混凝土	2002
罗星南路	亭枫公路	蒋泾港	1300	12	8	混凝土	2003
金龙街	沈浦泾路	健康路	1500	16	14	混凝土	2003
健康南路	亭枫公路	众益街	1200	24	6	混凝土	2003
秀州街	沈浦泾路	健康路	1500	16	14	混凝土	2004
塘园路	亭枫公路	沈浦泾南路	1200	18	6	混凝土	2004
众益街	沈浦泾路		1500	12	12	混凝土	2004
众安街	罗星南路		250	8		混凝土	2004
合　计			19082				

三、乡村公路

1990—2004 年，朱泾镇（乡）有乡村公路 12 条（段），全长 19.45 千米，其中，三级公路 3 条（段），计 9.70 千米，路面为混凝土结构；四级公路 9 条（段），计 9.75 千米，路面为混凝土、沥青结构。

1990—2004 年朱泾镇(乡)乡村公路情况表

表 65

路名	修(改)建年月	起	讫	长度(米)	宽度(米)	路面颜色
胜利路南段	1990.07	朱泾市河	胜利村	1000	5	白色
蒋泾中心路北段	1993.12	320 国道	蒋泾村	800	6	白色
胜利路北段	1999.08	胜利村	黄草塘	1000	5	黑色
前进路南段	2000.08	临源街	前进村	650	6	白色
新毛路	2001.07	320 国道	新范村	2500	5	黑色
大茫村中心路	2002.12	建设 9 组	增产 12 组	1100	5	白色
联新路	2003.06	万枫路	松江新五界	500	5	白色
农场路	2003.06	320 国道	永丰农场	700	4	白色
万枫路	2003.12	万安桥	兴塔泖桥	4200	7	白色
万新路	2004.08	万枫路	松江新五界	1900	5	白色
东富路	2004.12	朱增路	农建路	1100	7	白色
朱增路	2004.12	320 国道	增产村	4000	7	白色
合计　12 条(段)				19450		

四、桥梁

(一)城区街、路桥

1990—2004 年,朱泾镇城区新建、翻建街、路桥梁 15 座。即:金山大桥、新八德桥、中官塘桥、五人港桥、众益桥、金龙街桥、红卫桥、塘中桥、临源桥、中官塘桥、三官桥、沈浦泾桥、罗星路桥、珠溪桥、公园路桥。

(二)乡村公路桥

1990—2004 年,朱泾镇(乡)新建、翻建乡村公路桥 21 座。

1990—2004 年朱泾镇(乡)乡村公路桥情况表

表 66

桥　名	坐落地点	桥长(米)	桥宽(米)	建造年份	桥梁类型	设计荷载
万枫公路四号桥	万安村 8 组	22	7.5	1991	板梁	汽-20
万枫公路六号桥	联盟村 11 组	9.3	7.6	1993	板梁	汽-15
朱增路三号桥	东方红村 14 组	39	7.6	1996	板梁	汽-20
农建路一号桥	一农村 6 组	9.3	7.3	1998	板梁	汽-15

续表 66

桥　名	坐落地点	桥长（米）	桥宽（米）	建造年份	桥梁类型	设计荷载
农建路二号桥	一农村 13 组	5.7	7.3	1999	板梁	汽-15
朱增路一号桥	良种村 7 组	6	7.3	2000	板梁	汽-15
农建路三号桥	一农村 13 组	12.4	7.6	2000	板梁	汽-20
农建路五号桥	富强村 11 组	6	7.6	2000	板梁	汽-20
朱增路二号桥	东方红村 9 组	28	7.6	2000	拱形	汽-20
新联路一号桥	联盟村 2 组	5.4	5.5	2002	板梁	汽-15
万新路二号桥	万安村 13 组	5.4	6.6	2003	板梁	汽-15
东富路五人港桥	富强村 14 组	30	8.6	2003	板梁	汽-20
农建路六号桥	富强村 9 组	32	7.6	2003	板梁	汽-20
万枫路二号桥	万安村 6 组	13	8.6	2004	板梁	汽-20
万枫路三号桥	万安村 7 组	19	8.4	2004	板梁	汽-20
东富路向阳河桥	富强村 13 组	13	4	2004	板梁	汽-20
大茫中心路斜界泾桥	增产村 12 组	6.6	6	2004	板梁	汽-20
胜利路中心桥	胜利村 18 组	15	5	2004	板梁	汽-20
蒋泾路蒋泾河桥	蒋泾村 1 组	15	5	2005	板梁	汽-20
金龙街中官塘桥	良种村 6 组	30	18	2005	板梁	汽-20
万新路池泾港桥	万安村 5 组	20	5.6	2005	板梁	汽-20

(三)农桥

1990—2004 年,朱泾镇(乡)新建、翻建农桥 28 座,其中拱形桥 13 座、板梁桥 15 座。

1990—2004 年朱泾镇(乡)农桥情况表

表 67

桥　名	坐落地点	桥长（米）	桥宽（米）	建造年份	桥梁类型
胜利村 11 组种田桥	胜利村 11 组	7	2	1995	拱形
前进村 8 组种田桥	前进村 8 组	8	2	2004	拱形
万安村 15 组种田桥	万安村 15 组	4	3	2005	板梁
联盟村 8、10 组种田桥	联盟村 8、10 组	4	2	1995	板梁
秀泾村 4 组种田桥	秀泾村 4 组	8	3.5	1990	拱形
秀泾村 6 组种田桥	秀泾村 6 组	4	3	1991	板梁
秀泾村 6 组种田桥	秀泾村 6 组	12	4	2003	拱形

续表 67

桥　名	坐落地点	桥长（米）	桥宽（米）	建造年份	桥梁类型
秀泾村 8 组种田桥	秀泾村 8 组	12	4	2000	拱形
秀泾村 9 组种田桥	秀泾村 9 组	12	4	2003	拱形
秀泾村 16 组种田桥	秀泾村 16 组	12	4	2004	拱形
富强村 3 组种田桥	富强村 3 组	10	3	2001	板梁
富强村 3 组种田桥	富强村 3 组	6	1.5	2002	板梁
富强村 5 组种田桥	富强村 5 组	16	4	2004	板梁
富强村 11 组种田桥	富强村 11 组	12	1.5	2001	板梁
富强村 11 组种田桥	富强村 11 组	12	3	2003	板梁
富强村 17 组种田桥	富强村 17 组	7	3	1999	板梁
东方红村中心河一号桥	东方红村 9 组	16	2	2000	板梁
东方红村中心河二号桥	东方红村 10 组	16	4	2000	板梁
东方红村中心河三号桥	东方红村 19 组	16	6	2000	板梁
东方红村中心河四号桥	东方红村 13 组	16	4	2000	板梁
增产村 15 组种田桥	增产村 15 组	30	4		拱形
建设村 3 组种田桥	建设村 3 组	16	3	2004	拱形
蒋泾村 1 组种田桥	蒋泾村 1 组	6	3	2002	板梁
蒋泾村 4 组种田桥	蒋泾村 4 组	10	3	2004	板梁
蒋泾村 5 组种田桥	蒋泾村 5 组	4	2.5	1990	拱形
蒋泾村 5 组种田桥	蒋泾村 5 组	16	3	1996	拱形
蒋泾村 7 组种田桥	蒋泾村 7 组	16	2	1990	拱形
蒋泾村 12 组种田桥	蒋泾村 12 组	12	2	1990	拱形

五、住房

(一)居民住房

1990 年,朱泾镇城区先后建成临源一村、北圩新村、北圩小区、凤翔新村、南圩花苑、钟楼新村、金龙新村、景富公寓、凤翔东村、临仓小区、珠溪苑、朋鑫苑、胜利苑、金昌苑、东林苑、东林公寓、汇佳新苑、鸿越华庭、星东花苑、秀州苑、榆松苑、金玉良苑、森海豪庭、弘泽阳光苑、华光紫荆苑、天乐苑等住宅小区,共有楼宇 921 幢(梯),多数为 5—6 多层楼房,少数为 8—15 层小高层楼房和 3 个别墅群。总占地面积 764893 平方米,建筑面积 110.77 万平方米。

至 2004 年,朱泾镇城区有居民住宅建筑总面积 170.19 万平方米,居民 15145 户、42163 人,户均居住面积 112.37 平方米,人均居住面积 40.36 平方米。

(二)农民住房

1990年，朱泾乡农民住房总面积113.37万平方米，户均居住面积140.74平方米，人均居住面积39.82平方米。

2004年，全镇农民8276户、27455人，住房总建筑面积150万平方米，户均居住面积181.25平方米，人均居住面积54.63平方米。其中，居住平房的有113户，占总户数的1.37%；居住楼房的有7134户，占总户数的86.20%；居住小别墅的有418户，占总户数的5.05%；居住商品房的有611户，占总户数的7.38%。

六、城区绿化

1990年，朱泾镇城区有绿化面积54074平方米，人均公共绿地面积1.81平方米。1991年起，加快居民新村、企事业单位的绿化步伐。至2004年，朱泾镇城区绿化面积39.74万平方米，人均公共绿地面积9.43平方米。

七、公用设施

(一)给水

1963年，朱泾镇城区建自来水厂。1992年，朱泾乡农村建深井水厂。2004年，全镇饮用自来水人数6.9万人，供水面积49.61平方千米。饮用自来水为95.2%。

朱泾镇自来水厂 坐落于金山大桥南侧掘石港畔、民主村6组，占地面积1.36公顷。1992年建成投产。日制水能力3.9万立方米，年供水量642.8万立方米。1996年，建罗星、临源泵站，日制水能力4800立方米。2004年，供水面积29.62平方千米，日制水能力3.98万立方米，年供水量790.30万立方米。

朱泾乡深井水厂 坐落于富强村1组，1992年建成投产，占地面积1650平方米。供水面积20平方千米，用户2200户，日制水能力2000立方米，年供水量72万立方米。

(二)用电

1990年起，朱泾镇先后建有朱泾、星浦、万安变电站3座、6台套，电压580千伏。其中万安变电站电压等级为220千伏，主变压器容量为120000千伏安(2台)；朱泾变电站电压等级为35千伏，主变压器容量为10000千伏安(2台)；星浦变电站电压等级为35千伏，主变压器容量为20000千伏安(2台)。

2004年，朱泾镇新建住宅小区电源站12座，变压器22台，变压容量20250千伏安。

2004年朱泾镇住宅小区电源站情况表

表68

序号	电源站	接电时间	变压器容量(千伏安)	台数
1	南圩新村	1989年7月5日	800	2
2	临源新村	1993年8月3日	1000	2
3	凤翔新村	1995年1月24日	800	2
4	金龙新村	1996年1月26日	1000	2

续表 68

序号	电源站	接电时间	变压器容量(千伏安)	台数
5	秀州新村	1996 年 11 月 19 日	1250	1
6	凤翔东村	2001 年 4 月 27 日	1600	1
7	鸿越华庭	2002 年 9 月 28 日	800	2
8	金昌苑	2003 年 9 月 5 日	800	2
9	秀州苑一号	2004 年 5 月 10 日	800	2
10	汇佳一号	2004 年 8 月 10 日	800	2
11	汇佳二号	2004 年 8 月 10 日	800	2
12	华光一号	2004 年 9 月 29 日	800	2
合　计			20250	22

是年,朱泾镇电力用户 23864 户、用电量 128057662 千瓦时,其中,城乡居民 22653 户、用电量 18846216 千瓦时,占全镇用户数的 94. 93%、用电量的 14. 72%;企事业单位及用电大户 1211 户、用电量 109211446 千瓦时,占全镇用户数的 5. 07%、用电量的 85. 28%(其中,用电大户 143 户,用电量 85299287 千瓦时,占全镇用电量的 66. 61%)。

(三)燃气

管道煤气　建于 1986 年,煤气站坐落在朱泾镇秀州塘东岸(万安桥北侧),日供气能力混合煤气 12000 立方米。至 1996 年,朱泾镇有万安、红旗、胜利、东风、罗星、南圩、临源新村 7500 多户居民及 12 家企事业单位使用煤气。

2003 年 2 月,在朱泾镇城南新区安装 PE 燃气管线 8750 米。增加煤气用户 11976 户(其中,家庭 11913 户,集体 63 户)。

石油液化气　始于 1984 年,朱泾镇、乡使用石油液化气的有 82 户。2004 年,全镇 577 户居民和 9946 户村民使用石油液化气。

(四)下水道

雨水道　至 1996 年,朱泾镇城区有雨水管道 10 条,全长 9286. 10 米,其中,150—530 毫米直径的管道 9 条、7319. 50 米,配套窨井 247 口、雨水口 602 个;600—1000 毫米直径的管道 1 条、1966. 6 米,配套窨井 48 口、雨水口 94 个。

1996 年朱泾镇城区雨水管道情况表

表 69

道路名称	起	迄	管道长度(米)			窨井(口)	雨水口(个)
			小计	小型(直径 150—530 毫米)	中型(直径 600—1000 毫米)		
万安街	轧花厂	健康路	1966. 6	—	1966. 6	48	94

续表 69

道路名称	起	讫	管道长度(米)			窨井(口)	雨水口(个)
			小计	小型(直径150—530毫米)	中型(直径600—1000毫米)		
临源街	沈浦泾路	健康路	1461.4	1461.4	—	37	187
幸福路	万安街	东林街	338	338	—	16	18
人民路	秀州街	东林街	901	901	—	29	56
南圩路	秀州路	万安街	769	769	—	23	40
公园路	万安街	临仓街	637	637	—	18	32
文化路	万安街	西林街	298	298	—	10	22
临仓街	罗星路	中官塘	564.5	564.5	—	19	41
罗星路	临源街	亭枫公路	1120.9	1120.9	—	58	67
沈浦泾路	秀州街	亭枫公路	1229.7	1229.7	—	37	139
合　计			9286.1	7319.5	1966.6	295	696

1997—2004 年,朱泾镇城区新建 600—1000 毫米直径的雨水管道 11 条段,全长 10720 米,配套窨井 291 口、雨水口 1171 个。

1997—2004 年朱泾镇城区雨水管道情况表

表 70

道路名称	起	讫	管道长度(米)	窨井(口)	雨水口(个)
			中型(直径600—1000毫米)		
秀州街	沈浦泾路	健康路	1600	41	204
金龙新街	沈浦泾南路	健康南路	1550	38	188
众安街	罗星南路	沈浦泾南路	250	9	18
众益街	沈浦泾南路	健康南路	1520	35	169
沈浦泾南路	亭枫公路	A7 高速	1200	31	148
罗星南路	亭枫公路	蒋泾港	1300	35	132
人民北路	临源街	秀州街	300	12	24
塘园路	亭枫公路	众益街	1200	31	118
健康南路	亭枫公路	众益街	1200	35	122
健康北路	万安街	临源街	300	11	22

续表 70

道路名称	起	迄	管道长度(米) 中型 (直径 600—1000 毫米)	窨井 (口)	雨水口 (个)
沈浦泾北路	万安街	临源街	300	13	26
合　计			10720	291	1171

污水道　至 1996 年,朱泾镇城区有污水道 12 条,全长 10314.90 米,其中,150—530 毫米直径的管道 11 条(段)、8860 米,配套窨井 363 口;600—1000 毫米直径的 3 条(段)、1454.90 米,配套窨井 252 口。

1996 年朱泾镇城区污水管道情况表

表 71

道路名称	起	迄	管道长度(米)			窨井 (口)
			小计	小型 (直径 150—350 毫米)	中型 (直径 600—1000 毫米)	
万安街	轧花厂	健康路	1832.5	1295.9	536.6	120
临源街	沈浦泾路	健康路	1457.2	858.4	598.8	89
幸福路	万安街	东林街	340.9	340.9	—	30
人民路	秀州街	东林街	1107.2	1107.2	—	55
南圩路	秀州街	万安街	789.4	469.9	319.5	43
公园路	万安街	临仓街	600.5	600.5	—	45
文化路	万安街	西林街	313.2	313.2	—	20
临仓街	罗星路	中官塘	1140	1140	—	42
罗星路	临源街	亭枫公路	318	318	—	25
沈浦泾路	秀州街	亭枫公路	964.2	964.2	—	59
健康路	秀州街	亭枫公路	1204.4	1204.4	—	60
前进路	秀州街	临源街	247.4	247.4	—	27
合　计			10314.9	8860	1454.9	615

1997—2004 年,朱泾镇城区新建 600—1000 毫米直径的污水管道 11 条,全长 10720 米,配套窨井 658 口。

1997—2004 年朱泾镇城区污水管道情况表

表 72

道路名称	起	讫	管道长度(米) 中型 (直径 600—1000 毫米)	窨井 (口)
秀州街	沈浦泾路	健康路	1600	105
金龙新街	沈浦泾南路	健康南路	1550	92
众安街	罗星南路	沈浦泾南路	250	15
众益街	沈浦泾南路	健康南路	1520	90
沈浦泾南路	亭枫公路	亭枫高速	1200	72
罗星南路	亭枫公路	蒋泾港	1300	75
人民北路	临源街	秀州街	300	18
塘园南路	亭枫公路	众益街	1200	67
健康南路	亭枫公路	众益街	1200	78
健康北路	万安街	临源街	300	22
沈浦泾北路	万安街	临源街	300	24
合　计			10720	658

第二节　土地管理

一、用地审批

20 世纪 80 年代起,朱泾镇(乡)严格建设用地审批制度,实行计划管理,接受群众监督。

1990—2004 年,朱泾镇(乡)建设征地 957.98 公顷,其中,国家征地 242.29 公顷,乡村基建征地 182.82 公顷,其他征地 532.87 公顷。为 8276 户农户颁发“农村宅基地使用证”8276 份。

1990—2004 年朱泾镇(乡)建设征地情况表

表 73　　　　单位:公顷

年份	朱泾镇			朱泾乡		
	征地	其中		征地	其中	
		国家征地	乡村基建		国家征地	乡村基建
1990	—	—	—	82	30	3
1991	—	—	—	31.10	19.30	11.80

续表 73

<table>
<tr><td rowspan="3">年份</td><td colspan="3">朱泾镇</td><td colspan="3">朱泾乡</td></tr>
<tr><td rowspan="2">征地</td><td colspan="2">其　中</td><td rowspan="2">征地</td><td colspan="2">其　中</td></tr>
<tr><td>国家征地</td><td>乡村基建</td><td>国家征地</td><td>乡村基建</td></tr>
<tr><td>1992</td><td>—</td><td>—</td><td>—</td><td>21.30</td><td>11.60</td><td>9.70</td></tr>
<tr><td>1993</td><td>—</td><td>—</td><td>—</td><td>253</td><td>16</td><td>4</td></tr>
<tr><td>1994</td><td>—</td><td>—</td><td>—</td><td>81</td><td>14</td><td>13</td></tr>
<tr><td>1995</td><td>—</td><td>—</td><td>—</td><td>16</td><td>1</td><td>10</td></tr>
<tr><td>1996</td><td>—</td><td>—</td><td>—</td><td>7</td><td>5</td><td>2</td></tr>
<tr><td>1997</td><td>—</td><td>—</td><td>—</td><td>6.10</td><td>2</td><td>2</td></tr>
<tr><td>1998</td><td>—</td><td>—</td><td>—</td><td>19.10</td><td>6.9</td><td>12.2</td></tr>
<tr><td>1999</td><td>—</td><td>—</td><td>—</td><td>21.90</td><td>20.98</td><td></td></tr>
<tr><td>2000</td><td>38.77</td><td>14.04</td><td>18.11</td><td colspan="3" rowspan="6">2000 年 7 月 13 日，撤朱泾镇、朱泾乡，建立新的朱泾镇</td></tr>
<tr><td>2001</td><td>25.71</td><td>3.17</td><td>11.11</td></tr>
<tr><td>2002</td><td>156.10</td><td>6.10</td><td>17.30</td></tr>
<tr><td>2003</td><td>177.40</td><td>91.10</td><td>57.70</td></tr>
<tr><td>2004</td><td>21.50</td><td>1.10</td><td>10.90</td></tr>
<tr><td>合计</td><td>957.98</td><td>242.29</td><td>182.82</td></tr>
</table>

二、农田保护

朱泾镇(乡)农田保护面积，1996 年定为 2257 公顷，2000 年定为 2197 公顷，2010 年定为 2171 公顷，2030 年定为 2100 公顷。

1996—2030 年朱泾镇(乡)农田保护面积落实情况表

表 74　　单位:公顷

<table>
<tr><td rowspan="3">单位（村）</td><td rowspan="3">1996 年</td><td colspan="3">2000 年</td><td colspan="3">2010 年</td><td colspan="3">2030 年</td></tr>
<tr><td rowspan="2">小计</td><td colspan="2">其　中</td><td rowspan="2">小计</td><td colspan="2">其　中</td><td rowspan="2">小计</td><td colspan="2">其　中</td></tr>
<tr><td>基本</td><td>一般</td><td>基本</td><td>一般</td><td>基本</td><td>一般</td></tr>
<tr><td>合计</td><td>2257</td><td>2197</td><td>2000</td><td>197</td><td>2071</td><td>1874</td><td>197</td><td>2100</td><td>1900</td><td>200</td></tr>
<tr><td>胜利</td><td>145.5</td><td>143.1</td><td>143.1</td><td>—</td><td>119.8</td><td>119.8</td><td>—</td><td>133.3</td><td>120.8</td><td>12.5</td></tr>
<tr><td>前进</td><td>85.6</td><td>85.6</td><td>85.6</td><td>—</td><td>70</td><td>70</td><td>—</td><td>82.2</td><td>71</td><td>11.2</td></tr>
<tr><td>民主</td><td>92.7</td><td>92.7</td><td>46.2</td><td>46.5</td><td>86.7</td><td>40.2</td><td>46.5</td><td>51.2</td><td>41.2</td><td>10</td></tr>
<tr><td>东方红</td><td>247</td><td>242</td><td>226.5</td><td>15.5</td><td>233.2</td><td>217.7</td><td>15.5</td><td>237.2</td><td>221.7</td><td>15.5</td></tr>
</table>

续表 74

单位(村)	1996 年	2000 年			2010 年			2030 年		
		小计	其中		小计	其中		小计	其中	
			基本	一般		基本	一般		基本	一般
富强	302	294	294	—	284.8	284.8	—	288.8	288.8	—
秀泾	176.6	171.6	171.6	—	164.4	164.4	—	178.8	166.4	12.4
蒋泾	262.7	249	249	—	240.8	240.8	—	260	244.8	15.2
增产	198	188	188	—	181.7	181.7	—	184.7	184.7	—
建设	207.9	203	203	—	195.8	195.8	—	198.8	198.8	—
万安	132.1	132.1	102.1	30	119.4	89.4	30	121.4	90.4	31
联盟	152.7	142.5	142.5	—	133.2	133.2	—	134.2	134.2	—
一农	192	192	125.7	66.3	179.8	113.5	66.3	164.3	114.5	49.8
良种	50.4	50.4	11.7	38.7	50.4	11.7	38.7	54.1	11.7	42.4
蔬菜	11.8	11	11	—	11	11	—	11	11	—

1996 年朱泾乡土地面积分类情况表

表 75

土地名称		土地资源面积(公顷)	占比(%)	土地名称		土地资源面积(公顷)	占比(%)
合计		3787	100	居民点及工矿用地	合计	992	26.2
耕地	合计	2257	59.6		农村居民点	424	
	水田	2158.6			工业企业用地	205	
	旱地	8.1			副业用地	363	
	菜地	34.7		水域用地	合计	333	8.8
	自留地	12.6			河流	278.2	
	低洼地	0.1			坑塘	3.9	
	精养鱼塘	42.9			沟渠	48.3	
园林地	合计	145	3.8		水工用地	2.6	
	园地	121		交通用地	合计	60	1.6
	有林地	14.6			公路	14.6	
	苗圃	9.4			农村道路	45.4	

2003 年朱泾镇土地面积分类情况表

表 76

土地名称		土地资源面积（平方米）	占比（%）	土地名称		土地资源面积（平方米）	占比（%）
合计		43016566	100	住宅用地	小计	2354107	5.47
商业用地	小计	195718	0.45		新村住宅	569256	
	商业服务	163155			旧式里弄住宅	104476	
	旅馆	15586			农民住宅	1680375	
	金融保险	16977		交通用地	小计	1520767	3.54
工业仓储业用地	小计	2045452	4.76		公路	141052	
	基础工业	181591			城镇道路	399267	
	制造工业	679204			农村道路	942393	
	轻纺工业	406744			其他交通	37005	
	食品工业	193985			停车场	1050	
	建筑工业	261555		特种用地	小计	41739	0.10
	仓储	313063			军事	19194	
	其他工业	8577			宗教	2874	
	危险品仓库	733			保安	19671	
市政公用设施用地	小计	264232	0.61	水域	小计	5370868	12.49
	供应设施	30416			河流水面	4260032	
	环境设施	10848			坑塘	171461	
	养护维修	8960			沟渠	918588	
	邮电通信	10493			苇地	12228	
	防火设施	8075			水工建筑	8559	
	公园	23074		农副业用地	小计	27638136	64.25
	街头绿地	172149			水田	24422335	
	其他市政设施	217			自留地	1364906	
公共建筑用地	小计	594191	1.38		旱地	320938	
	机关用地	187787			低洼地	6317	
	广播电视	11030			园地	3100	
	中等院校	171733			果园	9172	
	初等院校	86374			林地	433658	
	学前教育	15542			苗圃	93428	
	医院	52248			养殖业	209811	
	社会福利	7748			菌种场	1487	
	科研、技术	9914			其他副业	7644	
	体育、游乐	21632			渔业	567086	
	文体、娱乐	2155			农业服务业	198254	
	影剧院	5198		其他	小计	2991356	6.95
	图书展览	3769			临时用地	13438	
	其他教育	19061			空隙地	2977918	

三、土地整理

1997—2004 年,朱泾镇(乡)整理土地 703.44 公顷,整理后土地 794.22 公顷,新增土地 90.78 公顷。

1997—2004 年朱泾镇(乡)土地整理情况表

表 77　　单位:公顷

年份	整理土地	土地整理后	新增土地
1997	47.87	54.93	7.06
1998	65.25	71.98	6.73
1999	14.56	18.77	4.21
2000	93.80	108.66	14.86
2001	28.94	33.24	4.30
2002	137.35	153.60	16.25
2003	137.36	153.64	16.28
2004	178.31	199.40	21.09
合计	703.44	794.22	90.78

第十八章 财政 税务 审计 金融 工商

2004 年,朱泾镇有镇财政所 1 家,区属税务所 5 家,各类银行服务机构(支行、营业所)10 家,邮政储蓄所 1 家和工商所 1 家。

第一节 财 政

一、机构

1990 年,朱泾镇、乡分别建立财政所。2000 年 7 月,朱泾镇、乡"撤二建一",建立新的朱泾镇财政所,配正、副所长各 1 人,工作人员 3 人。所址设在临源街 555 号。

二、收入

朱泾镇(乡)财政所建立后,财政收入分预算内收入、预算外收入和自筹资金 3 个部分。预算内收入有区(县)财政下拨的各项事业辅助经费,第二次财力结算和税收超收分成收入;预算外收入有农村教育附加费、农业税附加费、堤防维护费等;自筹资金收入主要有各企事业单位上交的以工补农款、定额上交、事业性收入、土地征用款等。20 世纪 90 年代后期,朱泾镇、乡加大招商引资、招商引税力度,财政收入呈逐年增长趋势。1990 年,朱泾镇、乡财政收入 535.52 万元。2004 年,朱泾镇财政收入 22932.91 万元,比 1990 年增加 41.82 倍。

1990—2004 年朱泾镇(乡)财政收入情况表

表 78 单位:万元

年份	财政总收入	其中		
		预算内收入	预算外收入	自筹资金收入
1990	535.52	418.20	10.14	107.18
1991	592.81	418.30	3.00	172.51
1992	772.73	503.67	11.00	258.06
1993	1005.99	758.12	11.50	236.37

续表 78

年份	财政总收入	其中		
		预算内收入	预算外收入	自筹资金收入
1994	1499.10	1102.52	149.86	246.72
1995	1610.02	1171.80	162.47	275.75
1996	2374.38	1987.77	166.49	220.12
1997	3839.61	3473.64	54.95	311.02
1998	4790.85	4483.06	67.29	240.50
1999	7125.00	6628.73	219.11	277.16
2000	14313.83	13473.64	625.75	214.44
2001	18248.06	17710.86	289.60	247.60
2002	17455.29	17160.58	143.76	150.95
2003	17343.66	16900.00	323.63	120.03
2004	22932.91	22485.51	447.40	—

三、支出

财政支出项目有经济建设费(包括工业投资、农业基础设施投资及其他支出);基本建设投资(包括农村道路、桥梁建筑、集镇维护费等);文教、卫生、科技事业费(包括教育经费,卫生经费,科技、文化、广播、电影、体育等部门事业经费);抚恤和社会救济;行政事业经费及其他费用。

1990 年,朱泾镇、乡财政总支出 586.20 万元,负 50.68 万元。2004 年,朱泾镇财政总支出 23855.33 万元,其中用于支援农副业生产 574.88 万元,占 2.41%;文教、卫生、科技经费 2389.04 万元,占 10.01%;部门事业费 970.70 万元,占 4.07%;社会福利和保障费 553.28 万元,占 2.32%;行政管理及行政事业单位职工退休费 3378.54 万元,占 14.16%;城镇维护费 2888.50 万元,占 12.11%;其他经费 13100.39 万元,占 54.92%。当年实际收支 -922.42 万元。

1990—2004 年朱泾镇(乡)财政支出情况表

表 79　　单位:万元

年份	财政总支出	支出明细									
		其他部门事业费	支援农村生产	文化卫生事业费	教育事业支出	社会保障费	抚恤社会福利	行政事业单位退休费	行政管理费	城镇维护费	其他经费
1990	586.20	40.66	51.66	264.06		27.34		44.39	44.39	69.03	44.67
1991	674.18	42.00	70.44	288.58		28.72		59.14	59.14	69.01	57.15
1992	848.64	84.35	66.57	314.71		30.75		77.26	77.26	103.65	94.09

续表 79

年份	财政总支出	支出明细									
		其他部门事业费	支援农村生产	文化卫生事业费	教育事业支出	社会保障费	抚恤社会福利	行政事业单位退休费	行政管理费	城镇维护费	其他经费
1993	1199.87	104.20	114.50	396.14		44.90		160.62	160.62	129.15	89.74
1994	1653.12	75.00	120.49	583.78		23.50		179.90	179.90	167.45	323.10
1995	2074.95	80.00	185.24	763.80		35.80		277.73	277.73	202.94	251.71
1996	2647.61	165.50	197.99	887.25		52.48		310.97	310.97	241.94	480.15
1997	3828.05	212.60	241.88	1124.97		70.31	16.60	381.53	381.53	313.41	1085.22
1998	5208.75	824.14	225.59	1064.76		85.69	18.00	471.95	471.95	355.24	1691.43
1999	7505.18	945.54	275.92	1197.95		115.76	18.00	632.62	632.62	411.47	3275.30
2000	14941.17	390.84	417.11	1452.39	252.33	169.59	43.00	968.11	968.11	809.66	9470.03
2001	19050.51	662.35	393.62	1634.00	523.04	175.98	43.00	1030.73	1030.73	1082.08	12474.98
2002	19309.80	776.14	507.43	1745.00	48.35	262.74	43.00	1058.70	1058.70	980.39	12829.35
2003	17497.69	861.97	613.58	1711.83	48.00	286.18	43.00	1106.10	1106.10	989.09	10731.84
2004	23855.33	970.70	574.88	2310.72	78.32	510.28	43.00	1689.27	1689.27	2888.50	13100.39

四、管理

朱泾镇(乡)财政所成立后,财政收支实行县统一管理下的“划分范围,核定收支,收支挂钩,超收分成,超支不补,一年一定”的管理体制。镇、乡级财政实行预算制度,每年向镇、乡人民代表大会报告上年度财政预算执行情况和本年度财政预算(草案),经人民代表大会审议通过后,由财政所承担“聚财、理财、用财”的职责。财政所按照适度从紧的财政政策,合理安排财政支出,保证农业、科技、教育、卫生等重点投入和人员经费的落实,压缩、控制非生产性支出,对下拨的财政资金跟踪监控,确保财政预算规定的支出用途,对专项资金进行跟踪问效,使财政管理不留死角,确保资金使用效果。

根据国务院《关于实行分税财政管理体制的决定》,上海市政府《关于市与县实行分税制财政管理体制的决定》精神,金山县对镇、乡财政实行“收入定额上交,超收定比分成,支出定额下拨”,以及部分乡镇自收自支的管理体制,在市财政保证金山县 1993 年既得利益的前提下,朱泾镇、乡被确定为实行自收自支的乡、镇。

第二节　税　　务

一、机构

1990 年,设在朱泾镇的税务机构有金山县税务局、税务稽查中队、国企税务所、朱泾第二税务所、第一查账所等。1992 年,增设对外税务所。2002 年,对外税务所和国营企业税务所合并。2004 年,朱泾镇税务机构有第一、第二、第三、第十四、第十六税务所。

二、农业税

1990 年,朱泾乡农业税收入 150.52 万元,占税收总收入的 25.95%。2002 年,金山区人民政府实施农村税费改革试点,朱泾镇按照“减轻、规范、稳定”的原则,落实“三个取消”(取消镇统筹、取消屠宰税、取消统一规定的劳动积累和义务工)。对承包户的纳税粮田面积重新核对造册,全镇共核销面积 218 公顷,计征面积 2186.80 公顷,共征农业税 136.89 万元。2003 年,国家开始免征农村承包粮田的农业税,只征集体经营粮田农业税。是年,朱泾镇应征粮田面积 33.33 公顷,征收农业税 2.09 万元。2004 年起,国家停止征收农业税。

1990—2004 年朱泾镇(乡)农业税征收情况表

表 80

年 份	征税面积(公顷)	农业税额(万元)	备 注
1990	2404.40	150.52	
1991	2373.30	148.57	
1992	2352.00	147.24	
1993	2099.00	131.40	
1994	2018.00	126.33	
1995	2007.00	125.64	
1996	2215.00	138.66	
1997	2208.90	138.28	
1998	2207.00	138.16	
1999	2190.11	137.10	
2000	2279.77	142.71	
2001	2254.06	141.10	
2002	2186.80	136.89	
2003	33.33	2.09	农民免征农业税
2004	—	—	农民免征农业税

三、工商税

1990 年,工商税种有产品税、增值税、营业税,税目分商业零售、商品批发、交通运输、建筑安装、金融保险、邮政电信、公用事业、娱乐业、临时经营等 10 余种。1991 年,个人所得税、个人调节税、城乡个体所得税、国营企业奖金税、事业单位奖金税、集体企业奖金税归并为个人所得税;停征工商统一税。1994 年,开征特别消费税,取消产品税,归并为增值税征收;集体企业所得税、国营企业所得税归并为企业所得税。

1998—2004 年朱泾镇(乡)税收情况表

表 81　　单位:万元

年份	税收总额	税收分类					
		承包内税收	"三资"企业税收	集市贸易税收	个体企业税收	私营企业税收	经济小区税收
1998	6755.61	1878.15	1404.14	412.39	22.04	31.81	3007.08
1999	9708.35	2045.60	1367.30	450.60	6.11	69.07	5769.67
2000	18980.77	3683.11	1697.59	440.67	19.64	366.00	12773.76
2001	27241.46	4168.54	2526.22	375.40	14.43	197.05	19959.82
2002	30914.73	3957.85	3722.26	414.10	9.83	6.97	22803.72
2003	32245.32	4238.71	3337.54	412.23	7.23	6.12	24243.49
2004	42492.41	3860.84	4102.12	272.65	4.79	0.30	34251.71

四、管理

1990 年,国家发布《税收征收管理暂行条例》,朱泾镇、乡对个体工商户重新进行纳税鉴定,实行定时定额管理。对国营、集体、私营工商户实行主动申报纳税,建立税收协助征收管理网络,加强对零星税源的控制管理,对集市贸易临商税、拖拉机车船使用税、屠宰税等实行委托代扣制度。1992 年,实施征收、管理、稽查三分离制度,强化依法纳税意识。1995 年,朱泾所为电脑征管试点单位。2003 年 7 月 1 日,实行个体经商户的定时定额征收管理办法,改为月营业额满 5000 元以上的征收零商税,不满 5000 元的免征零商税,同时取消集贸市场经商户的税收。

2000 年起,税务部门把工作的重点,逐步转向加强企业财务监督,建立营业申报、纳税鉴定、纳税辅导、纳税检查、凭证管理、建账建制和纳库销号等一系列的税务管理制度。内部建立岗位责任制,实行划片包干,严格纳税纪律,整顿纳税制度。

税务机关依法对纳税人进行与纳税有关情况的检查。检查纳税人的账簿、记账凭证、报表和有关资料;检查扣缴义务人代扣代缴、代收代缴的账簿、记账凭证和有关资料。

税务登记实行年检制度,年检合格的粘贴年检标志,不合格的限期整改,未参加年检的按《中华人民共和国税收征收管理法》及其细则等法律法规的规定予以处罚,责令整改、罚款、停止购领发票等。

税务检查坚持"自查从宽、被查从严、宽严适度、实事求是"的原则,维护国家税收的严肃性。

第三节　审　　计

一、机构

1995年前,朱泾镇、乡开展内部审计工作,由镇、乡财政所、经管站具体实施审计业务。1996年,朱泾镇、乡分别建立审计室,配备主任1人、审计人员3人。2000年7月,朱泾镇、乡"撤二建一",建立新的朱泾镇审计室,隶镇经济管理所,配主任1人、专职审计人员4人。

二、工作

朱泾镇(乡)审计室工作均受镇(乡)人民政府和金山区(县)审计局领导与业务指导,受理并开展审计工作。

1987—2004年,朱泾镇(乡)审计室参与镇、乡企业、行政领导干部年终分配方案的审计和监督,对有预算外收入的行政事业单位进行审计。对转资企业进行资产评估、厂长(经理)离任审计、债权债务归属、资产承受方信誉等项目的审计。

1997—2003年,朱泾镇(乡)先后制定"关于加强审计工作的若干规定""关于规范事业单位职责的通知""加强对建设项目审计的若干规定""关于加强镇、村基础项目审计的若干意见"等,确保审计工作法制化、制度化、规范化、科学化。

2004年,全镇实施审计项目69项,其中基建及维修项目审计43项,基建审计核减583.09万元,平均核减19.16%。

第四节　金　　融

1990年,朱泾镇城区有农业银行金山支行、建设银行金山支行、工商银行金山支行。嗣后,中国银行、上海浦东发展银行、农业发展银行等先后开设。1996年,农村信用合作联合独立社成立,成为地方性金融机构,后改名为农商银行。2004年,朱泾镇域内有银行网点10个、邮政储蓄专柜1个。

一、中国农业银行上海市金山支行

坐落在万安街515号。1990年,支行内设管理、经营等部室(中心)9个,下设23个营业机构。1995年8月,与金山农业发展银行机构分设。1996年8月,与金山县农村信用社分设。支行在朱泾镇城区设有2个营业所,分别为西林街50号的朱泾营业所和万安街515号的营业部。2003年7月,朱泾营业所升格为朱泾支行,营业部升格为罗星路支行。

1990年,金山支行被评为市级先进企业。

二、中国建设银行上海市朱泾支行

1984年10月建立,坐落于人民路345号。支行设有营业部,在人民路39号设东林储蓄所。1994 年 6 月，在临源街设林源储蓄所。1997 年 2 月，支行与石化专业支行合并，迁址至石化地区蒙山路 55 号，原支行更名为朱泾办事处。2001 年 6 月，东林储蓄所升格为东林分理处。2003 年 1 月，朱泾办事处升格为朱泾支行。2004 年，临源储蓄所停止营业。建设银行在朱泾镇网点为东林分理处、朱泾支行。

三、中国银行上海市朱泾支行

1993 年建立，坐落于万安街 570 号，是上海市分行设在金山的分支机构，也是国家外汇外贸专业银行，职工 34 人。2003 年 9 月，金山支行迁址万安街 604 号。2004 年 3 月，金山支行迁址石化卫零路 98 号；12 月，又迁址万安街 604 号，并更名为朱泾支行。是年，朱泾支行本外币存款折合人民币 3.36 亿元。

四、中国工商银行上海市朱泾支行

1988 年 12 月建立，坐落于万安街 820 号。1995 年，迁址万安街 835 号。1997 年 9 月与金山卫支行合并，成立新的中国工商银行上海市金山支行，原金山支行营业部更名为朱泾分理处，下设临源储蓄所。2002 年 11 月，朱泾分理处升格为中国工商银行上海市朱泾支行。2003 年 5 月，临源储蓄所升格为分理处。

五、上海市浦东发展银行朱泾支行

1993 年 12 月建立，坐落于金枫公路 350 号。1997 年 8 月，金山支行与浦发银行石化办事处合并，原金山支行改名为上海浦东发展银行金山支行朱泾分理处。1998 年 10 月，朱泾分理处改名为上海浦东发展银行朱泾支行。2000 年 11 月，朱泾支行迁址朱泾镇人民路 234 号。

六、中国农业发展银行上海市金山县支行

1997 年 4 月建立，坐落于朱泾镇公园路 232 号。2003 年 9 月，迁址石化地区卫零路 611 弄 112 号。

七、金山区农村信用合作社联合社

1996 年，与农业银行脱钩后建立总部，坐落在朱泾镇东风新村 7 号。在万安街 528 号设朱泾分社、万安街 850 号设南圩储蓄所、西林街 96 号设朱泾信用社。2002 年 3 月，总部迁址石化地区卫清西路 505 号。2004 年，在朱泾镇城区有朱泾分社、朱泾信用社、南圩储蓄所等 3 家网点。

八、金山区(县)朱泾农村信用合作社

坐落于朱泾镇新汇街 151 号。1990 年，有职工 22 人，存款 1162.14 万元，贷款 1840.48 万元。1991 年 8 月，信用社搬迁至西林街 96 号。1996 年，信用社与农业银行脱钩，有存款 8675.45 万元，贷款 5161.64 万元。信用社有入股农户 7041 户，股金 3.52 万元，平均每年按不等利率给予农户股金分红。

2004 年,朱泾信用社有职工 18 人,存款 2.33 亿元,贷款 1.58 亿元。

1990—2004 年朱泾农村信用合作社股金分红情况表

表 82

年份	股　金(元)	每股分红(%)	分红总额(元)
1990	36065	8.00	2885.20
1991	36065	8.00	2885.20
1992	36065	8.00	2885.20
1993	36065	12.98	4680.59
1994	35205	9.23	3248.55
1995	35205	9.23	3248.55
1996	35205	5.79	2038.37
1997	35205	13.20	4647.06
1998	35205	14.89	5242.02
1999	35205	7.08	2492.51
2000	35205	7.80	2728.39
2001	35205	8.00	2816.47
2002	35205	7.80	2745.99
2003	35205	13.00	4576.65
2004	35205	3.00	1045.59

九、邮政储蓄

1991 年 2 月,金山邮电局按照中国人民银行规定在朱泾镇城区开设邮政储蓄专柜,办理个人人民币储蓄业务。2004 年末,全镇邮政储蓄个人存款余额达 8500 万元。

第五节　工商管理

一、机构

1990 年,金山县工商局在朱泾镇设朱泾工商行政管理所,具体管理朱泾镇、乡的工商业务。2004 年,朱泾工商行政管理所有工作人员 20 人。

二、职能

1990 年,工商行政管理所的任务主要有"六管一打",即管理工商企业登记、个体和私营企业登记、集市贸易、经济合同、商标、广告和打击投机倒把活动。

1990 年后,随着社会主义市场经济的发展,工商行政管理所的任务由原管理集贸市场,转变为监管社会大市场,接受消费者投诉,维护消费者合法权益。至2004年,朱泾工商行政管理所根据《中华人民共和国工商行政管理法》实施以下管理职能。

(一)企业年检和个体户验照

根据上级部署分批分期对企业进行年检、验照。2004年,朱泾镇862家集体企业,年检率93.26%;6069家私营企业,年检率76.2%;2311户个体户,验照率99.96%。对未年检、验照的企业、个体户予以吊销执照。

(二)办理、注销企业登记

2004年,受理注销企业登记24件,办理个体户开业171户,歇业19户,变更98户。

(三)专项检查

2004年,朱泾工商行政管理所出动287人次,进行集中和专项检查21次。专项检查有毒大米和肉食品质量;对文化娱乐场所开展专项整治,对无证经营进行专项治理等,检查、整治、取缔无证经营111户,查处各类违法违章案件108件,暂扣和没收各类商品和经营工具78件。

(四)市场监管

针对农资(农药、化肥、薄膜等农用物资)经营市场秩序混乱,存在损害农民经济利益的现象,朱泾工商行政管理所与有关部门协商后,制定长效管理措施;推行农资经营行为商家承诺制度,建立行业自律机制。工商所与农资经营户签订责任书,承诺"不售假农资"。

针对商品市场、消费品市场和生产要素市场的特点,平抑物价,抑制通货膨胀;发挥市场监督在理顺流通渠道、治理流通秩序中的积极作用;加强对各类市场的监督管理,建立公平、公正、公开有序的市场秩序。

(五)经济合同监管

宣传经济合同法规;指导和督促业务主管部门和企事业单位的经济合同管理工作;组织开展有关活动,增强依法经营观念;监督经济合同的订立和履行,督促当事人按照合同的约定履行自己的义务;实施经济合同的监证和备案;查处违反经济合同的行为,调解经济合同纠纷等。

(六)广告监督

宣传相关的法律法规;做好广告经营登记;根据《中华人民共和国广告法》规定,对各类广告实施监督检查,接受违法广告投诉并查处,复议广告违法案件;指导广告业健康发展等。工商所坚持深入居委会、村委会、市场,进行广告检查。

(七)商标监管

宣传解释《中华人民共和国商标法》《中华人民共和国商标法实施细则》等法律、法规;监督检查侵犯注册商标权行为,假冒注册商标印制的资格审查和日常监督管理等工作。

(八)消费者合法权益保护

2004年,朱泾工商行政管理所发动工作人员,开展义务咨询服务,发放宣传资料1200份。在全镇8个村、12个居委会和超市大卖场建立32个消费者维权联络点,设置投诉箱,每月派员联络。是年,受理投诉21起,调解17起,为消费者挽回经济损失25680元。

2001—2004年,朱泾工商行政管理所先后获上海市工商局文明单位、上海市文明单位称号。

第十九章 民 政

1990—2004 年，朱泾镇（乡）政府均设民政助理 1 人，主管优抚安置、婚姻登记、村级民主建设、社会救助、扶贫帮困、助残敬老、移民安置等工作。

第一节 优抚安置

一、优抚

1990 年，朱泾镇（乡）有烈属 9 户、病故军人家属 1 户、残疾军人 46 人，政府按政策给予抚恤与补助。1998 年起，朱泾镇（乡）现役义务兵的优待金由区统筹发放，农村义务兵每人每年 9000 元，城镇义务兵每人每年 17764 元。2000 年 7 月，撤销朱泾镇、朱泾乡建制，建立新的朱泾镇。2002 年，全镇共有烈属 12 户、病故军属 1 户、残疾军人 58 人。

二、安置

朱泾镇（乡）对复员、退伍军人按政策进行安置，朱泾镇的复退军人基本上安置在机关和企事业单位。朱泾乡对应征义务兵实行入伍通知书和安置乡、村办企业单位工作通知书同时发放，退伍后进企业工作。1997 年，绝大多数退伍军人及复员军人得到妥善安置。1997 年后，退伍军人不再安排工作，采取“以资代劳”办法，按军龄每年补助 1000 元，发给一次性补贴（最高不超过 5000 元），自谋出路。但政府对他们的就业并非放任不管，仍给予关心与帮助。

第二节 婚姻登记

1980—1994 年，朱泾镇、乡实施中华人民共和国第五届全国人民代表大会通过修改的《中华人民共和国婚姻法》，男女结婚登记的法定年龄为男性 22 周岁，女性 20 周岁。同时提倡晚婚、晚育，晚婚年龄为男性 25 周岁、女性 23 周岁。婚姻登记工作由朱泾镇、乡人民政府民政部门办理。婚姻登记的男女双方须各持户口簿、单位介绍信及有关证明（体检表），申请结婚登记。

1995 年起,男女婚姻登记由金山县民政局统一办理。

1990—1994 年朱泾镇、乡婚姻登记情况表

表 83

<table>
<tr><th rowspan="4">年份</th><th colspan="7">登　记　结　婚　数</th><th colspan="4">登记离婚数(对)</th></tr>
<tr><th rowspan="3">合计
(对)</th><th rowspan="3">初婚
(人)</th><th rowspan="3">再婚
(人)</th><th colspan="4">年龄</th><th rowspan="3">准予
离婚</th><th rowspan="3">调解
不离</th><th rowspan="3">法院
处理</th><th rowspan="3">正在
处理</th></tr>
<tr><th colspan="2">男(人)</th><th colspan="2">女(人)</th></tr>
<tr><th>22—25
周岁</th><th>25 周岁
以上</th><th>20—23
周岁</th><th>23 周岁
以上</th></tr>
<tr><td>1990</td><td>252</td><td>450</td><td>54</td><td>102</td><td>150</td><td>127</td><td>125</td><td>23</td><td>11</td><td>3</td><td>3</td></tr>
<tr><td>1991</td><td>254</td><td>451</td><td>57</td><td>100</td><td>154</td><td>109</td><td>145</td><td>20</td><td>5</td><td>1</td><td>2</td></tr>
<tr><td>1992</td><td>302</td><td>528</td><td>76</td><td>124</td><td>178</td><td>128</td><td>174</td><td>23</td><td>7</td><td>1</td><td>4</td></tr>
<tr><td>1993</td><td>302</td><td>533</td><td>71</td><td>125</td><td>177</td><td>109</td><td>193</td><td>23</td><td>6</td><td>1</td><td>—</td></tr>
<tr><td>1994</td><td>317</td><td>566</td><td>68</td><td>123</td><td>194</td><td>112</td><td>205</td><td>26</td><td>9</td><td>—</td><td>2</td></tr>
</table>

第三节　村委会换届选举

1990 年,朱泾乡有 14 个村委会、1 个水产大队管委会。1995 年,朱泾镇新增 1 个村委会(仙居村委会)。2000 年 7 月撤销朱泾镇、朱泾乡建制,建立新的朱泾镇。2002 年,朱泾镇建有 12 个村委会。2004 年,经撤并全镇建有 8 个村委会。1985 年起,各村民委员会每 3 年进行一次换届选举,至 2004 年,全镇共进行 7 次村委会换届选举。村委会一般设主任 1 人,委员 2—3 人,部分村委会增设副主任 1 人。村委会下设工农业生产、民政调解、治安保卫、文教卫生 4 个委员会。

第四节　社会救助

1990 年,朱泾镇社会救助经费共支出 9534 元,其中,定期定额救济 9 户、6888 元;临时救济 51 人次、2646 元。1996 年,成立"朱泾镇新亚扶贫帮困基金",筹集基金 96910.6 元。1997 年,民政部门办理帮困粮油供应卡 1723 人,全年发放困难补助金 3720 元,失业救济金 111578 元。是年,朱泾乡民政部门将 4.9 万元送到特困户手中。1998 年,朱泾乡贫困家庭有 236 户,特困人员 684 人,共发放救助金 36 万元。特困户翻建危房有 8 户,补助 4.5 万元,25 户特困户领到特困医疗卡。是年,乡政府对 62 户特困户进行扶贫帮困,共发放帮困金 71665 元。对东方红村及一农村的 2 户危房特困户补助 5000 元和 7000 元支助翻建危房。

2001 年,朱泾镇办理低保对象 272 户,发放救助金 76.44 万元;办理协保补助 93 人,补助金额 8.47 万元。对农村 120 户贫困户发放救助金 22.74 万元。2002 年,朱泾镇发放城镇最低生活保障金 135.76 万元,贫困补助 24959 元,协保人员补助金 17.9 万元,农村贫困户救助金 48.64 万元。2003 年,发放城乡居民贫困补助 267.62 万元。1 月 12 日,"千万人帮千家"迎春募捐帮困慰问活动在紫金广场举行,45 家企事业单位现场捐款 25 万元,慰问特困家庭 400 户,发放慰问金、慰问品价值 12 万元。2004 年,全镇 338 名机关干部与贫困家庭结对帮困。全年发放低保家庭救助金 882 户、214.34 万元,翻建农村特困家庭危房 14 户,重症救助 57 人、11.67 万元,办理每份价值 500 元的贫困家庭医疗救助卡 30 户,落实 65 岁以上农民每月 75 元生活保障补助 2360 人、17.7 万元。

第五节　赈灾救灾

1991 年 8 月 7 日,金山县北部地区遭受龙卷风伴随特大暴雨侵袭,朱泾乡胜利、良种、一农、蒋泾、秀泾 5 个村受灾严重,共毁坏房屋 831 户、1205 间,人员受伤 32 人,其中重伤 9 人,总经济损失 667.65 万元。龙卷风过后,朱泾乡党政领导和机关干部 20 多人立即奔赴受灾现场,慰问灾民,落实救灾措施。8 月 8 日凌晨 2 时许,市委、市政府有关领导到金山,在县委书记徐其华及朱泾乡副乡长邱吉林陪同下,前往县中心医院看望慰问受灾伤员,并到受灾最严重的胜利村察看灾情,了解救灾情况,部署抗灾救灾。灾后,县民政局、县总工会、共青团金山县委、县妇联以及部分县属机关、企事业单位,朱泾镇政府、山阳乡政府等共向灾区捐款 7.55 万元,捐赠救灾物资钢材 1 吨、木材 1 立方米、水泥 2 吨等。县民政局还向朱泾乡灾区转拨市民政局救灾款 40 万元和市有关单位捐款 4 万元。县保险公司向受灾村民送去保险理赔款 19.58 万元。

第六节　老龄工作

一、老年人口

1990 年,朱泾镇(乡)60 以上老年人口占总人口的 10.4%,与联合国界定的老龄化社会老年人口占 10% 的标准持平。1995 年,达到 12.4%,已步入老年化社会。2004 年,全镇达到 16.5%,社会的老龄化更为严重。在老年人口中,80 岁以上高龄老人的比例由 1990 年的 8.4%,上升到 2004 年的 12.8%。

1999—2004年朱泾镇(乡)60岁以上老年人口情况表

表84 单位:人

年份	镇乡	总人口	老年人口		其中							
			合计	占总人口(%)	男性	女性	城镇	农村	60—69岁	70—79岁	80—89岁	90—99岁
1999	镇	39371	4535	11.5	2252	2283	4257	278	2648	1409	438	40
	乡	28218	4007	14.2	1722	2285	32	3975	2187	1352	438	30
	合计	67589	8542	12.6	3974	4568	4289	4253	4835	2761	876	70
2000	镇	67317	9449	14.0	4408	5041	4685	4764	5306	3129	935	79
2001	镇	67118	10242	15.3	4821	5421	5776	4466	6279	2940	938	85
2002	镇	69899	9539	13.6	4503	5036	4898	4640	5167	3203	1076	93
2003	镇	69673	10513	15.1	4987	5526	5171	5342	5549	3572	1283	109
2004	镇	69618	11502	16.5	5599	5903	6396	5106	6114	3917	1350	121

二、老龄工作

1985年起,朱泾镇(乡)设立老龄问题委员会,由1名副镇(乡)长任主任,老龄委下设办公室,配备专职干部处理日常事务工作,各居(村)委会均建立老年协会,有专人分管老龄工作。

1986年,建立朱泾镇敬老院,坐落在幸福路东侧,占地面积0.17公顷,建筑面积214平方米,平房8间,总投资3.5万元。是年,入院老人6人,服务职工4人。院内配有彩电、冰箱、洗衣机,每间宿舍、食堂和休息活动场所均装有电风扇。1990年,住院老人增至13人。1995年,在院老人11人,其中6人为寄养。2000年2月,敬老院地块被规划征用,朱泾镇政府与东林医院协商决定,将朱泾镇敬老院并入东林养老院,所有在院老人迁至东林养老院。

1990年,改建朱泾乡敬老院,经整理装修后的新敬老院占地面积0.3公顷,建筑面积1290平方米,院内配备工作人员12人。是年,收养老人32人,其中8人为寄养。1995年,收养老人38人,其中寄养5人。2003年,收养老人37人,其中寄养4人。2004年,收养老人49人,其中寄养25人。

朱泾镇(乡)各居委会、村委会均建立老年活动室。2000年,民主村第一村民小组从集体积累资金中提取15万元,建造占地面积500平方米、建筑面积160平方米,具有江南园林风格的"老年之家"活动室,属金山区由村民小组首创的老年活动室。2004年,全镇有老年活动室31个,建筑面积2880平方米,日均活动人数2000多人。活动室为老年人提供茶水、棋牌等休闲娱乐服务。是年,由原区人事局退休干部管理中心管辖的退休干部活动室(朱泾镇西林街2弄15号)划归朱泾镇老龄委管理,成为朱泾镇退休职工活动室暨上海市老年大学金山分校。该活动室拥有茶室、棋牌、书报、桌球、医务、电脑等场所及设施。老年大学办有摄影、书画、花卉、歌唱、戏曲、舞蹈等14个班级,学员600多人。

第七节　助残工作

1992年,朱泾镇、乡成立残疾人协会。1993年6月,残疾人协会更名为残疾人联合会(以下简称残联)。2004年,朱泾镇有残疾人936人(男性550人、女性386人),占总人口的1.34%。

2001—2004年朱泾镇残疾人情况表

表85　　单位:人

年份	残疾人合计	占总人口(%)	其中		残疾分类					
			男	女	视力	听力	语言	肢残	智弱	精神病
2001	793	1.19	461	332	80	5	58	405	149	96
2002	843	1.21	488	355	87	9	62	428	153	104
2003	896	1.29	523	373	92	11	66	447	70	110
2004	936	1.34	550	386	100	14	66	459	179	118

一、残疾人康复

1993年,朱泾镇、乡自残联成立之初,就建立残疾人康复工作领导小组,由残联、地段医院(卫生院)、民政、妇联、计生委、财政、社区等部门有关人员组成,分管副镇长、副乡长任组长。领导小组负责拟订康复计划,落实康复目标和任务。同时,建立一支热心为残疾人服务的康复员队伍,由居(村)委会干部、楼(组)长、家属等组成。形成以镇、乡为基地,居(村)委会为基础,医疗卫生部门为依托,残联为指导的残疾人康复工作服务网络。

朱泾镇、乡残疾人康复工作主要是:每年对40岁以下小儿麻痹后遗症患者进行矫治手术4—5名,术后开展康复训练,有效率达100%。1992年底,对1名精神病关锁病人进行治疗,通过治疗,病人不仅解除了关锁,而且能从事一些轻微的家务劳动。陆续为44名精神病患者填写康复需求登记表,掌握病人对治疗、教育、就业等康复要求。1994年,朱泾镇在健康幼儿园开办上海郊县第一个智障幼儿班,得到市残联,县政府、民政局、教育局、财政局、卫生局和朱泾镇政府的重视和支持。首批招收8名中、轻度智障幼儿入园,由2位从事幼教工作几十年的老师任教,集管理、教育、康复、服务于一体。之后,每年都有10余名智障儿童入学。中国残联、市残联的领导以及市儿科医院的专家教授数次到幼儿园考察、检查,均给予较好的评价。

1995年底,中国残联康复办公室,北京、浙江、广东、福建等省市残联康复办领导到朱泾镇,对镇残疾人社区康复计划实施进行终期验收,计划最后以99.6分的成绩获通过。

1999—2004年,全镇完成白内障手术复明病例62例。

二、残疾人就业

安排残疾人就业，是解决残疾人立足于社会的根本问题，也是促进社会稳定的一个重要方面。残疾人就业分为集中和分散两种形式，集中为进镇、乡办福利企业就业。1990 年，朱泾镇、乡办福利企业 7 家，职工 228 人，其中残疾职工 88 人。2004 年，朱泾镇有福利企业 10 家，职工 1145 人，其中残疾职工 449 人。

2001—2004 年朱泾镇残疾人就业情况表

表 86　　　　单位：人

年份	残疾人总数	劳动年龄段残疾人	残疾人就业分类			
			集中就业	分散就业	个体	重残就业
2001	793	536	243	166	30	97
2002	843	676	254	174	31	217
2003	896	734	335	141	10	124
2004	936	809	449	208	9	143

三、重残人补助

残疾人中有部分是重残人员，他们生活基本不能自理，也无法参加工作与劳动，造成生活困难。朱泾镇（乡）政府对这部分重残无业人员每年进行定期或临时经济补助，在养老保险和医疗等方面给予照顾。2001 年，全镇为 97 名重残无业人员发放补助金 24 万元。2002 年，发放重残无业救济金 53.66 万元，平均每人每月 206 元。2003 年，全镇发放 50.65 万元，平均每人每月 259 元。2004 年，全镇发放重残救助金 78.86 万元，平均每人每月 459.6 元。办理重残医疗救助卡 147 份。实施农村残疾人“双推”（推行农村残疾人参加养老保险、合作医疗保险）555 人、补贴 5.46 万元。发放贫困残疾人救济金 208 人次、6.73 万元。

第八节　三峡库区移民安置

2001 年，来自重庆市云阳县双江镇的 8 户、35 人三峡库区移民，安置落户朱泾镇，其中，落户富强村 1 组 4 户、20 人，蒋泾村 9 组 4 户、15 人。移民的居住房、承包田、自留地等各项工作，在移居前一并落实。

2001年三峡库区移民落实情况表

表87

户主姓名	家庭人口	迁出地	落户地
李德明	6	重庆市云阳县双江镇	金山区朱泾镇富强村1组
王立新	6	重庆市云阳县双江镇	金山区朱泾镇富强村1组
董中兴	3	重庆市云阳县双江镇	金山区朱泾镇富强村1组
涂方明	5	重庆市云阳县双江镇	金山区朱泾镇富强村1组
张道勋	3	重庆市云阳县双江镇	金山区朱泾镇蒋泾村9组
王志平	4	重庆市云阳县双江镇	金山区朱泾镇蒋泾村9组
王志明	4	重庆市云阳县双江镇	金山区朱泾镇蒋泾村9组
李明贵	4	重庆市云阳县双江镇	金山区朱泾镇蒋泾村9组
合计	35		

第二十章 社会保障

1990—1995 年，计划招工时期，朱泾镇、乡安排城镇待业青年以及农村富裕劳动力就业1100 多人。1996 年后，劳动力的招聘开始走向市场化。1998 年，朱泾镇、乡成立再就业服务中心，规范化开展再就业服务工作，为下岗待业青年牵线搭桥，解决基本生活保障。至 2004 年，朱泾镇（乡）劳动服务所向用工单位推荐录用城镇待业青年和农村富裕劳动力 1200 多人，办理外来人员就业证和综合保险 2987 人。

1993 年起，朱泾镇（乡）成立农村养老保险所，负责养老保险金的收集和使用，逐步完善农村养老保险制度。至 2004 年，全镇参加农村养老保险 4834 人，投保率 94.7%。

1994 年起，实行农村医疗保险，参保人员在办理投保手续时，一次性缴纳全年医疗保险金。2004 年，全镇投保 18794 人，占农业人口的 81.1%，筹集合作医疗保险基金 279.85 万元。

第一节 劳动保障

一、劳动力分布

1990 年，朱泾镇共有劳动力 19259 人，主要分布在工业、商业、城建、交通、教育、卫生和公用服务等行业。朱泾乡共有劳动力 20121 人，从事农牧业的占总劳动力的 52.3%，从事工业的占 29%，从事建筑、商业、城建、交通行业的占 12.94%。

1990 年朱泾镇、乡劳动力分布情况表

表 88　　单位：人

项　　目	朱泾镇	朱泾乡
总人口	29875	28472
在业人口	19259	20121

续表88

项目		朱泾镇	朱泾乡
其中从事行业	工业	7014	5845
	商业	3203	496
	农牧业	225	10530
	建筑业	396	1122
	房地公用居民服务业	1043	396
	城建、交通、邮电	1928	985
	财政、金融、保险	407	
	体育、卫生、福利	1290	
	教育、文化、广播	1547	223
	科研		
	机关	2206	299
	其他		225

二、劳动力安置

1990—1995年计划招工时期,朱泾镇、乡安排城镇待业青年以及农村富余劳动力共1100多人就业,大多数安排在镇、乡、村办企业工作。1996年后,劳动力的招聘开始走向市场化,由用工单位直接在社会上招聘,劳动服务所择机向招工单位推荐就业者。至2004年,朱泾镇、乡劳动服务所向用工单位推荐录用城镇待业青年和农村富余劳动力1200多人。

1998年初,朱泾镇成立再就业服务中心,规范化开展再就业服务工作,为下岗待业人员牵线搭桥,解决基本生活保障。是年,共组建10个非正规就业劳动组织,其中各类经营性服务社9个,安排下岗待业人员27人;保安、保绿、保洁公益性劳动组织1个,安排下岗待业人员27人。2001年,净增公益性劳动岗位161个,其中"4050"项目(指40—50岁下岗职工的再就业工作)2个,从业人员70人;净增非正规就业劳动组织25个,从业人员50人;通过劳务公司输送30名城镇失业人员和近百名农村富余劳动力,帮助他们获得就业岗位。2002年,净增就业岗位1109个,就业年龄段残疾人就业率98%。2003年,新增就业岗位1810个,完成区政府下达指标的134%。分流、安置再就业980人,安置残疾人37人。2004年,新增就业岗位2713个,完成区下达指标的147%。分流、安置再就业1444人,占城镇指标数的170%。其中,新增非农就业岗位1269个,占非农指标数的28%。安排残疾人296人。城镇登记失业人员1690人。

三、外来劳动力管理

1996年后,上海市由计划招工转为市场化招聘,由用工单位直接向社会招工。开始时局限于上海市户口，逐步开放至不受户籍限制。朱泾镇各类企业的外来务工者逐年增加。为使外来务工人员安心、稳定地工作和生活，朱泾镇劳动保障监察协管队依据上海市外来从业人员综合保险暂行办法，对各用工企业实行劳动监督。为外来从业人员办理就业证；要求各类企业单位为外来从业人员缴纳综合保险；外来从业人员与企业发生劳动纠纷，依法进行免费调解，以保护外来务工者的合法权益。至2004年，朱泾镇179家企业为2987人办理综合保险和就业证。

四、失业保险

1993年起，朱泾镇劳动服务所开始办理失业保险业务，规定法定劳动年龄段内非本人意愿中断就业的，具有上海市城镇常住居民户口的，在职期间所在单位和个人按规定缴纳失业保险费的，在失业前缴纳失业保险费累计满1年的，有就业愿望和要求的可以申领失业救济金。

失业人员须凭退工单、身份证、户口簿和劳动手册到劳动服务所办理失业登记手续，然后根据失业者的工龄、年龄和缴费年限，核定失业保险金的领取期限及金额标准，再按月发放。

2004年朱泾镇失业保险金申领标准一览表

表89

<table>
<tr><th>累计缴费年</th><th>失业者年龄</th><th>第1个月至第12个月
支付标准(元)</th><th>第13个月至第24个月
支付标准(元)</th></tr>
<tr><td rowspan="2">满1年不满10年</td><td><35岁</td><td>297</td><td>280</td></tr>
<tr><td>≥35岁</td><td rowspan="2">324</td><td rowspan="2">280</td></tr>
<tr><td rowspan="2">满10年不满15年</td><td><35岁</td></tr>
<tr><td>≥35岁</td><td rowspan="2">351</td><td rowspan="2">281</td></tr>
<tr><td rowspan="2">满15年不满20年</td><td><40岁</td></tr>
<tr><td>≥40岁</td><td>378</td><td>303</td></tr>
<tr><td rowspan="2">满20年不满25年</td><td><45岁</td><td></td><td></td></tr>
<tr><td>≥45岁</td><td rowspan="2">405</td><td rowspan="2">324</td></tr>
<tr><td rowspan="2">满25年不满30年</td><td><50岁</td></tr>
<tr><td>≥50岁</td><td>432</td><td>346</td></tr>
</table>

1994—2004年朱泾镇失业保险金发放情况表

表90

年份	人次	总金额(元)	年份	人次	总金额(元)
1994	372	67704	1996	423	78230
1995	469	86762	1997	569	111578

续表 90

年份	人次	总金额(元)	年份	人次	总金额(元)
1998	834	157936	2002	1382	346500
1999	1002	190440	2003	1343	349180
2000	967	222410	2004	1690	508690
2001	1121	249830	合计	10172	2057410

第二节　老年人保障

一、养老保险

1993 年起,朱泾镇(乡)成立农村养老保险管理所,负责收好、用好养老保险金,逐步完善农村养老保险制度。

养老保险以保障老年人生活为宗旨,坚持以农民自我保障为主、集体补助为辅、国家予以政策扶持的原则,实行自助与互救相结合,社会保障与个人储备及家庭养老相结合。农村社会养老保险对象为镇(乡)内年龄 18—60 周岁的农村户口公民,养老保险费由个人和集体共同负担,缴纳后投保者都有自己的个人账户。企事业单位在职人员每人每年缴纳保险金 300 元,务农人员每人每年 240 元。2004 年,朱泾镇共有农村养老保险参保人数 4834 人,投保率 94.7%,累计养老基金 3364.77 万元。

1997—2004 年朱泾镇(乡)务农老人享受退养补助金情况表

表 91

年份	农村总人口	60 岁以上老年人	享受人数	总金额(万元)	年人均(元)	月人均(元)
1997	28238	4267	4266	52.78	123.72	10.31
1998	28923	4035	4026	68.08	169.10	14.09
1999	27022	4253	3072	44.61	145.21	12.10
2000	31229	4764	2700	74.09	274.40	22.87
2001	26614	4466	2580	48.18	186.72	15.56
2002	25548	4640	2456	82.05	334.08	27.84
2003	26302	4342	2697	108.24	401.33	33.44
2004	24445	5106	2779	129.06	464.41	38.70

2004 年起,对 65 周岁及以上的务农老人实行新的养老保险制度,每人每月定额发放养老金 75 元。是年,全镇享受农保待遇的有 2360 人。

二、农村医疗保险

1994 年,凡户口在各行政村的所有务农人员均可参加合作医疗保险。参保人员在办理投保手续时,必须一次性缴纳全年合作医疗保险基金。是年,朱泾乡共参保 14292 人,占农业总人口的 54.78%。参保人每人每年缴纳合作医疗保险基金 15 元,集体则以全村拥有的耕田面积乘以每亩 4 元来计算应缴纳的扶持基金。患病者凡在村医务室诊治的报销 80%,在乡卫生院、县中心医院门诊就诊的报销 40%,住院报销 50%。2001 年,务农人员每人每年缴纳合作医疗保险金 20 元(60 周岁以上老人由镇财政补贴每人 12 元),企事业单位每人每年缴纳合作医疗基金 150 元。患病者在村医务室看病的医药费报销 80%;在地段医院就诊的,职工报销 40%,务农者报销 20%;在区级医院就诊的,职工报销 20%,务农者报销 10%;全年每人门诊医疗费限额 1000 元。2004 年,全镇投保 18794 人,占农业人口的 81.1%。务农者每人每年缴纳合作医疗保险基金 80 元(60 岁以上每人 20 元),职工每人每年缴纳 150 元。全年筹集合作医疗保险基金 279.85 万元(其中,个人缴纳 154.55 万元,财政补贴 23.16 万元,村级扶助 19.54 万元,企业税收托收 82.6 万元),总支出 231.16 万元。

2004 年朱泾镇农村合作医疗医药费报销标准情况表

表 92

就诊类别	医药费报销标准(%)		
	村(厂)卫生室	地段医院	区、市医院
门诊	60	50	30
住院≤5000 元	—	60	40
住院 5001—10000 元	—	70	50
住院 10001—18000 元	—	80	60

2004 年朱泾镇农村合作医疗基金使用情况表

表 93　　单位:万元

门诊补偿					住院补偿			
村卫生室	地段医院	区医院	市医院	小计	地段医院	区医院	市医院	小计
28.599	58.290	10.918	0.321	98.128	31.029	95.876	6.130	133.035
总支出	231.163							

第二十一章　教　育

1990年，朱泾镇、乡域内有各类学校20所，其中面向朱泾镇、乡籍招生的学前教育有健康幼儿园、东风幼儿园、罗星幼儿园3所；义务教育有朱泾小学、朱泾第二小学、金山实验小学、罗星中学、朱泾中学5所；成人教育有朱泾镇、乡成人中等文化技术学校2所。

2004年，全镇入园幼儿1241人，在校小学生3343人、中学生5201人，成人职业培训生928人。

第一节　学前教育

一、概况

1990—2004年，学前教育面向朱泾镇(乡)籍招生的在城区有罗星、东风、健康幼儿园3所和南圩、罗星幼托班2个；在农村有胜利、万安、建设、富强、增产、民主、一农、东方红、蒋泾、联盟、秀泾幼儿园11所。

各幼儿园贯彻保教结合原则，对幼儿开展体、智、美全面发展的保健和教育。

2004年，全镇有幼儿园3所，占地面积9675平方米，建筑面积5656平方米；开设班级36个，入园幼儿1241人，教师92人。

二、幼儿园简介

(一)健康幼儿园

坐落在健康路255号。1936年创办，故名健康路幼儿园。1994年，更名为健康幼儿园，开设康复幼儿班，以3—6岁的残疾儿童为入园对象，进行科学的康复训练。

2004年，健康幼儿园占地面积2572平方米，建筑面积2192平方米，绿地面积484平方米。教职工28人，开设班级10个，有幼儿355人。

1995—1996年，被评为金山县文明单位。

(二)东风幼儿园

坐落在金枫公路636号，1956年10月创办。2004年，占地面积4252平方米，建筑面积2105平方米。开设班级13个，有幼儿434人。有教职工36人，其中，小学高级教师21人，小学一级教师13人。

1990年起,以"一切为了孩子,为了孩子一切"为办学目标,艺术教育为办学特点,对幼儿实施体、智、德、美、劳全面发展教育。

1991年,通过金山县示范园验收。1992年9月,创建"小星苑"特色班(电子琴、绘画)。1993年,被列为上海市幼儿园课程改革试点单位。1995年1月,被评为上海市一级幼儿园。1994年,获上海市幼儿广播操评比交流银花奖。1996年,获上海市小施尔康杯首届幼儿表演游戏电视会展优秀奖。1994年、1996年、2000年先后被评为金山区(县)文明单位。

(三)罗星幼儿园

坐落在新安街80号,1985年创办。2004年,占地面积2851平方米,建筑面积1359平方米。开设班级12个,有幼儿408人。有教职工32人,其中,教师22人,专科学历20人,小学高级教师2人,小学一级教师17人。

1990年起,坚持"以幼儿发展为本"的教育理念,努力开发幼儿潜能,旨在把幼儿培养成为身心健康、适应时代需要的新型儿童。至1997年,幼儿园先后获上海市办园成绩显著奖,上海市第二届中、小、幼优秀教研组奖,金山区(县)文明单位等荣誉。

第二节　义务教育

一、概况

1990年,义务教育面向朱泾镇、乡籍招生的学校有12所,其中城区5所、农村7所。2000年7月,农村学校全部归并镇城区学校。2004年,义务教育面向朱泾镇籍招生的学校有朱泾小学、朱泾第二小学、金山区第一实验小学、朱泾中学、罗星中学5所。开设班级84个,有学生3575人。有教师307人,其中,高级职称55人,中级职称200人。学校占地面积51807平方米,建筑面积26463平方米。

二、学校简介

(一)朱泾小学

1905年创办,1986—1992年,名为朱泾中心小学,坐落在东林街230弄4号。1993—2002年,校址在文化路18号。2003年起,学校易地新建,校址在健康南路555号,名为朱泾小学,占地面积21700平方米,建筑面积11540平方米,开设班级29个,有学生1106人、教师140人。

1990年起,确立"精神文明窗口学校、德育教育特色学校、英语教学一流学校"的办学目标。至1996年,先后被评为全国少工会红旗大队、全国少先队学雷锋先进集体、上海市小学生日常行为规范示范学校、上海市社区教育先进集体、全国先进手拉手联谊学校。

2000—2004年,先后被评为金山区A级学校,获上海市教育实事项目一等奖。

(二)朱泾第二小学

1912年创办。1987年起,坐落在南圩路21号。2004年,占地面积10672平方米,建筑面积 7900 平方米;开设班级 21 个,有学生 915 人;有教职工 58 名,其中,大专学历 11 人,中专 49 人,中学高级教师 1 人,小学高级教师 22 人。

1990 年起,确立“创办三园,培育新人”的办学目标,不断深化教学改革,取得一定成效。至 2004 年,先后被评为全国少工委红旗大队、上海市小学生日常行为规范教育训练示范学校、上海市小学生交通安全先进集体、金山县学校办学质量一等奖、上海市语言文字示范学校、上海市体育先进集体、勤工俭学先进集体。

(三)金山区第一实验小学

1984 年创办,名为金山县实验小学。1993 年起,坐落在浦源路 118 号。1997 年撤县建区后,改名为金山区第一实验小学。2004 年起,学校占地面积 16078 平方米,建筑面积 8040 平方米。开设班级 29 个,有学生 1322 人。有教师 92 人,其中,中学高级教师 4 人,中级教师 57 人。

建校以来,坚持以教学为中心,注重学生全面发展;实施素质教育,抓美育促五育并举(以美育德、以美育智、以美健体、以美促劳、以美育为)的办学模式,开展教育教学。

1990—2004 年,先后被评为上海市文明单位、上海市小学幼儿教育先进单位、上海市语言文字工作先进集体、上海市红十字会先进集体、上海市模范集体、全国语言文字工作先进集体、全国雏鹰大队、金山县 A 级学校、上海市小学行为规范示范学校、上海市红十字达标学校。

(四)朱泾中学

1972 年创办的初级中学,坐落在临源街 828 号。占地面积 19435 平方米,建筑面积 7023 平方米。1990 年,原朱泾二中、幸福中学并入朱泾中学,成为一所全日制完全中学。

2004 年,开设高中部班级 8 个、学生 378 名,初中部班级 25 个、学生 1235 人;教师 117 人,其中,大学学历 38 人,专科学历 79 人。

1990 年起,积极开展行为规范教育、文明礼仪教育、爱国主义教育和社会服务活动,学风校风焕然一新。1997—2004 年,先后被评为金山区文明单位、金山区四星级行为规范学校,党支部被评为金山区先进党支部。

(五)罗星中学

1980 年创办的初级中学,坐落在罗星路 234 号。占地面积 23990 平方米,建筑面积 8876 平方米。2004 年,开设班级 40 个,有学生 2006 人、教职员工 149 人(其中教师 125 人)。

学校重视师资队伍建设和教学质量。2003 年,全校教师 100% 按规定完成职务培训,其中 48 名教师进行“专升本”的深造,11 名外语教师参加市外语培训,8 名教师参加硕士课程学习,11 名青年教师参加区骨干教师培训班。

1990—2004 年,罗星中学先后被评为全国少先队红旗大队、上海市加强初中教育先进单位、上海市社会服务先进集体、上海市中小学读书先进单位、上海市红十字会达标学校、上海市教学常规管理示范学校、金山县教育局督导评估为“A 级学校”、上海市中小学心理辅导协会实验学校、金山区绿色学校、金山区体育示范学校、金山区(县)文明单位。

第三节　成人教育

一、概况

1990年代起，朱泾镇、乡均建办成人中等文化学校，有计划、有步骤地开展扫盲，文化补习、学历进修、专业技术培训等教育。至2000年，全镇、乡接受教育5121人次（其中，镇692人次，乡4429人次）。

二、学校简介

（一）朱泾镇成人中等文化技术学校

1992年创办，坐落在万安街257号。学校占地面积660平方米，建筑面积365平方米。专职教师6人（其中，大学本科学历2人，大专2人，中、幼师各1人），聘请各学科兼职教师15人。

通过举办定期或短期培训班开展成人教育。培训项目有车工、钳工、电工、缝纫工等。1992—2000年，共招收全日制中专班（外贸专业、文秘专业等）6个、学员267人；开展短期培训2期、107人；开展讲座6次、284人。各类教育培训总人数658人次。经考核达到初级工325人，中级工48人。

1992年，获上海市乡镇成人学校办学成绩显著奖。

（二）朱泾乡成人中等文化技术学校

1994年创办，坐落在西林街246号。占地面积660平方米，建筑面积660.12平方米。专职教师3人、兼职教师21人。

以提高农村劳动者文化技能素质、推进农业结构调整、振兴农村经济为办学宗旨，开展全方位、多层次的办学与服务。1994—1999年，举办学历进修班14个、学员395人；短期培训班17个、926人；各类讲座25次、4429人次。1994年，获上海市乡镇成人学校办学成绩显著奖。

第四节　教育管理

一、机构

1989年5月，朱泾镇、乡原教育工作联席会更名为教育委员会，从协调机构转变为职能机构。由分管教育的副镇、乡长任主任。镇、乡所在地中小学、幼儿园全部由地方管理。教学业务由县教育行政部门统一管理、指导。

学校人事流动，由镇、乡审核同意后报县教育局统一办理。1993年，县委决定镇、乡所属学校的干部任免权下放到各镇、乡。中、小学校长负责制在全县试行。根据“定编制、定岗位、定任务”教职工岗位聘任制,由校长聘任。

二、经费

1990—2004 年,朱泾镇(乡)教育经费投入年年提高,2000 年投入 1435.39 万元;2002 年投入 1745 万元,比 2000 年增长 21.57%;2004 年投入 2115.6 万元,比 2002 年增长 21.24%。学校教职员工的工资及公用经费全部由镇、乡财政在包干经费中支付,不足部分由镇(乡)统筹。

1997 年面向朱泾镇、乡招生的学校情况表

表 94

校名	占地面积(平方米)	建筑面积(平方米)	班级数(班)	教师数(人)	学生数(人)	高级职称(人)	中级职称(人)	备注
健康路幼儿园	2572	1700	12	40	370			
东风幼儿园	3227	1862	13	36	434			
罗星幼儿园	1999	999	8	21	260			
朱泾中心小学	6758	3732	69	197	1364		98	
朱泾第二小学	10672	5800	24	61	1100	22		
金山区第一实验小学	13658	5087	25	85	1241	2	22	
朱泾中学	19435	7023	33	117	1613	8	75	
罗星中学	23990	8876	33	112	1637	6	65	
镇成人中等文化技术学校	660	365	4	3	103	1		
乡成人中等文化技术学校	660	660	14	21(兼职)	395			

第二十二章　文化　体育

第一节　文　　化

1990年起，朱泾镇（乡）文化活动走上健康发展的道路，门类不断增加，形式更加多样，内容十分丰富，出作品、出人才，逐步形成特色。

一、管理机构

（一）朱泾镇文化站

1990—1999年，坐落在朱泾镇东林街234弄内。文化站内设图书、阅览、录像放映、电子游戏、桌球、少儿活动、老年活动、舞厅等活动室；组建以业余人员为主的青年演出队、中老年合唱队、学生演唱队、民间舞蹈队以及书法、摄影、词曲、文学、故事创作等5大类11支文艺队伍；还建有街头画廊、墙报、黑板报等宣传设施。组织居民开展社区文化活动。

（二）朱泾乡文化站

1990—1999年，坐落在朱泾镇西林街255号。文化站内设图书、阅览、录像放映、桌球、乒乓球、排球等活动室。组织各村及乡企事业单位开展群众性文化、体育活动。

（三）朱泾镇文化广播影视服务中心

2001年7月，由朱泾镇文化站与朱泾镇广播站合并为朱泾镇文化广播影视服务中心，坐落在人民路360号。中心下设文化、体育、广播、电视等组室，组织和指导开展各项文体活动。

二、主要活动

（一）"文化艺术节""十月歌会"

1985年起，朱泾镇、乡文化站举办"文化艺术节"和"十月歌会"，两年一届，交替进行。"文化艺术节"以戏剧曲艺为主，"十月歌会"则以音乐、舞蹈为主，同时举办美术、书画、摄影、花卉、工艺品等展览。至2004年，朱泾镇（乡）共举办"文化艺术节"和"十月歌会"各10届。1990年第三届"十月歌会"中，朱泾镇文化站被评为"上海市十月歌会"先进单位。1993年第五届艺术节上，舞蹈《丝绸之光》参加上海市乡镇艺术节演出获一等奖。1995年第六届艺术节中,朱泾镇21个节目在金山县展演活动中获奖(其中,一等奖4个,二等奖6个,三等奖3个,优秀奖1个,演出奖1个,入围奖1个,优秀作品奖5个)。2001年,在金山区第二届艺术节中,朱泾镇获团体金奖。2004年,朱泾镇沪剧表演唱《农民的女儿》获金山区第四届"十月歌会"表演唱比赛第一名,演出队获金山区团体奖第二名。

(二)社区文艺

1990年起,朱泾镇(乡)文化站广泛开展"社区文化"活动。发动社区内各机关、团体、学校、医院等单位提供文艺节目,镇文广服务中心负责策划、辅导、排练和组织演出。活动一般安排在广场举行,故称为"广场文化"。1998年,东风幼儿园幼儿为宣传环保,利用废报纸制作各式时装的舞蹈《巧手的风彩》先后在朱泾镇、上海大剧院演出获好评,被选入赴北京参加全国幼教年会演出并获金奖。2000年,表演唱《幸福生活万年长》获上海市社区文化大赛优秀奖。至2004年,朱泾社区形成48支文艺队伍,有歌咏、舞蹈、戏曲、书画、摄影以及铜管乐、民乐等,人数1200多人。镇文广中心全年指导社区文化活动18次,组织文艺演出27场,参演人员2400多人次,观众达6万多人次。是年10月,朱泾镇组织50多人的合唱队参加"在灿烂的阳光下——上海市十月歌会社区市民合唱比赛",参赛节目《走进新时代》和《百合花》均获三等奖。

(三)广播、电视、报刊

有线广播 1990年,朱泾镇、乡共有广播喇叭8097只(其中镇1609只、乡6488只),广播节目除每天转播中央台、市台及县台外,还有90分钟自办节目。是年,自办节目播出稿件1452篇(其中,消息、报道、简讯842篇,宣传资料252篇,卫生医药、生活知识358篇)。

有线电视 1990年以后,随着人民生活水平的提高,家庭中收音机、电视机逐步普及,有线广播渐渐淡出市场。2003年,全镇有线电视实现家家通。

报刊 2001年3月,由中共金山区朱泾镇委员会和朱泾镇人民政府主办的《朱泾社区》报创刊发行,奉送全镇每户一份。

三、民间文艺

(一)歌谣

长工苦(山歌)

长工苦到正月中,无吃无穿实在穷,既欠租米又欠债,央人托保做长工。
长工苦到二月中,打好包裹去做工,大小儿女嚎啕哭,硬着心肠出门中。
长工苦到三月中,单身独一到田中,天天不见亲人面,日思夜想在心中。
长工苦到四月中,磨横(镰刀)割麦在田中,麦子挑是无数担,挑断扁担骂长工。
长工苦到五月中,耘稻除草腰酸痛,肚皮饿得咕噜噜,勿敢抬头望烟囱。
长工苦到六月中,夏日炎热晒长工,东家乘凉吃西瓜,长工车水到三更。
长工苦到七月中,东家撑伞到田头,田里有水笑眯眯,田里无水骂长工。
长工苦到八月中,东家盛饭手段凶,廿四只苍蝇穿得过,还讲长工吃口凶。
长工苦到九月中,东家重阳蒸糕热烘烘,长工日夜打工无得空,腰酸背痛眼睛红。
长工苦到十月中,佃户交租给东家,大小仓库全装满,佃户家里米囤空。
长工苦到十一月中,敲冰罱泥浇麦田,东家脚炉暖烘烘,长工手脚冻得红通通。

长工苦到十二月中，东家仍邀我明年做长工，啥人要吃这东家饭，开年不来做长工。

孟姜女哭夫歌

正月里来梅花开，家家户户挂红灯，人家夫妻团圆聚，孟姜女丈夫筑长城。

二月里来杏花香，燕子双双飞转来，燕窝筑得很牢固，雌雄对对唱情歌。

三月里来桃花红，桃花柳绿正清明，家家坟上飘白纸，我家坟上冷清清。

四月里来蔷薇开，姑嫂双双去采桑，桑蓝挂在桑枝上，揩着眼泪把桑采。

五月里来石榴花，黄梅雨水纷纷来，家家都把黄秧插，孟姜女田里一片荒。

六月里来荷花香，蚊子飞来嘴锋长，宁可叮得我千口血，莫叮我丈夫万喜良。

七月里来凤仙开，家家防冷缝衣裳，棉衣单夹都做了，孟姜女家中是空箱。

八月里来桂花开，北方刮风寒流来，喜良身上衣衫薄，冻坏我丈夫万喜良。

九月里来菊花开，家家饮酒庆重阳，美酒劝我我不吃，毫无心绪赏重阳。

十月里来芙蓉开，牵砻舂米缴官粮，人家秋收忙碌碌，孟姜女家中是空仓。

十一月里来雪花飞，孟姜女千里送寒衣，乌鸦对对来领路，走到长城真凄凉。

十二月里来蜡梅开，家家冬至拜祖先，杀猪宰羊吃年夜饭，孟姜女饿着肚皮过年关。

创卫之歌

古镇朱泾气象新，经济腾飞真喜人，创建市级卫生镇，喜上加喜振奋人心，家家户户齐动手，搞好卫生环境优，争做环卫美容师，你追我赶搞卫生。

日出东方是清晨，大街小巷煞煞清，生活垃圾无害化，家家户户都自觉，乱扔垃圾害大家，天长日久害自身，创建市级卫生镇，人人应该担责任。

吃水用水讲卫生，时时刻刻要小心，生活污水处理好，负起社会责任性，垃圾不往河里倒，有害污水要分清，创建市级卫生镇，人人应该担责任。

一片树木绿茵茵，种绿爱绿高潮掀，绿化建设齐动手，家家户户有盆景，紫金广场一片绿，小区绿化已成型，创建市级卫生镇，爱绿护绿持久性。

环境周围要清净，就像神仙入仙境，环境保护都有责，就像生命如眼睛，没有规划乱搭建，杂乱无章环境差，创建市级卫生镇，人人应该担责任。

除四害来灭蚊蝇，蟑螂老鼠害人精，人人动手除四害，勿让四害留祸根，人人都从我做起，定把四害除干净，创建市级卫生镇，赶快行动要齐心。

创建市级卫生镇，百姓都有好环境，争做环境美容师，地绿水清环境美，齐心协力献爱心。

（二）故事

下圩菱

朱泾下圩村有一片百亩多面积的河塘，河水清澈如镜，塘边绿树环抱，翠竹成林；清晨鸟语花香，塘内菱叶郁郁。自然环境十分优美，这里盛产下圩菱。下圩，有南下圩和北下圩之分。南下圩采菱姑娘许翠英，长得亭亭玉立，眉清目秀，一双水灵灵的凤眼，逗人喜爱。在8岁那年，有媒妁之约，许配给北下圩的金道明。金道明幼年时就失去父母，由叔父领养。尽管他家境贫困，但他为人朴实、聪明，善于钻研耕作技术，爱看各种红菱栽培书籍，在村里是个栽培红菱的能手。私下,许翠英结伴几个小姐妹到北下圩向金道明讨教红菱的栽培经验,金道明总是热心指导他们何时下河除草、如何清除病虫害等。所以,这里的下圩菱长得又红又大,只只像元宝。许翠英和金道明你来我往,两人情投意合相亲相爱。

可是,许翠英的父亲为人势利,贪财欺贫。他眼见女儿长大成人,如花似玉,便想在朱泾镇上找一个有财有势的大户人家公子,攀上高亲,享受荣华富贵,心里产生了媒妁不算数的念头。一天,集镇茶庄里的朱公子托人前来说亲,正合他意,便一口应承。果然,几天后朱公子亲自上门求亲,长长的彩礼队伍浩浩荡荡。许翠英得知此消息死活不依,而金道明也十分恼火。两人相见后,许翠英痛哭流泪,催金道明快商量对策……

此时,正逢农历八月半,正是采菱上市的当口。乾隆皇帝下江南巡视,从松江府出发一路来到朱泾暗访。乾隆皇帝到朱泾茶楼小憩,随从端上鲜红的四角菱,乾隆皇帝随手拿了一只,他左看右看,仔细端详,下圩菱的形状像只金元宝,于是大喜。他剥开外壳,肉质又白又嫩,更是爱不释手。一上口便连连称赞:"下圩菱个大、壳薄、肉质甜嫩。"

皇上兴致勃勃地问随从:"这里的菱为什么个儿大、皮壳鲜红、肉质香嫩,而且甜性足、糯性好?"随从一时答不上来,皇上笑嘻嘻说:"既然你答不上来,朕要亲自去看一看。"

乾隆皇帝到了下圩,被这里的景色吸引住了,塘内采菱姑娘正坐在菱桶里采着菱呢。

皇上游兴大发,要随从与他一起下塘采菱。为了让皇上高兴,随从要一男一女两位采菱高手陪在皇上身边,当地群众一致推荐许翠英和金道明两位高手。随从便小心翼翼地扶着皇上,将菱叶一片一片翻开,每颗菱叶下,结着三五只鲜红的菱角,皇上边采边剥壳品尝,一饱口福。乾隆皇帝饶有兴趣地发现在无锡太湖的菱是灰黑色的,而下圩菱皮则色鲜红有光泽,只只像元宝。便向金道明询问原因,金道明对答如流,当场叫许翠英翻开菱叶,边采摘边剥开菱壳,说得皇上直点头,便随口问:"你俩是小两口?"皇上不提也罢,一提则勾起金道明心事,便满腹惆怅诉说:"我俩有媒妁之言,可是,岳父大人欺贫爱富要废妁。"皇上一听大怒:"岂有此理!"并当场金口明示:"如此天成一双、地成一对的良缘,岂能赖婚,今天由朕作主,选一个黄道吉日结拜成亲就是。"金道明和许翠英听完皇上的话,马上跪拜,感谢皇上。

从此,许翠英和金道明的婚事成为四乡的佳话,他俩培育的下圩菱名扬天下,成为上等贡品。

染坊里的"强人"

话说明末清初,在朱泾镇区最西边,沿着文殊浜有一条小街叫横街,地处僻静,居民稀少,白天也没有几个行人。俗话说:"天高皇帝远。"官府平时少来管,地面上就有些不太平,强盗土匪常出没。

横街上有家染坊,老板姓朱。由于松江、朱泾一带民间纺织十分发达,布匹买卖繁荣,染坊生意也相应兴旺。再说朱老板善于经营,人缘又好,生意也不错,便渐渐积攒起一份家产,当时在朱泾镇也算是富足人家,因此就成了强盗打劫的目标。

这天下午,太阳刚刚偏西,朱老板家的大门被重重地一脚踢开,门外闯进两个陌生人,只见他们身着一套黑色拷皮衣裤,头上歪戴着礼帽,鼻梁上架着一副墨镜,一看就知道是地痞强盗之流。二人大摇大摆地闯进门后,径直走进客厅,不请就自坐在太师椅上。此时从两边厢房站出两个彪形大汉,全身武打装扮,他们是朱老板雇来护院的两个佣人,一个叫万石千,一个叫王大金。万石千往强盗面前一站，拱手问道："何方壮士，来此有何见教？"一个强盗挥挥手大声说道："什么见教不见教，你们是这屋里什么人，还不快去叫朱老板出来！"万石千答道："我们是朱家护院的，有什么话就对我们讲，朱老板身体不爽，正卧床休息着。"强盗听了干笑一声说道："跟你们讲有个屁用，快滚进去告诉朱老板，识相的借用五百块大洋，否则就别怪我们不客气。"万石千见强盗恶言秽语，蛮不讲理，便对王大金暗示了一个眼神，转身向西厢房走去。王大金对强盗说："稍待片刻，我去禀报了。"说着退到下边去。

过了十来分钟光景，万石千走出来了，只见他双手各托着一块很大的元宝石，在每个元宝石的中央放着一只盛着茶水的杯子，脚步轻快地迈到两个强盗面前，平伸起手臂，说道："请先喝口茶，朱老板就要出来了。"这元宝石是什么东西？原来它是染坊里的踏布石，两边跷起，样子像一只元宝。要染出高档的布匹，就要用元宝石放在白布上面，人站在元宝石上用力踏走，石头在布上慢慢走动，这样染出来的布既光又亮，叫做踏光布；没有经过踏布石而染出来的布，就是毛蓝布了。据说一块元宝石有100来斤重，两个强盗看到万石千手托元宝石，且脚步轻松，惊得两只眼睛都呆了，心想："两块元宝石少说也有200多斤重，这人的内功惊人呀！今天碰到强手了，不好！好汉不吃眼前亏，还是赶快溜了吧。"强盗心里这么想着，嘴上还装硬，骂道："朱老板这般怠慢我们，有你们好看的，咱们走！"这两个强盗刚想拔腿溜走，万石千举起右手的一块元宝石，连同中间的茶杯，轻轻一推，元宝石便"嗖"的一声，冲出客厅，直向站在天井里的王大金头上飞去。只见那边的王大金伸出右手，稳稳当当地接住了飞过来的元宝石，微笑着说道："好！这杯茶客人不喝，我来喝，大哥，咱俩一人一杯。"这情景吓得强盗呆若木鸡，面如土色，便抱头鼠窜。两个佣人见强盗吓跑了，便放下元宝石哈哈大笑。

这事刚刚过去三天，这天傍晚两个佣人正在天井扫地，听得一阵嘈杂的脚步声由远而近，不时就听见一个声音叫道："就是这一家！"然后"碰"的一声大门被踢开了，带头是两个大盗头目，叫钱奎、钱彪，后面跟了一队人马，个个凶神恶煞。只见钱奎挥舞着手，指挥喊着："别与他们啰嗦，冲进去抢了再说。"两个佣人见如此形势，便并排堵在大门口，双手叉在腰间，两个大汉如同两座铁塔，但这伙强盗仗着人多势众，在钱奎的指挥下，竟大胆地往里冲。说时迟，那时快，两个大汉双手各掀起一个冲在最前头的强盗，就像老鹰抓小鸡一样，同时用力相撞，两个强盗一命呜呼，后面的强盗见这两个大汉有如此的神力，都站住不敢往前冲了。这两个佣人便拎起手中死了的强盗扔了过去，强盗们见状拔腿就跑，不一会儿便无影无踪了。

据说，从此横街地段太平了，再没有强盗抢劫的事情。后来居民逐渐多起来了，商店也多了，小街也热闹了。

一碗冷饭之谜

青溪村曹家宅传出一桩奇闻，男女老少议论得沸沸扬扬，可大家都不相信。人就是奇怪，越不相信的事情议论得越起劲，传得也越快。

事情是这样的：曹家宅有个96岁的曹老太，儿子媳妇早已过世，由三个孙子轮流"喂养"。为啥不说赡养而说喂养呢？因为老人一个人住在一间小屋里，每天一碗冷饭、一个热水瓶往老太床前一放，就什么都不管了。一天，曹老太向行人哭诉，见一个说一个。她说，昨天，孙子送来的一碗冷饭被老主任吃掉了，害得她饿了一整天……说着说着，老泪纵横。

老主任姓侯,名德明。早在20世纪60年代就在青溪村担任大队长,“文化大革命”时受过冲击,后来复出担任村主任。由于工作出色,被提拔为副乡长,后来又升任乡长。直到今天,青溪村人都恭恭敬敬地称他老主任。有人说,老主任退休工资近3000元,家里条件好得不得了,怎么会偷吃一个九旬老人的冷饭呢?一定是老人老眼昏花,认错人了。也有人说,老太太年纪大了,头脑不清楚了,可能那天孙子忘了送饭,夜里又做了一个梦,梦见老主任吃了他的一碗冷饭,她就是把梦里的事说成真的了。可曹老太说:“什么,你们把我当成了痴呆病人?我年纪是大了,但脑子清楚得很,别人可能认错,老主任就是变成灰,我也认得出,当年我儿子当党支部书记,他经常到我家里来,我怎么能认错?”这一说,把大家弄得一头雾水。

消息传到侯德明老伴的耳朵里,开始她打破脑袋都不相信,老头子绝对不做那样的荒唐事情。可后来说的人多了,而且说得活灵活现。俗话说人言可畏,老伴有点招架不住了。侯德明从老年大学回来,刚一进门,老伴劈头就问:“外面说你偷吃了青溪村曹老太的一碗冷饭,你知道吗?”侯德明说:“我也听说了。”“真的吗?”侯德明笑笑,“你说呢?”老伴气不打一处来:“肯定是造谣,还不快去和大家讲清楚!”侯德明摇摇头道:“这种事越说越不清楚,不说最清楚。”老伴急了:“难道你情愿背黑锅?”侯德明拍拍老伴的肩膀:“事实会出来说话的。”

这天夜里,侯德明翻来覆去睡不着觉。他想,他在青溪村担任大队长、村主任的时候,难免得罪过一些人,但几十年过去了,一直风平浪静,现在退休好几年了,却出现这样的怪事。到底什么原因呢?再说,当年在青溪时,我待曹老太也不薄,她为什么要瞎说呢?侯德明决定,明天无论如何要去拜访一下曹老太。

第二天,老侯买了一份礼物,除了水果、藕粉、核桃粉等老人喜欢的食品外,还特意买了一瓶银杏健脑胶囊,据说这对防止老年痴呆症很有效果。走在半路上,正巧碰上自己的老伴,老伴见老侯买了这么多的好东西,问他到哪里去,侯德明说去看望曹老太。老伴有点生气了,说:“人家说你坏话,你却去孝敬她,你脑子里哪根筋搭错了?”老侯说:“我的好老伴,这就是你的不是了,你不是说要说清楚吗?我今天去不就是想说说清楚!我是个老共产党员,我不能在党的脸上抹黑。再说,我们老年大学正在搞一个农村老人问题的专题调查,我今天去,一方面给曹老太送点温暖,另一方面,对我的专题调查还有帮助呢!”说得老伴一个劲地点头,说:“老头子,我错怪你了,你去吧。”

曹老太家一幢漂亮的三层楼房大门紧闭,旁边一间小屋的门虚掩着,老主任推门进去,一股怪味扑鼻而来,只见屋里乱七八糟地堆着一些杂物,屋内挂满灰尘,一张破床上,蚊帐已黑得分不清颜色,床前一张板台,台上一碗冷饭,旁边一个热水瓶,曹老太闭着眼睛,半躺半坐在被窝里。老人的生活竟如此凄凉,老侯不禁红了眼圈。

听见响动,曹老太立即睁开浑浊的眼睛,问了一声:“谁?”侯德明温和地说:“曹大妈,是我呀,你认得吗?”曹老太慌忙下了床,端过冷饭哆哆嗦嗦地说:“你……你是老主任,我不会认错吧,请你今天不要吃我的冷饭。”侯德明心里咯噔一下,看来老太太的神志不糊涂,那上次是谁偷吃了她的冷饭呢?为什么偏偏说是我吃的呢?本想追问下去,可面对一个九旬的老太,怎么说得清楚呢!于是,老侯就笑着说:“曹大妈,今天我不是来吃你冷饭的,而是来看你的。”曹老太瞪着疑惑的眼睛说:“看我,有什么好看的?”“曹大妈,我给你带来一些小礼物,不成敬意。”老侯把一大包礼物放在板台上,说:“曹大妈,这碗冷饭慢点吃,让我泡一点藕粉给你尝尝味道。”侯德明就找来一只杯子、一只汤匙，洗刷干净，放上一勺藕粉和一包核桃粉，开水一冲，搅拌均匀，香味扑鼻，老侯双手捧着杯子送到曹老太的面前：“曹大妈，喝吧。”曹老太老泪纵横，差一点跪下来：“老主任，你真好！我错怪你了。”老侯见曹老太不喝，就舀了一勺送到曹老太的嘴边，说：“曹大妈，没关系的，也许那天的那婉冷饭是我吃的，我想体验一下农村老人生活的艰辛。”曹老太说：“老村长，不要这样说，也许那天我看错人了，像你这样的人，怎么会从叫花子篮子里捞饭吃呢？”老主任见老人有点激动，就安慰着说：“曹大妈，不说了，不说了，还是趁热把这碗粉汤喝了吧。”

曹老太边喝边流泪，侯德明又询问了老人一些其他的情况，老人一一作了回答。临走时，老侯说：“曹大妈，你放心，以后我经常来看你的。”

打这以后，侯德明总是隔三岔五地去看望曹老太，问寒问暖，还送去了保温壶，解决了老人受冷饭之苦。有好几次，老侯想问问传言之事，但话到嘴边又咽了回去。

这到底是怎么一回事呢？侯德明回到家里，百思不得其解。正在这时，邮递员送来一封信，老侯一看信封，是青溪村寄来的。拆开信，只见信上写道：“老主任，你要知道一碗冷饭之谜吗？我现在就告诉你。我是谁，我就是当年您在我们村当主任的时候，人家都说我俩长得很像，是一对双胞胎的那个人，我现在是一个孤老。我看到像曹老太这样大年纪的老人生活如此艰辛，我向有关单位反映了好几次，都无动于衷，然后想起了你，因为我知道你是个好党员、好村长，但已退休多年了，离青溪又远，可能请不到你了。于是我动了一个歪脑筋，那天披上你送给我的军大衣，偷吃了曹老太的一碗冷饭。这一招果然灵验，你来到了曹老太的家，为她排忧解难，体现了共产党员的先进性。我谢谢你，请不要记恨我的无知。”侯德明看到这里，眼睛湿润了。

第二节　体　　育

一、管理机构

20 世纪 90 年代，朱泾镇、乡的体育工作由镇、乡文化站负责，设有专职人员。1995 年 7 月，朱泾镇、乡成立全民健身运动领导小组，由分管副镇、乡长任组长，体育干部任副组长，成员由工、青、妇及企事业单位有关负责人组成。1996 年 9 月，朱泾镇、乡成立体育辅导站，分管副镇、乡长任组长，体育干部任副组长，组员由教委、工会、团委、部分企业负责人组成。

二、场所设施

（一）朱泾游泳池

1990 年建成，原名金山游泳池，坐落在朱泾镇公园路 30 号，1995 年改名为朱泾游泳池。游泳池长 50 米，宽 20 米，深水区水深 2.1 米，浅水区 1.1 米。配有男女更衣室、淋浴室及整套自来水净化设备。

（二）紫金广场

2002 年 1 月建成，坐落在朱泾镇区万安街南侧、中官塘西侧的中心地段，占地面积 8000

平方米,总投资600多万元。广场集休闲、健身、娱乐于一体,东南角为健身场地,设置健身器材35件。

(三)康健绿地

2003年建成,坐落在朱泾镇健康路临源街口西端,占地面积8000平方米。内设标准篮球场、网球场和健身场地各1个,面积2212平方米,占总面积的27.65%。

(四)健身点

1999年起,朱泾镇(乡)在居民小区、农村建立健身点,配置健身器材,开展健身活动。至2004年,全镇共建立健身点26个,配置健身器材295件。

三、主要活动

(一)群众体育

1991年,朱泾镇、乡分别开展乒乓球、篮球、中国象棋、桥牌、中老年健身操、太极拳的学习与训练,并举办各项表演和赛事。1996年,朱泾镇、乡分别组队参加金山县迎"三八节"妇女长跑,金山县迎春桥牌比赛,金山县"迎农运、迎国庆"扑克、象棋比赛。1997年,朱泾镇、乡会同有关部门开展"迎香港回归"、千人象征性长跑活动和"迎八运,奔向新世纪"的火炬接力仪式。1998年,朱泾镇、乡举办老年人拳、操、剑、舞展示,"力波杯"家庭乒乓球选拔赛,"昂立杯"上海市家庭健身赛。1999年,朱泾镇组织老年人拳操会演比赛。2000年,朱泾镇组建老年运动队,参加上海市第六届老年人运动会。2002年,朱泾镇组建腰鼓、木兰拳、健身球操、乒乓球、棋类等体育团队;邀请教授进行健身知识讲座,举行社区健身知识竞赛;在紫金广场举行广播操展示。2003年6月10日为市民健身日,朱泾镇配合全区联动,圆满完成接力赛最后一站的收尾活动。是年11—12月,朱泾镇举办以"健康的身体、幸福的家庭、文明的上海,运动让城市更有活力"为主题的朱泾镇首届运动会,共设中国象棋、男子三人篮球、拔河、飞镖、绳毽接力、乒乓球、体能五项、田径8大项目比赛及团体操健身展示表演,有32个代表团、700多名运动员参加,其中69名运动员获得比赛名次,14个代表团获优秀组织奖。2004年2月,朱泾镇在紫金广场举办老年人春季拳操大会演,有甩手操、太极拳、剑等16个节目;3月,朱泾镇组织选手参加区"迎春杯"桥牌双人赛;5月,朱泾镇组织200名学生参加世界女子沙滩排球赛开幕式活动;6月,朱泾镇举办大型老年人拳操比赛。

(二)残疾人体育

1990年起,朱泾镇、乡残疾运动不断发展并取得良好成绩。在全国性赛事中也获得佳绩,甚至走向世界。1999年,在金山区第一届残疾人运动会上,朱泾镇获团体第二名;沈吉林、陆学峰分获60公斤以下级举重项目第一、第二名;何生高获70公斤以上级举重第一名;陈坚平、李森林、黄焕中分获男子50米自由泳第一、二、三名;陈坚平获男子100米自由泳第一名。肢残运动员庄国民和彭国强曾代表国家队参加第六届、第七届远东和南太平洋地区残疾人运动会及1999年10月在澳大利亚举行的残奥会男子坐式排球选拔赛,彭国强在选拔赛中被评为最佳一传手,为国家争得荣誉。2000年5月,他们二人在上海静安体育馆举行的全国第五届残疾人运动会男子坐式排球赛中,与上海队其他运动员共同拼搏,获一枚全国男子坐式排球金牌。2004年4月,肢残运动员陆学峰在"全国残疾人举重、盲人柔道锦标赛"上获男子60公斤级举重第一名,同时获运动员体育道德风尚奖,被入选为国家级残疾人运动员，参加雅典第12届残奥运动会。

四、荣誉称号

1987年，朱泾镇荣获上海市体育先进城镇称号。1992年，朱泾乡陶金龙在上海市第三届农民运动会军事三项比赛中获第二名。1996年，在上海市第五届老年人运动会上，朱泾镇42式太极拳获郊区组第三名、拳操和扇子舞获团体第一名；在上海市第六届小学生运动会上，朱泾第二小学在郊县西部赛区乒乓赛中获女子团体第一名、男子第二名以及女单冠军；是年，在连续保持市体育先进乡镇称号的基础上，荣获体育明星乡镇称号。1997年，在上海市第六届老年人运动会上，朱泾镇老年人代表队获健身操二等奖、益寿功百队大赛三等奖；在区小学生田径赛中，朱泾第二小学2名小学生运动员，获单项第二名；在市广播操表演中，罗星幼儿园获表演奖，被评为“上海市体育先进幼儿园”；在金山区“凯特琳杯”桥牌赛中，朱泾镇有4个队、18名运动员参加，获第一、第二名，代表金山区参加全市比赛，获第六、第七名。1998年，在上海市无极健身球保健操比赛中，朱泾镇获老年组优秀奖；朱泾第二小学获区乒乓赛女子乙组团体冠军、单打冠军，男子团体亚军，女子甲组团体第三名、单打第五名，男子乙组团体第三名、单打亚军；在上海市乡镇篮球赛中，朱泾镇获第三名。是年，朱泾镇获上海市群众体育先进集体称号。2000年，在“彭浦新村杯”42式太极拳比赛中，朱泾镇获优胜奖；在“信合杯”祖孙三代接力赛中，朱泾镇获市第三名；在上海市第六届老年人运动会中，朱泾镇14人健身舞获优胜奖。在区第二届老年人拳操会演中，朱泾镇获优胜奖、优秀组织奖；朱泾中心小学女子篮球队获上海市第七届小学生运动会亚军。是年10月，在四川绵阳举行的全国农民运动会上，朱泾镇获全国亿万农民健身运动先进乡镇称号。2001年，在区首届运动会期间，朱泾镇获开幕入场仪式一等奖，18个比赛项目中获3金、8银、8铜，总分第三名和优秀组织奖；在上海市社区体育健身设施实事工程建设中，朱泾镇被评为先进集体、先进个人；健身苑（点）管理工作被评为市先进集体、先进个人；在市全民健身工作理论研讨会上，朱泾第二小学朱保弟老师撰写的《“小型化”社区体育组织结构模式探索》一文获二等奖。2002年，在市第十二届运动会体能五项比赛中，老年组男、女队和青年组男队获金牌，青年组女队获银牌；获区老年体育工作先进集体、区全民健身活动周先进单位、市群众体育先进单位等称号；顺利通过“全国亿万农民健身活动先进乡镇”重新考评。2003年，在市第五届农民运动会中，家庭组获比赛第五名；在“红双喜杯”上海市市民千台万人乒乓球大赛中，获主会场老年组女子第二名；在区老年人拳操会演中获优秀表演奖；获区“全民健身活动周”和“市民体育健身日”先进单位称号。2004年，在市第七届老年人运动会中，寿星组、远郊组益寿操比赛获优胜奖，木兰拳获二等奖；老年门球队在张堰镇举办的“敖韩杯”邀请赛中，获第四名；在区“大能杯”社区健身舞比赛中获优秀组织奖；在老年人拳操会演中获优秀表演奖；获金山区全民健身活动周先进单位称号。

第二十三章　卫　生

1990—2004年，朱泾镇（乡）按照"条块结合、以块为主、齐抓共管、同创共建"的建管原则，建立镇、村相结合的卫生医疗网络，实行医疗保险制度，开展爱国卫生运动，控制传染病发生。1993—1996年，朱泾镇先后被评为上海市二级卫生城镇、上海市卫生红旗镇。2001—2004年，朱泾镇被评为上海市一级卫生镇，创建成上海市卫生村8个。

第一节　卫生机构

一、管理机构

（一）朱泾地区爱国卫生运动委员会

1990年，朱泾镇建立朱泾地区爱国卫生运动委员会（以下简称爱卫会）。由朱泾镇分管副镇长任主任，有关部门领导任副主任或委员。下设爱国卫生办公室（以下简称爱卫办），配有专职人员若干人，负责全镇卫生的日常管理和创建活动。

2004年，朱泾镇各级有爱卫组织184个（机关单位16个，学校16个，事业单位44个，工厂企业78个，超市、医院、市场等10个，居委会12个，村委会8个），形成镇与基层二级卫生管理网络。

（二）朱泾镇环境卫生管理所

前身为朱泾镇清洁所。1988年，更名为朱泾镇环境卫生管理所（以下简称环卫所）。主要职能是维护环境卫生，道路保洁和垃圾、粪便管理等工作。2004年，朱泾镇环卫所配所长1人，工作人员6人。

（三）朱泾镇、乡卫生院防保组

1990—2004年，朱泾镇、乡卫生院均设卫生防保组（以下简称防保组），配备工作人员2—3人。其职能是配合镇、乡卫生管理部门开展计划免疫、健康教育、食品卫生、学校卫生、工厂卫生、寄生虫病防治、"除四害"、公共卫生等工作。

（四）朱泾镇（乡）合作医疗管理站

1996年，朱泾乡成立合作医疗管理站，下设办公室，配工作人员3—5人。2004年，合作医疗管理站主管全镇（乡）农村合作医疗工作，发动村民参加农村合作医疗保险，筹集医保资金及合作医疗扶持资金，抓好乡村医生业务培训，处置公共卫生突发事件，指导村卫生室日常管理及创建标准化卫生室。

二、医疗机构

(一)朱泾镇卫生院

坐落在朱泾镇罗星路193号。占地面积222平方米，建筑面积411平方米。设内科、外科、牙科、伤科、眼科、五官科、中医科、妇产科、检验科、放射科、B超室、心电图室、化验室等科室。有医务人员25人。1990—1999年，年均门、急诊量5.8万人次。

(二)朱泾乡卫生院

坐落在朱泾镇东林街210号，占地面积1000平方米，建筑面积1172平方米。设内科、外科、五官科、中医内(外)科、妇产科、检验科、X光透视、心电图、B超室、肺科、针灸室、化验室等科室。核定床位20张。有医务人员43人。1990—1999年，年均门、急诊量5.54万人次。

(三)朱泾社区卫生服务中心

坐落在罗星路193号。2000年3月，由朱泾镇卫生院、朱泾乡卫生院合并为朱泾地段医院。2004年，改名为朱泾社区卫生服务中心。2003年12月，迁至罗星南路608号，占地面积12321平方米，建筑面积7000平方米。设内科、外科、妇科、儿科、口腔科、结核病科、预防保健和眼耳鼻喉科、皮肤科、妇女保健科、眼科、精神科、传染科、康复医学科、麻醉科、医学检验科、医学影像科、中医科、中西医结合急诊医学科、全科医疗科等科室。核定床位30张。拥有自动血球计数仪、24小时动态心电图、动态血压监测仪、远红外电脑按摩理疗床等医疗设备。原罗星路193号改为门诊所。

2000—2004年朱泾社区卫生服务中心(地段医院)门诊、医疗情况表

表95

年份	门诊数(人次)	收治病人(人次)	病床使用率(%)
2000	119863	171	33.90
2001	92250	261	32.80
2002	111054	274	29.42
2003	118358	413	77.66
2004	117796	646	39.95

(四)农村卫生室

1970年，朱泾乡建立农村卫生室，各村卫生室均配乡村医生1—2人，开展农村防病、计划生育、爱国卫生、妇幼保健等工作，以巡回医疗为主，及时处理常见病、多发病等。2004年，朱泾镇有农村卫生室16个(其中甲级卫生室13个)，乡村医生27人(其中执业助理医师23人)。1990—2004年，全镇(乡)共就诊36.9万人次，年均2.46万人次。

2000—2004 年朱泾镇农村合作医疗情况表

表 96

年份	农业人口(人)	参加合作医疗(人)	占农业人口(%)
2000	26761	22146	82.75
2001	26614	20130	75.63
2002	28963	23651	81.66
2003	26274	23024	87.63
2004	24445	18179	74.37

第二节　卫生管理

一、公共卫生

1990 年起,朱泾镇(乡)的公共卫生工作,由朱泾地区爱卫办和朱泾镇(乡)卫生院具体负责。着重抓好公共场所的卫生,采取划片包干、定期检查的办法,对无证经营摊贩坚决取缔;对有证经营的从业人员进行健康检查和卫生法规培训,达到持证上岗;对患有"五病"(痢疾、伤寒、病毒性肝炎、活动性肺结核、化脓性或渗出性皮肤病)的人员予以调离,不得从业。旅馆、理发店、歌舞厅、浴室等必须达到卫生专项指标的要求,方可正常开业。

二、食品卫生

1990 年起,朱泾镇(乡)贯彻《中华人民共和国食品卫生法》,不断加大食品卫生的管理监督力度。2004 年,朱泾镇有食品生产经营单位 576 家,其中饮食业 148 家、销售业 340 家、食品生产加工业 37 家、食堂 45 家、超市 4 家、储运 2 家,从业人员 3650 人。因患"五病"调离 5 人,调离率 100%,镇域内无集体性重大食物中毒事故发生。

三、饮水卫生

1990—2004 年,朱泾镇(乡)切实加强饮水卫生的管理和监督,使管网水五项指标(浊度、色度、余氯、细菌总数、大肠菌群)全部达标,合格率 95%,日供水 3 万立方米。高层水箱 279 只,水池(库)15 个,从事水箱清洗的从业人员 20 人,均参加健康体检,持有健康证上岗。

四、环境卫生

(一)镇区

1990 年,朱泾镇成立"两禁"(禁止随地吐痰、禁止乱扔杂物)领导小组,由分管副镇长任组长,加强对环境卫生的整治和管理。具体工作由朱泾地区爱国卫生运动委员会负责。

爱卫会与各单位、商店签订门前"三包"(包清洁、包绿化、包秩序)责任制协议,定期开展检查考核和组织力量沿街巡查,消除乱吐乱扔现象,切实加强街、路、垃圾、厕所等管理。

对街、路清扫采取划片包干、责任到人、绩酬挂钩的办法,确保全天清洁;垃圾做到日产日清,垃圾箱和垃圾房做到定期喷洒灭蝇药剂;公共厕所落实专人管理,全日免费开放。2004年,朱泾镇城区有垃圾箱450个、垃圾房77座、公共厕所28座,环卫工人130人。

(二)农村

粪便管理 20世纪90年代,朱泾乡农民家庭逐步取缔粪缸,每个村都建立改厕专业队伍,指导和帮助农户建造"小三格"无害化粪池及配套设施,资金由国家、集体、个人三方负担,每建一个"小三格"无害化粪池(约300元),国家和集体补贴50%,个人出资50%。至2001年,朱泾镇农村改厕工作基本完成,共建造"小三格"无害化粪池8712个,农村改厕覆盖率98.02%。

垃圾处置 2000年起,朱泾镇各行政村开展垃圾收集处置工作。至2004年,全镇共建垃圾房39座,卫生保洁员85人,分发给农户垃圾桶4240个。每天早晨,卫生保洁员挨家挨户收集垃圾进垃圾房,再用垃圾车将垃圾送往堆场处置。

河道保洁 2001年起,朱泾镇对镇域内主要河道开展清除河边垃圾杂草,打捞河中漂浮物等河道保洁工作。具体工作由镇水务站和爱卫办主管。2004年,朱泾镇整治河道28条(段),长34.45千米,清除污泥35.41万立方米。朱泾镇组织河道保洁船队10支(镇级2支,村级8支),负责全镇主要河道内垃圾、杂草等漂浮物的清理、整治工作,保持河道清洁。

第三节 疾病防治

一、健康教育

1990年,朱泾镇、乡在中心小学和机关干部中通过开设知识讲座、发放卫生和防病宣传资料、开设宣传画廊开展健康教育等系列活动,当年受益8000多人次。1998年,全镇、乡健康测试60多题,参试人数1.65万人次。2001年,朱泾镇加大健康教育系列活动力度,开展创建"社区健康教育达标镇"活动,每个居、村委会建立健康教育固定专栏和健康教育活动室等阵地,并组建健康志愿者队伍。

2004年,朱泾镇对12个居委会、8个村委会开展《健康知识行为应知应会知识》及《健康行为指南》知识培训,向居民、村民发放《建设健康城市、健康教育必读》和《居民合理营养指导手册》4.4万册;发放《流感和禽流感防治知识问答》《病毒性肝炎科普知识》及《糖尿病预防知识》等26种宣传画、宣传册子等4896份;开展专题宣传咨询活动25次,培训22次,分发宣传资料1.8万份,发放健康处方8900份,受教育人数4.2万余人次。

二、除灭"四害"

1990年,朱泾镇、乡成立除害领导小组,由分管副镇、乡长任组长,爱卫办主任和环卫所长任副组长,下设办公室。各单位也建立除害领导小组,配备除害消杀人员。爱卫会负责培训兼职消杀(除"四害")队伍。除害领导小组将每年的除害任务分解落实到各单位,并与各单位领导签订目标责任书;对除害人员实行定人、定点、定时、定期、定方法的"五定"岗位责任制,以强化责任。2004 年,朱泾镇布放捕鼠夹 220 只,黏鼠板 350 块,投放灭鼠药澳敌隆 50 千克、磷化锌 100 千克、腊凡 50 千克,悬挂捕蝇笼 250 只,分发灭蟑螂药物 30 千克等。全镇取得灭鼠、灭蟑螂、灭蝇等达标成果。

三、防病治病

(一)儿童病

1990 年,朱泾镇、乡对儿童病(百日咳、白喉、破伤风、脊髓灰质炎、麻疹等)接种“五苗”(乙肝疫苗、卡介苗、百白破疫苗、脊髓灰质炎疫苗、麻疹疫苗)覆盖率 100%,单苗接种率 100%。2004 年,朱泾镇常住户口中有 0—6 岁儿童 2262 人,卡介苗接种率 99.50%、百白破疫苗接种率 100%、脊髓灰质炎接种率 99.10%、麻疹疫苗接种率 99.20%、乙肝疫苗接种率 99.60%。

(二)传染病

1990—2004 年,朱泾镇(乡)甲类传染病未发生。乙类传染病(急肝、菌痢、结核、伤寒、麻疹、猩红热、出血热、淋病、梅毒)每年发现 40—90 例。为此,镇防保组坚持加强消毒隔离和感染控制的监测,使发病率控制在最低限度。

(三)妇科病

1990—2004 年,朱泾镇(乡)政府每两年一次为全镇(乡)妇女体检,患妇女病者及时得到治疗。2000 年,妇科疾病普查全镇应查 6602 人,实查 2200 人,查出妇女病患者 209 人,治疗 209 人;2002 年,应查 6700 人,实查 3100 人,查出妇女病患者 285 人,治疗 285 人;2004 年,应查 6805 人,实查 3900 人,查出妇女病患者 301 人,治疗 301 人。

(四)职业病

1990 年,朱泾镇、乡涉及有毒有害物质、高温、粉尘、噪声等企业 53 家,每年开展职业健康检查。2004 年,朱泾镇职业性健康检查 768 人,体检率 100%,严格执行劳动防护措施,无重大职业病事故发生。

(五)“非典”“禽流感”病

2003—2004 年,针对“非典”“禽流感”疾病的出现,朱泾镇成立抗击“非典”及“禽流感”预防领导小组,由镇长任组长,分管副镇长任副组长,各村、居委会主任为第一责任人。全镇组织一支 380 人的专业防治队伍。加强公共场所消毒,对外出返沪人员进行二周隔离监测,限制干部群众外出活动,对镇域内的 8.6 万羽家禽做到 100% 防疫,共使用疫苗 27000 毫升。全镇未发现疑似病例。

第四节　卫生创建

1990 年起,朱泾镇、乡积极开展卫生创建活动,取得一定成绩。1993 年,朱泾镇被评为上海市二级卫生镇。1994—1996 年,朱泾镇被评为上海市卫生红旗镇。1997 年,蒋泾村被评为上海市环境卫生竞赛先进集体。1999 年 12 月,朱泾镇、乡均被评为金山区“烟尘控制区”。2001 年,朱泾镇被评为上海市一级卫生镇。1999—2002 年,民主、大茫、东方红、长浜、万联、秀州、新泾、待泾 8 个村分别被评为“上海市卫生村”。

第二十四章　社会生活

第一节　人民生活

1990年,朱泾乡农民年劳均收入1658元,年人均收入1064元。2004年,朱泾镇农民年劳均收入9277元,比1990年增加4.59倍;年人均收入6175元,增加4.8倍;城镇居民收入逐年增加,生活质量不断改善。

1990—2004年朱泾镇(乡)农民收入情况表

表97

年份	年劳均收入(元)	年人均收入(元)	人均收入比上年增长(%)
1990	1658	1064	10.49
1991	1538	1091	2.54
1992	1916	1171	7.33
1993	2664	1697	44.92
1994	3471	2662	56.87
1995	4589	2905	9.13
1996	5751	3128	7.68
1997	5309	3205	2.46
1998	5500	3500	9.20
1999	6471	4055	15.86
2000	6863	4138	2.04
2001	7307	4438	7.25
2002	7448	4828	8.79
2003	8100	5358	10.98
2004	9277	6175	15.25

一、衣

20 世纪 90 年代,朱泾镇、乡人们衣着很少缝缝补补,开始追求服饰时装化,面料高档化,款式个性化,四季衣衫多样化。名牌、品牌更是年轻人的时尚。一般人羊毛衫、羊毛背心、有内衣内裤、西装、各式时令服装等都有几套。进入 21 世纪,朱泾镇人们衣着讲究时尚、漂亮、有气质。纯棉织品又成为人们喜欢穿着的衣衫。鞋子方面变化很大,布鞋被淘汰,一般人都穿皮鞋,每人都有数双,还有旅游鞋、运动鞋、休闲鞋、各式拖鞋等。

二、食

1990 年代,朱泾镇、乡食品日益丰富。黄鳝、鳗鱼、甲鱼、野味、海鲜、螃蟹、虾等常见于酒席之中。就连丧事,一改过去单纯"豆腐饭"的传统,也像办酒筵一样,菜肴丰富。酒的品种丰富,除白酒、啤酒、黄酒外,还时兴葡萄酒及各种饮料。牛奶销量增多,在校学生喝学生奶,不少家庭也订购牛奶、酸奶之类的奶制品。水果品种繁多,来自全国各地的时鲜水果,四季常有,不少人养成每天吃水果的习惯。各类补品消费量大增,冬天吃人参,平时用西洋参泡茶喝是普遍现象。进入 21 世纪,朱泾镇人们的饮食由温饱型向营养型发展,讲究科学、合理、健康。

三、住

(一)居民住房

1990 年,朱泾镇城区建有东风、水上、红旗、公园、胜利、临源二村、南圩、罗星、万安等居住小区,共有楼群 446 幢(梯),总建筑面积 42.12 万平方米。1991—2004 年,城区先后建成临源一村、凤翔、钟楼、北圩、秀州、南圩花苑、金昌苑、朋鑫苑、鸿越华庭、榆松苑、东林苑、东林公寓、华光紫金苑、金玉良苑、汇佳新苑、秀州苑、森海豪庭、天乐苑、秀南新村、弘泽阳光苑、星东花苑、胜利苑、珠溪苑、临仓小区、景富公寓、凤翔东村、金龙新村等居住小区,共有楼群 916 幢(梯),多数为 5—6 层楼,少数为 8—15 层(小高层),3 个别墅群,建筑面积 110.77 万平方米。2004 年,城区居民住宅总建筑面积 170.19 万平方米,居住 14145 户、42163 人,户均居住面积 120.32 平方米,人均 40.36 平方米。

(二)农民住房

1990 年,朱泾乡有农民 8055 户、28472 人,住宅总建筑面积 113.37 万平方米,户均居住面积 140.74 平方米,人均 39.82 平方米。其中,居住楼房 4174 户,占总户数 51.8%。这一时期建造的房屋多数用水泥桁条,多孔楼板,少数用钢窗钢门。屋面大多为人字式,也有平顶式。外墙有的贴瓷砖、马赛克;内墙装护墙板,贴墙布。地面铺瓷砖、磨石子等简单装潢。

2000 年起,朱泾镇农民建造的楼房款式多样、新颖,室内装饰讲究,内设现代化灶间和卫生间。2004 年,朱泾镇有农民 9174 户、27455 人,住宅总建筑面积为 154 万平方米,户均居住面积 167.87 平方米,人均 56.09 平方米。其中,住平房的有 122 户,占总户数的 1.33%;住楼房 7913 户,占总户数的 86.26%;住商品房 682 户,占总户数的 7.43%;住别墅 457 户,占总户数的 4.98%。

四、行

1990 年起，朱泾镇、乡交通环境不断改善，摩托车、汽车逐步进入百姓家庭。2004 年，镇域内有莘金、南金、金漕、朱卫专线、金张支线、朱石线、莲金、金枫、朱枫等线路，乡村公路四通八达，人们出行普遍以车代步。全镇有摩托车 15224 辆，各类汽车 142 辆，其中，运输车 47 辆，轿车 95 辆。

五、用

20 世纪 90 年代起，人们日常用品开始向现代型、豪华型变革。2004 年，朱泾镇百姓家庭实现液化气灶逐步代替柴灶，厨房备有电冰箱、脱排油烟机、饮水机、不锈钢餐具、电饭锅、微波炉等。城区居民 96% 家庭用抽水马桶，90% 家庭安装空调；农村 80% 左右的家庭新建或改建卫生间、用抽水马桶，30% 家庭安装空调。全镇百姓家庭普遍安装有线电视，且 98% 以上是彩电。各类手机、数码照相机、摄像机、电脑等也逐渐进入百姓家庭。

第二节　风　　俗

一、传统节令

春节　农历正月初一（俗称“年初一”），即春节。传统春节从腊月底开始，一直延续到正月十五。大年初一零点起，竞相放爆竹、贴春联，早上吃年糕、汤团等，小辈给长辈拜年，长辈给小辈“压岁钱”。出门见熟人、亲朋互道“新年好”“万事如意”“恭喜发财”等祝福语。初二起携带礼品，到亲戚朋友家拜年或参与文化娱乐活动，结婚嫁娶最盛，也有家庭外出旅游。党政组织、群众团体在节日期间慰问烈军属、离退休职工、劳模、先进工作者和贫困户，并送上慰问品与慰问金。

接财神　农历正月初五，俗称“五路财神日”。商家及生意人为新年取开市大吉，生意兴隆、财源广进，设香案，供财神，磕头礼拜。年初五零时鸣放鞭炮，竞争第一，抢先将财神接进店内。

元宵节　农历正月十五为元宵节，俗称“正月半”。民间有磨糯米粉做汤圆、吃汤圆的习惯，象征全家团圆。旧时还有挂灯笼、耍龙灯、舞狮子、猜灯谜等习俗和民间娱乐表演等活动。1990 年代后，猜灯谜，吃汤圆，开展多种形式有益的文体娱乐活动。

清明节　4 月 5 日，是我国传统节日。人们有踏青游玩和吃“青团”习惯。清明动土无禁忌，故有清明落葬之习俗，将骨灰盒落葬，寄寓“入土为安”。届时，家家户户都要上坟扫墓，给墓地置贡品、烧纸钱、磕头跪拜祭祀祖宗，同时除草培土。随着时代进步，敬献鲜花、默哀悼念，追思先辈养育之恩，被年轻一代所接受。清明节，学校、企事业单位组织学生、职工等前往陵园或烈士墓集体祭扫，缅怀先烈，接受革命传统教育。

立夏日　5 月 5—6 日，是全年 24 个节气之一。此日，人们有吃青蚕豆、咸蛋、青梅子、茅针和称体重的习俗。

端午节　农历五月初五,俗称“当五”,又叫“端阳节”,是民间传统节日。朱泾地区有裹粽子,吃粽子,吃雄黄酒、黄鱼、黄鳝等习惯;还有在门框上方挂艾蓬、菖蒲,洒上雄黄酒以驱除五毒。

七巧日　农历七月初七。传说牛郎织女在银河上通过喜鹊搭桥,两人在桥上相会,故曰“鹊桥相会”。

七月半　农历七月十五,为“中元节”,俗称“七月半”。是传统的祭祖日。家属备酒食祭祀祖先,以表孝心。如有当年死亡的人,其家属就要做“新七月半”,备酒菜接待前来致吊的至亲好友。此俗仍有延续。

中秋节　农历八月十五,俗称“八月半”。家家户户吃月饼、赏月亮。以前,这天晚上家家户户设案点香,桌上陈列水果、月饼,俗称“祭天”“斋天”,祈求天神确保五谷丰登、六畜兴旺,此俗现已式微。此日还有吃芋艿、红菱等习惯。随着人民生活水平的提高,买月饼馈赠亲友、长辈成习俗。

重阳节　农历九月初九为重阳节。九为阳数,重九即阳数巧合,故称“重阳”。有吃重阳糕的习俗,多数人家碾糯米粉自做重阳糕。孝敬老人,关爱亲人成为社会的新风尚。1988年,上海市规定每年农历九月初九为“敬老日”。是日,朱泾镇各单位以召开老年人座谈会,探望、慰问老干部、老职工、老年人和高龄寿星等多种形式,开展敬老爱老活动。

冬至　12月21—23日。此节也是祭祖之日。多数人家备菜祭祖,少数因接近年关而省略,故有“冬至年夜一包捎”做法。民间流传“冬至动土无禁忌”之说,在冬至期间,落葬、迁坟现象较为常见。

除夕　农历十二月三十日(如遇十二月小为二十九日),俗称年三十,又称“年夜”。是日,家家户户备酒菜祭祖,合家团聚吃年夜饭。旧时有“守岁”“封门”“鸣放炮仗”等习惯。今兴“守岁”、鸣放爆竹烟花和贴春联等。

二、法定假日

元旦　1月1日。党政机关、事业单位放假一天,悬挂国旗,迎接新一年的到来。因人们习惯于春节过“大年”,故对元旦过年意识淡薄,节日气氛欠盛。但仍有举行婚礼等喜庆活动。

春节　是民间传统最隆重的节日。农历正月初一至初三,欢度新春佳节。20世纪90年代后期始,把节日前后双休日连在一起形成7天长假,成为集娱乐休闲、购物消费、走亲访友、观光旅游的黄金周。

“五一”国际劳动节　5月1日,俗称“五一”。此节气候适宜,举家外出旅游的渐多。利用节日前后双休日,成为第二个“长假”。长假期间,举行婚礼、乔迁等吉庆活动较多。

国庆节　10月1日为国庆节。2000年起,国庆节成为第三个“长假”。节日里,党政机关、企事业单位张灯结彩、悬挂国旗。开展大型文化、艺术演出和展示活动。是夜,燃放礼炮、礼花等,以示普天同庆。人们利用长假,外出旅游购物,欢度佳节。

三、婚嫁

订婚　又称“定亲”。男女青年经介绍人(媒人)介绍后(也有男女双方自己看中的),由介绍人(媒人)带领女青年及父母等亲戚去男青年家相亲,俗称“认门头”,看男青年相貌、家庭居住条件和经济状况。男女青年则另选一处单独交谈,如双方同意,选择良辰吉日,办理订婚仪式。订婚那天,男方摆酒席(俗称“定亲酒”),介绍人(媒人)陪同男青年并携带彩礼(定金)、首饰到女方家吃中饭。午后,介绍人(媒人)及男青年陪同女青年到男方家吃夜饭,相互认识双方长辈及亲戚,接受长辈的“见面钱”。此日,男女双方一来一往,俗称“走通脚头”。

结婚　俗称“好日”(日,读臬)。双方商量,择定良辰吉日,男女双方操办酒席,邀请亲朋好友赴宴贺喜,叫“吃喜酒”。是日,男家称“好日”、讨媳妇,女家称“嫁囡”,统称做喜事。

今实行婚姻自由,在男女双方自愿的基础上,符合《中华人民共和国婚姻法》规定年龄的男女青年,一起到婚姻登记部门办理结婚登记手续后,即为合法夫妇。然后,发喜糖、宴请亲朋好友,有的外出旅游度蜜月。

再嫁　也称寡妇改嫁。寡妇再婚为封建宗法所不容。再嫁妇女所带前夫的子女,受人冷遇,被辱为“拖油瓶”。现今这种旧俗逐渐改变,再婚、再嫁被视为正常现象。

入赘　俗称招女婿。旧社会和解放初期,“上门女婿”地位低下,生产劳动、经济生活受岳父母的支配。入赘后,不但要更改姓名,所生子女从属女方姓氏。20 世纪末起,入赘女婿有权不改姓名,所生子女随谁姓都可以。

四、丧葬

出丧　病人或者老人故世后,子女为死者擦身,将死者平时用的衣被、鞋袜等烧掉,旧时称“烧落床衣”。然后派人把噩耗走告亲戚,对远道至亲今以通电话告之,且告诉成殓时间,俗称“报丧”。成殓上一天,丧家家人和亲戚都穿白戴孝,即“开白”。家人轮流日夜守望,称“守灵”。是夜,将遗体移至客堂,设立“孝堂”“灵台”,接受亲友吊唁。成殓前夜,在室外场地上烧衣、被等物,叫“送行衣”。成殓之日,由亲属护送死者遗体至殡仪馆,举行告别仪式或追悼会,然后火化。火化后,骨灰由其子女捧回留存(或寄存殡仪馆)。

做七　人死亡之日起,每隔 7 天为一个周期(称“七”),第七天为头七,以此类推,二七、三七直至“七七”(“终七”,即“断七”)共 49 天。逢“七”都祭祀,家人在灵前点香烛,供奉酒饭与菜肴,称为“做七”。其中“五七”为大七,祭奠隆重,至亲们都会上门祭奠亡者,送酒菜、水果和锡箔之类。

落葬　也称安葬,是子孙晚辈对已故先人的料事之举,众曰:“入土为安”。落葬一般安排在清明或冬至期间,但必须按(一年、三年、五年)单数进行,择地择日办理。也有当日火化后即落葬,称为“热落葬”,当今选择“五七”落葬的较多。

第三节　宗　　教

1990—2004 年,朱泾镇(乡)域内佛教场所有东林寺、蒋泾庙 2 处;道教场所有火神庙 1 处;天主教场所有西墙界天主堂、水圩天主堂 2 处;基督教场所有朱泾耶稣堂 1 处。

一、佛教

东林寺　坐落在朱泾镇东林街。元至大元年(1308 年),僧妙因建,本名观音堂,皇庆二年(1313 年),西林寺元智僧来开山,改额为东林禅寺。元至正元年(1341 年)毁于兵灾。明初僧至益重建,后因年久失修而倾毁。清乾隆二十七年(1762 年),陈克已等筹资重建。嘉庆十年(1805 年),僧漪云重修,并建连月轩及寺右三殿。道光五年(1825 年),大殿毁于火。道光九年,僧念怀重建。道光十八年,山门又毁于火。抗战期间,寺内有和尚 11 人。20 世纪 50 年代初,有和尚 6 人,后均还俗。1990 年,东林寺尚存大殿一座,1998 年大修,重现古建筑宏伟风貌。2004 年,金山区人民政府无偿划拨原金山县政府大院(面积 20 余亩)作为东林寺扩建用地,仿元代形制扩建东林寺。

蒋泾庙(蒋泾庵) 坐落在朱泾镇待泾村蒋泾小学校内(蒋泾 2 组),建于清乾隆三年(1738 年),原为彭维周家祠,后于祠东建观音殿,统称为“蒋泾庙”。清咸丰年间,毁于兵燹,光绪十一年(1885 年)重建。民国 36 年(1947 年),因年久失修而倾颓,后又重修,并树立《重修蒋泾碑记》志之。民国初期,南社巨子高吹万书写“蒋泾庙”匾额,悬挂于大门正中上方,后毁。1971 年,拆后埭,建蒋泾小学;1974 年,拆前埭,建幸福小学。2000 年 7 月,朱泾中心小学下属所有村校全部撤销。在原庙址搭建 10 余平方米简陋小屋,每逢农历初一、十五(月半)香火兴旺。

二、天主教

西墙界天主堂 坐落在朱泾镇新泾村富强 6 组,建于民国初期,地处西墙界河东,故名。有房屋 12 间,属吕巷镇虹桥教堂管辖。神父每月来一次做弥撒,先后有 3 名修女日常管理教堂。解放前有教徒 300 余人,后发展到 420 人。20 世纪 50 年代中期停止活动,1958 年作仓库、学校,祭台被毁。20 世纪 80 年代中期,重新活动,1989 年,教徒们募捐资金大修。2004 年,做弥撒教徒有 350 人左右。

水圩天主堂 坐落在朱泾镇万联村联盟 7 组,建于清末。民国 20 年(1931 年),增建钟楼,有房屋 10 间,属松江县枫泾区雉鸡汇天主堂。神父每月一次来堂做弥撒,有 3 名修女。教徒多数为附近村民,解放初教徒 160 余人。20 世纪 50 年代中期停止活动,1958 年遭毁坏,后作仓库。1980 年代起,教徒们又集中在一起做弥撒,多则十几人,少则几个人。1990—2004 年,经多次集资大修后,做弥撒教徒有 190 人。

三、基督教

朱泾耶稣堂 坐落在西林街 238 号。清光绪二十九年(1903 年)八月建。美籍传教士步惠廉牧师在朱泾上元塘陈姓民房设布道处,于光绪三十一年购买丁姓地基,在西林街建新教堂。民国 13 年(1924 年),沈文蔚牧师建钟楼,有房屋 13 间,教徒 200 人。隶上海中华基督教卫理公会松江教区,辖张堰留惠堂、松隐容照堂及各乡布道处。总堂历任负责人有方纯洁、章友仁牧师等。抗战期间,宗教活动中止。民国 35 年(1946 年)9 月复堂。解放初期,曾组织宗教联谊会,章友仁为召集人,1955 年停止活动。1986 年 8 月,恢复宗教活动。1990—2004 年,每周参加礼拜教徒有 150 余人。

第二十五章　方　言

朱泾镇历史悠久，人民群众在口头流传着形象生动、简练朴实、通俗易懂、意趣横生的方言。这些都是劳动人民日常生活、生产经验的积累，通过口耳相传，逐步流传下来，语言优美，内容具有深刻的哲理。进入近代，随着改革开放和社会交流的日益深入，地域差异不断减弱，加上普通话的推广，朱泾镇的方言正在发生变化。

第一节　亲属称谓

一、直系亲属

直系家属称谓对照表

表98

关系	称谓	俗称	当面称呼	自称
生父	父亲	爸爸、爷	爸爸、爹、老爸、阿爸	儿女(囡)
生母	母亲	妈妈、娘	妈妈、姆妈、阿妈、老妈	儿女(囡)
养父	父亲	爸爸、爷	爸爸、爹、老爸、阿爸	儿女(囡)
养母	母亲	妈妈、娘	妈妈、姆妈、阿妈、老妈	儿女(囡)
后父	继父	晚爷	叔叔、老伯伯、爷叔、爸爸	儿女(囡)
后母	继母	晚娘	阿姨、妈妈	儿女(囡)
父之父	祖父	大大	大大、爷爷、阿大	孙子、孙女
父之母	祖母	奶奶	奶奶、阿奶、娘娘	孙子、孙女
父之祖父	曾祖父	太太	太太、阿太	曾孙子、曾孙女
父之祖母	曾祖母	太太	太太、阿太	曾孙子、曾孙女
兄、弟	兄弟	哥哥、弟弟	长者称阿哥、哥哥，小者称阿弟、弟弟	哥、弟
姐、妹	姐妹	姐姐、妹妹	长者称阿姐、姐姐，小者称阿妹、妹妹	姐、妹
夫	丈夫	男人	直呼其名、孩子他(她)爹(爸)男客人	妻
妻	夫人	女人	直呼其名、孩子他(她)娘(妈)屋里厢女客人	夫

二、旁系亲属

旁系家属称谓对照表

表 99

关系	称谓	俗称	当面称呼	自称
父之兄、弟	老伯伯、叔叔	叔、伯	老伯伯、大伯伯、老伯、叔叔、阿叔	侄子、侄女
伯父之妻	伯母	大妈	大妈妈	侄子、侄女
叔父之妻	叔母	婶妈	婶妈、阿姨	侄子、侄女
伯父、叔父之子	堂兄弟	叔伯兄弟	与自己兄弟相同,介绍时冠“堂”字	弟、哥
伯父、叔父之女	堂姐妹	叔伯姐妹	与自己姐妹相同,介绍时冠“堂”字	妹、姐
父之姐	姑妈	母母	大妈妈、母母、姑妈	侄子、侄女
父之妹	姑姑	孃孃	孃孃、阿孃、姑姑	侄子、侄女
兄、弟之妻	妯娌	嫂、弟媳	嫂嫂、阿嫂、弟媳妇	弟妹、哥姐
夫之兄弟	伯、叔	叔伯	大伯、阿叔、哥、弟	弟媳、嫂

三、姻亲成员

姻亲成员称谓对照表

表 100

关系	称谓	俗称	当面称呼	自称
婿、媳之父母	亲家	亲家公、亲家母	以兄、弟、嫂之称呼	
姑之丈夫	姑父	姑夫	姑夫、阿夫、寄爹	内侄子、内侄女
姑之子女	姑表	表兄弟、表姐妹	兄弟、姐妹相称,或冠“表”字	表哥、表弟、表姐、表妹
夫之父	公公	公公、阿爹	随夫称	媳妇
夫之母	婆婆	婆婆、姆妈	随夫称	媳妇
母之父母	外祖父、外祖母	外公、外婆	外公、大大、外婆、奶奶、阿奶	外孙、外孙女
母之兄弟	舅父	娘舅	舅父、舅舅、娘舅	外甥、外甥女
母之嫂、弟媳	舅母	舅妈	舅母、舅妈	外甥、外甥女
舅父之子女	舅表	表兄弟、表姐妹	兄弟、姐妹相称,或冠“表”字	表哥、表弟、表姐、表妹
母之姐妹	姨妈	姨妈	大姨、姨妈、阿姨	外甥、外甥女
母之姐夫、妹夫	姨夫	姨夫	姨夫、夫夫	外甥、外甥女
妻之父	岳父	丈人	随妻子称	女婿
妻之母	岳母	丈母娘	随妻子称	女婿

第二节　常用词语

一、生活用语

实伊——他(她)
实侬——你
阿努——我
后生家——青壮年
坍宠——丢脸
光火——生气
笃定——有把握
懊佬——后悔
噱头——装腔作势
搭浆——马虎
舍姆娘——产妇
搬乱说——搬弄是非
话勿出——说不定
定头货——固执的人
调枪花——施诡计
促死板凳——呆板
当家人——丈夫
巴结——勤恳
来山——能干
现世——羞惭
板扎——牢固
老茄——骄傲
叫花子——乞丐
勿世直——不情愿
寻吼势——寻衅闹事
小八辣子——没地位的人
远脚要要——不肯接近
穷心黑想——贪得无厌
瞎三话四——胡说八道
花头花脑——别出心裁翻花样
板雀头——找岔子
哭出唔拉——哭丧着脸
伊拉——他们
实那——你们
小长——小辈
屋里厢——妻子
清水——干净、清洁
臭韧——不爽快
怄周——不舒畅
识相——知趣
交关——许多
小把戏——儿童
老古董——顽固守旧
偷世乖——偷懒
三脚猫——样样不精
看冷清——袖手旁观
夹水揿——趁人之危
洋壶肩架——不负责任
勾勒——办事干练
促呷——奸诈
捏梦——胡说
触毒——触痛神经
相赢——便宜
潮头团——少年
吃搁头——挨整
伤神思——伤脑筋
腰伲角落——偏僻的地方
一塌糊涂——糟糕得很
七分八裂——闹分裂
勒煞吊死——吝啬、小气
脱底棺材——吃光用光
油头滑脑——不老实
落门落槛——办事得当
乌理蛮理——不讲道理

狗皮倒糟——吝啬
寿头寿脑——呆头呆脑
敲钉转脚——拍板敲定
神志不清——糊涂得很
假痴假呆——故意装糊涂
讲斤讲量——斤斤计较
捣浆糊——胡搞
眼眼调——正好、正巧

二、时令用语

节肯——节气
日昼心——中午
夜快——傍晚
春场里——春季
秋场里——秋季
上昼——上午
下昼——下午
勿多歇——不一会
夏场里——夏季
寒场里——冬季

第三节 谚　语

一、生活类

种田不着一年苦,讨娘子不着一世苦。
宅上出个好嫂嫂,姑娘小叔全学好。
遇事多商量,赛过诸葛亮。
新三年,旧三年,缝缝补补又三年。
算算用用,一世不穷。
猪睏长肉,人睏卖屋。
嘴越吃越馋,人越睏越懒。
只要功夫深,铁棒也能磨成针。
一寸光阴一寸金,寸金难买寸光阴。
吃人家的嘴短,拿人家的手软。

二、农业类

三百六十行,种田第一行。
种田不蚀本,全靠手脚勤。
人勤地生宝,人懒地生草。
种子年年选,产量节节高。
娘好囡好,秧好稻好。
精耕勤锄草,禾苗长得好。
人靠饭饱,田靠肥料。
肥是农家宝,种田不可少。
种田三样宝,猪塮、河泥、红花草。

养猪不赚钱,回头望望田。
若要秧棵粗,落谷要稀疏。
深水活棵,浅水发棵。
只有懒人,没有懒地。
一尺沟不通,万丈沟无用。
松土深一寸,等于上趟粪。

三、气象类

(一)云

早晨西天黑,吃饭等不得。
早怕南云涨,夜怕北云起。
日落乌云滚,明朝晒得背皮痛。
天上云鲤鱼斑,明朝晒谷不要翻。
棉花云,雨淋淋。
刚爿云,晒煞人。
西南乌云涨,不久阴雨临。
乌云接日头,半夜雨稠稠。
乱云天顶绞,风雨来不小。
晨起老鼠云,定是雨祖宗。
二更上云三更开,三更上云雨就来。
天上钩钩云,地上雨淋淋。
天上扫帚云,三日雨来临。
早晨红霞飞,中午雨淋淋。
天起横云要下雨。
云相斗,要落雨。
红云变黑云,必有大雨临。
黑云是风,白云是雨。
冬云密,天发黄,要落雪。
馒头风,天气晴。
今日火烧云,明日晒煞人。
梭子云,天空晴。
云走如马跑,大风即时到。
乱云飞似箭,台风顷刻到。
日落云里走,半夜雨稠稠。
日落乌云涨,半夜听雨响。

(二)天气

早看西南,夜看东北。
东虹日头,西虹雨。

早雾晴,野雾阴,雾露不散就是雨。

雷公先唱歌,有雨也不多。

闪电不打雷,大雨不会来。

地返潮,有雨到。

冬冷多晴,冬暖多雨。

三朝雾露发西风。

雪上加霜连夜雨。

(三)预兆

今朝鸡鸭早归笼,明朝太阳红彤彤。

立夏东南风,几日几夜好天空。

端午不落初六雨,初七初八落来没稻梢。

立冬无雨一冬晴。

重阳无雨看十三,十三无雨一冬晴。

年初三一朝霜,一个稻棵两人扛。

正月半下雪,清明定有雨。

正月二十不见星,沥沥啦啦到清明。

三月初三一朝霜,今年谷子不满仓。

三月二十八风雨响,蓑衣笠帽大家抢。

四月十六云夹天,风调雨顺丰收年。

六月里盖被,十二月里没米。

六月里不赤膊,一日只能吃三顿粥。

八月十六云遮月,预防来年大水淹。

初三不见月,阴湿一个月。

(四)物候

燕子高飞晴天告。

燕子低飞雨来到。

鸡啁风,鸭啁雨。

蚂蚁搬家就有雨。

蜻蜓成群绕天空,不过三天雨蒙蒙。

久雨闻乌声,不久天转晴。

麻雀围食要落雨。

八月田鸡叫,雨水马上到。

乌鸦叫,风快到。

毛灰结块,要发风。

母鸡晚归咯咯叫,明朝天气不太妙。

猫咬草,天不好。

蚂蚁搭桥,定有雨到。

鱼跳水,有雨来。

蜘蛛结网,天气晴朗。
田螺盘稻根,落雨在明晨。
鸭子相骂,早骂日头,夜骂雨。
懒猫伸腰,也是雨兆。
蝼蛄唱山歌,天要晴。
青蛙叫,雨来到。
雨中知了叫,预告天晴到。
蝉声悠扬,天必晴朗。
河边泛青苔,必有大雨来。
盐罐返潮,大雨难逃。
地返潮,要落雨。
青石头出汗会下雨。
墙壁冒汗,天会下雨。

(五)风

东风急溜溜,半夜雨稠稠。
立夏东南风,连续好天空。
日转西风夜落雨。
三朝雾露发西风。
八月风潮,性命难保。
九月南风二日半,十月南风连夜雨。
霜后南风连夜转。
春东南,要落雨。
冬天南风三日雪。
逆风轧云要落雨。
一年三季东风雨,独有夏季东风晴。

(六)节气

春天孩儿面,一日变三变。
端午落雨还好熬,端六、七落雨没稻梢。
小暑起燥风,连续好天空。
夏至三日雾,出门要摸路。
立冬无雨,一冬晴。
小暑凉飕飕,大暑热吼吼。
早晨立秋凉飕飕,晚上立秋热吼吼。
重阳无雨看十三,十三无雨一冬晴。
立春吹西风,春天雨水少。
雷打立春节,惊蛰雨不歇。
惊蛰一声雷,蛇虫百脚出洞来。
清明断雪,谷雨断霜。

立夏东南风,雨水会调匀。
夏至难逢端午日,风调雨顺庄稼好。
小暑凉飕飕,大暑热过头。
白露落雨虫害多。
立冬无雨半月晴。
干净冬至邋遢年,邋遢冬至干净年。
白露无雨,百日无霜。

(七)农事

种田人不识天,哪能好种田。
种田人万万年,生意人手头宽。
夏至不要帮人插秧,冬至不要回家看娘。
夏至日子长,冬至日子短。
六月勿热,五谷勿结。
白露日的雨,落到哪里坏哪里。
人老一年,稻老一夜。
蚕豆立冬不进洞,到老一根葱。
若要花,莳里扒。
六月大,黄瓜茄子铺路。
六月小,黄瓜茄子当个宝。
秋前拔稗,胜过放债。
白露白弥弥,秋分稻秀齐;寒露割早稻,霜降一齐倒,立冬无竖稻。
花靠锄头稻靠耥。
若要萝卜大,勿等白露过。

第四节　歇后语

月亮里点灯——空好看
踏破皮球——一包气
甏里捉乌龟——稳揿
脚炉盖当眼镜——看穿
三只指头捉田螺——稳拿
棺材里伸出手来——死要钱
宜兴夜壶——好只嘴
额角头上放扁担——头挑
肉骨头敲鼓——荤(昏)咚咚
萝卜敲鼓——越敲越短
活猢屁股——坐不住

螺蛳壳里做道场——兜不转
鳗鲢肩胛——滑头
临到上轿穿耳朵——匆忙
叫花子吃三鲜汤——第一趟
老母鸡生疮——毛里有病
蟛蜞裹馄饨——里戳出
关云长卖豆腐——人硬货不硬
黄鼠狼爬在鸡棚上——勿偷鸡亦偷鸡
江西人搭碗——自顾自
蜻蜓吃尾巴——自吃自
柴草人救火——自身难保
蚊子叮石臼——一动也不动
小狗落在粪堆里——吃个够
乌龟碰石头——硬碰硬
八十岁学吹打——寿长气短
买只高升给别人放——寿头
泥菩萨过河——自身难保
弄堂里掮木头——直来直去
顶着石臼做戏——吃力不讨好
牛吃稻草鸭吃谷——各有各的福
歪嘴吹喇叭——斜气
麻叉袋上绣花——底子差
六月里着棉鞋——管啥我穷爷
八十岁老人唱山歌——老调
打破沙锅——问到底
鸭吃砻糠——空欢喜
老鼠过街——人人喊打
筷子夹骨头——光棍三条
六指头抓痒——吃力勿讨好
老鼠钻在风箱里——两头受气
兔子打架——上蹿下跳

第二十六章 人 物

朱泾镇历史悠久，人文荟萃。本志录入人物传略 2 人、人物简介 4 人、市级以上先进个人 70 人、正处以上干部 36 人、离休干部 10 人、高级专业技术人员 112 人。

第一节 人物传略

王文济(1914—1998)

朱泾镇人，早年师从浦南名医刁谦伯。后考入上海中国医学院。毕业后又师事上海名医方公溥，边学习边实践，并走访名医章次公、陆渊雷等，深得中医真谛，造诣颇深。

民国 28 年(1939 年)，王文济学成回朱泾，悬壶桑梓，坚持以治病救人为本，对病家不分贵贱贫富，不分亲疏远近，一视同仁，热忱接待，精心诊治，以高超医术名噪四乡。1952 年 5 月，朱泾镇组建联合诊所，王文济任副所长，县内外病员慕名求医，络绎不断。1954 年 2 月，受聘于金山县人民医院，协助院部建立中医科，曾被评为县卫生先进工作者。1958 年起，先后带教的 30 多名中医学徒，均成为中医中坚力量，遍布金山各医院，还远及新疆、河北、甘肃等地。在金山县医务系统中第一批晋升为副主任医师。1979 年起，被选为金山县第一、二届医学理事会理事，后为历届名誉理事。1980 年 4 月，在县人民医院内建立上海郊县第一所中医门诊部，任县中心医院副院长。1987 年，晋升为中医主任医师。曾任全国中医学会上海分会第三、四届理事会理事。1995 年，被评为上海市名中医，并任市第一届名老中医药专家学术经验继承班指导老师。退休后，受聘继续从事中医学理论研究和临床诊治，不顾年迈，四处奔波，积极建议尽快建立县中医院。在市、县卫生局的支持下，1993 年 3 月，成立金山县中医院。

从医 60 余载，治学和诊治均以严谨著称，深谙医理，又富临床经验，注重辨证施治，曾反复告诫弟子："临床非难，贵在变化。"晚年在中医肝胆、脾胃诊治上遵循"通则不通"的古训，以祛邪务尽的观点，创制调胃和中汤、三金汤、活血三瘕汤等验方，取得良好疗效。1990 年，收集上海地区名医医案及其本人《济思斋验案录》中医案编著《金山医药摘粹》，为继承和发扬祖国中医学作出贡献。该书通过市卫生局专家组评审，获县科技进步特等奖。在省、市级医药杂志上发表《应用中医中药治疗细菌性痢疾》等医学论文 20 余篇。

1950 年 4 月，当选为金山县第二届各界人民代表会议代表和常务委员，并连任至第六届。1956年12月,任金山县第二届至第五届人民委员会委员。1982年4月,任金山县第三、四届政协副主席。其事迹载入《浦东词典》《上海当代名中医列传》和《上海市医学学者名人录》《中华国医导医指南》。1998年因脑溢血病逝。

林彦(1931—1997)

朱泾乡蒋泾村农民。林彦患不治之症病故,其家属按照他生前遗嘱,于1997年3月31日下午,把遗体献给上海第一医学院作医学研究。20世纪60年代初,国家困难时期林彦下放到蒋泾村。1980年,瞒着家人写信,与上海第一医学院取得联系,要求自己故世后把遗体捐献给医学事业。整整16年过去,林彦临终前,将捐献遗体之事告诉家人。他对妻子和儿女说:"自己生前对社会没作多少贡献,把遗体捐献给医学事业,算是为社会作最后一点贡献。"林彦故世后,子女含泪把父亲的遗体送往上海第一医学院。

第二节　人物简介

唐寰澄　1926年生,教授级高级工程师,桥梁专家,朱泾镇人,生于中医世家。父辈改学技术科学,伯父唐英,早年留德,从事建筑,为同济大学教授。民国37年(1948年),唐寰澄毕业于上海交通大学土木工程系。曾在茅以升创办的中国桥梁公司工作。新中国成立后,进铁道部设计总局,负责武汉长江大桥的测量钻探和资料收集工作,为建造武汉长江大桥作资料准备。1953年,成立武汉长江大桥工程局,进行技术设计和筹备建筑施工,唐寰澄在总体设计组工作。1954年,唐奉命向全国著名建筑师及有关院校征集大桥建筑方案,他自己也制订预备方案。1955年,大桥建筑方案评审会在武汉召开,评审出一、二、三等奖方案25个。诸方案图图纸及评审结果逐级上报到政务院,结果公推唐寰澄方案为首选,颁令执行。此事殊出建筑界意外,专家梁思成在清华大学说:"这次武汉长江大桥建筑方案评比,建筑界败在一位年轻工程师手中,值得深思。"《人民日报》《人民画报》《中国青年报》等都以显著版面长篇报道此事。唐之所以能获首奖,原因是当时建筑界受苏联的影响,学院派形式主义盛行,其建筑方案多数倾向于大体量、重形式、高造价的"桥头堡"式样。看起来雄伟壮丽,实际上大而无当。唐的方案造型简单,正引桥十分协调,而造价只有其他建筑方案的十分之一。此后,唐寰澄又参加了南京、重庆、枝城、九江等长江大桥以及济南黄河大桥的设计与施工。在桥梁结构设计方面,提出过许多技术创新的方案。1958年,他提出预应力钢筋混凝土桁架铁路桥一系列方案并付诸实施。同年,他对南京长江大桥上部结构提出了250米大跨度刚性桁架柔性拱方案;对下部结构提出钢筋混凝土锁口管柱圆沉井。1966年,唐对枝城长江大桥上部结构提出了主跨300米三孔连续电焊钢桁拱,无碴无枕正交异性板铁路公路桥面;对下部结构提出了双壁圆形钢沉井方案。20世纪80年代,获桂林雉山大桥设计方案奖。

唐寰澄根据工作需要,研究国内外古代和近现代桥梁设计和施工的发展历史,成为我国桥梁史学家,特别是中国古桥梁史专家。中国科学院鉴于英国李约瑟博士编著的英文《中国科学技术史》引用唐寰澄1958年编写的《中国古代桥梁》的桥梁史,特邀请茅以升为主编,唐寰澄为副主编。美国曾邀请唐寰澄为顾问以中国桥梁技术史为题材拍摄了专题科教电影片向世界发行。

唐寰澄潜心美学理论和桥梁美学的研究和实践,著书立说,并在上海同济大学、西安交通公路学院(现长安大学)、重庆交通公路学院担任客座教授。1986 年,出席在美国华盛顿召开的国际桥梁美学学会会议,提交的桥梁美学著作和文集,获美国工程学会特别奖。

1981 年著《桥》,获国家首届优秀科技图书奖。1986 年,出版《中国古桥技术史》,任副主编,获 1986 年中国图书奖荣誉奖。所著《中国科学技术史 · 桥梁卷》为中国科学院“八五”重点图书,获 1986 年中国图书奖荣誉奖。1993 年,出版《中国石拱桥研究》,续成罗英遗稿。1994 年,出版《桥梁美的哲学》。2000 年,出版《桥梁工程》,和王序森合著,获詹天佑奖三等奖。2010 年,出版《中国木拱桥》。

吴彤章 1933 年 9 月生,1949 年就读于上海美术专科学校国画系。1950 年 2 月参军,成为海军文工团的成员,他的绘画才能在部队里得到充分发挥,学的是国画,擅画山水、人物,后来又自学油画,都取得成果。绘画作品多次入选军队美展,并在《人民日报》《解放军画报》《海军画册》等刊物发表。油画《胜利返航》由解放军总政治部收藏;国画《飒爽英姿》由沈阳故宫博物院收藏。1970 年创作的一幅国画《农民全家学毛著》被选送叙利亚、伊拉克等中东 7 国展出,并由中国美术馆收藏。1972 年从部队转业,到金山县文化馆担任美术辅导员。1974 年,文化部要求推行陕西户县农民画的经验。吴彤章受命开始对金山农民画的探索。最初,他选择插队知青和当地农村知识青年分批举行农民画创作学习班。经过 3 年多时间,出现了一些佳作,参加全国美术展览,甚至赴加拿大、芬兰等国展出,但作品大多受户县农民画的影响,缺乏金山特色。1977 年春,吴彤章在文化馆领导启发下,组织民间艺术“采风”小组深入枫泾农村,发现一些刺绣能手。她们的绣品,不论人物、花鸟、鱼虫,都夸张变形,色彩鲜艳,平面构图,富有装饰效果。吴彤章喜出望外,金山农民画要在民间艺术基础上创新的观念,在他心中逐步形成。于是他到处物色具有刺绣、剪纸、织土布技能的农村妇女,吸引到农民画创作学习班中来。他比喻说:“农民画作者瓶里都装着极好的酒,辅导者的任务是想方设法把瓶盖子打开,让酒痛痛快快倒出来,而无需把自己的酒灌到他们的瓶里。”但要想“打开瓶盖子”就必须了解和熟悉农民的生活情感、审美习惯和审美趣味等基本情况。在学习班中,他首先帮助学员克服自卑心理,鼓励她们以熟悉的刺绣、剪纸等技能作为绘画入门的途径,因人而异地进行启发辅导,充分发挥习作者的艺术个性和想象力,画她们最熟悉和最喜爱的东西,通过这样一次又一次的辅导,金山农民画终于在民间艺术的基础上脱胎而出,形成自己独特的风格,并涌现一批以农村妇女为主的农民画家。1980 年,金山农民画在首都中国美术馆展出,进入世界艺术殿堂,饮誉国际画坛。吴彤章的经验很快成为新时期农民画指导者们的共识。在全国掀起中国农民画历史上第三次创作高潮。1981 年,吴彤章被评为全国农村文化艺术先进工作者、上海市劳动模范。1988 年,他被文化部授予“中国民间美术工作开拓者”称号,享受国务院特殊津贴。

夏金龙 1951 年生,朱泾镇人,曾任金山区农委副主任、区蔬菜办公室主任。他主管蔬菜工作 12 年中,对推进上海菜篮子工程建设,促进农业结构调整、提升“家家富工程”效益和金山蔬菜发展,做了大量工作。一是选定茄子、番茄、黄瓜、夜开花等作为金山反季节栽培的主体作物,逐步发展成为具有地区特色的优势产品,不但增加种菜的经济效益,丰富市民的“菜篮子”,同时提高金山蔬菜在上海市场的知名度。二是筹办金山银龙蔬菜种子场,作为市郊唯一的蔬菜良种评价基地和配制西兰花与结球生菜新品种的生产基地,年产种子 150 千克，满足667公顷大田用种需要，改变出口蔬菜长期依赖进口种子的局面。三是贯彻落实市政府提出的“三个集中”的发展要求，他根据蔬菜产业发展的需要，依靠各级政府，组织动员流转耕地1133公顷，采取培育当地专业户，引进外地大农户的做法，支持161家农场开展蔬菜规模化经营，为科技兴农搭建平台，使全区3467公顷出口蔬菜基地应用推广，大幅度提高初级产品成品率，平均每公顷增效1800元，累计增收642万元；2003年，银龙蔬菜种子场被评为上海市、区农业标准化先进单位。四是创建培育产业化经营龙头企业银龙蔬菜加工厂，组建总面积200公顷的金山银龙出口示范基地总场，按国际生产标准组织生产，培育一条功能齐全的上海银龙出口蔬菜产业链。在他的带领下，全体干部群众主动转变职能，逐步形成一套涵盖组织、经营、科技、生产基地和种子五大体系的一体化框架。经过4年的发展，至2004年拥有固定资产3800万元，为初建时的10倍。其深加工能力和科技水平为同行业中领先地位。企业被评为市农业产业化重点单位，市科技兴农项目实施基地，是上海第一家取得从种植到加工出口全过程，由CQC到SGS两家机构认定的ISO 9001：2001和HACCP认证工作，也是上海第一家获得市技术监督局颁发的农业标准化企业。2001—2003年，累计出口蔬菜2.27万吨，交易额7300万元人民币，创汇790万美元。基地农民劳均收入6430元，劳均增收1670元。所生产的西兰花、结球生菜、白花菜等保鲜蔬菜，畅销日本和东南亚市场。

2003年，被评为上海市劳动模范、金山区先进（生产）工作者；2004年，获全国五一劳动奖章。

戈金宝（女）　1965年生，朱泾镇人。1999年，戈金宝担任贫困村东方红村的党支部书记，后又被村民选举为村民委员会主任。刚上任就发动党员干部，筹集4万元工程预付款，在3个月内修成东西长600米、宽7.5米和南北长1100米、宽4.5米的两条柏油路；并通过调查研究，奋战6个月开通1600米长的村中心河，铺设地下渠道3500米；建立三室一点（卫生室、活动室、图书室、健身点）。针对东方红村有40位残疾人、精神病和癌症患者及20位单亲儿童的情况，开展党员一对一帮困活动，使这些人的生活得到保障。

戈金宝始终把村经济发展放在首位，工作的第一招是拓思路、求谋略，将本村在外发展的各类人才“请回来”，帮助村内想办法、出点子；第二招是大力开展招商引资，把刚整修一新的100多平方米办公用房让给客商作厂房，6位村干部挤在一间仅20平方米的办公室里办公；第三招，带领村干部和群众学知识、学科技，走科技致富道路。在任职6年中，以“我是东方红村女儿”的情怀，团结带领村党政领导班子成员谋发展、抓致富，一心一意为村民办实事，并发挥共产党员先锋模范作用，难事带头上。镇政府每次下达献血指标，村里血源少、资金缺，戈金宝均瞒着家人和村干部一起，每次无偿献血200毫升。

至2004年，东方红村面貌焕然一新。全村可支配资金从原来4.5万元增加到120万元，固定资产从原来50万元增加到200万元。

2003年，被评为上海市优秀共产党员、上海市劳动模范。2004年，被评为“全国劳动模范”。

第三节 人物表

1990—2004 年朱泾镇(乡)获市级以上先进个人(部分)名录

表 101

姓　名	性别	荣誉称号	获奖时间	工作单位
陆惠兰	女	上海市三八红旗手	1990	朱泾镇光美针织厂
范红宝	女	全国优秀计划生育工作者	1990	朱泾乡人民政府
冯建中	男	上海市青年教师标兵	1990	金山县实验小学
李静娥	女	全国优秀教师	1991	金山县实验小学
丁德成	男	上海市优秀教育工作者	1991	罗星中学
周亚华	女	上海市新长征突击手	1992	罗星中学
戈金宝	女	上海市三八红旗手	1992	东方红村
朱新华	男	上海市优秀教育工作者	1993	朱泾中学
周亚华	女	上海市新长征突击手	1993	罗星中学
陈惠琳	女	上海市三八红旗手	1994	朱泾乡妇联
徐兴林	男	上海市劳动模范	1995	金山标准件厂
郭载庸	男	上海市劳动模范	1995	新亚药业金山分厂
陈军林	男	上海市新长征突击手	1995	金山县实验小学
金连观	男	上海市劳动模范	1995	鑫义服装厂
凌菊英	女	上海市优秀教育工作者	1995	朱泾第二小学
彭仁其	男	全国第三次工业普查市先进个人	1995	朱泾乡工业公司
戈金宝	女	上海市三八红旗手	1996	朱泾乡敬老院
颜　力	女	上海市优秀共产党员	1996	朱泾小学
金连观	男	上海市劳动模范	1997	金甫时装有限公司
顾守云	男	上海市劳动模范	1997	朱泾蔬菜种苗场
吴德海	男	全国农普先进个人	1997	朱泾乡人民政府
郭载庸	男	上海市劳动模范	1997	上海新亚药厂
吴德仁	男	上海市园丁奖	1997	朱泾第二小学
周成良	男	上海市园丁奖	1997	朱泾中学
陈宝文	女	上海市园丁奖	1997	罗星中学
朱克勤	男	上海市中学优秀体育教师	1997	罗星中学
俞　霞	女	上海市优秀教育工作者	1998	金山县实验小学
陈婉花	女	上海市农业普查先进个人	1998	仙居村委会
丁英模	女	上海市计划生育先进个人	1998	朱泾第二小学
奚美娟	女	上海市农业普查先进个人	1998	朱泾乡人民政府

续表 101

姓　名	性别	荣誉称号	获奖时间	工作单位
王阿庚	男	上海市农业普查先进个人	1998	朱泾乡农业公司
戈金宝	女	上海市三八红旗手	1998	朱泾乡敬老院
张福珍	女	上海市三八红旗手	1998	金甫时装有限公司
张梅花	女	上海市计划生育先进个人	1998	联盟村委会
孙翠英	女	上海市少先队优秀辅导员	1998	区第一实验小学
徐自钧	女	上海市重点工程实事项目立功竞赛先进个人	1998	罗星中学
费建中	男	上海市优秀教育工作者	1998	罗星中学
傅　强	男	上海市中学民防知识教育先进个人	1998	罗星中学
冯森龙	男	上海市十一届中小学体育耕耘奖	1998	朱泾中学
费木云	男	上海市重点工程实事项目立功竞赛先进个人	1999	朱泾乡公路管理站
阮世龙	男	上海市园丁奖	1999	朱泾第二小学
李玉珊	女	上海市园丁奖	1999	罗星中学
彭素花	女	上海市优秀辅导员	1999	罗星中学
戚征红	女	上海市优秀园丁奖	1999	朱泾中学
邵伟超	男	数学国家级联合竞赛三等奖	2000	大茫村增产 11 组
王咏梅	女	中国“语文报”杯语文教学一等奖	2000	罗星中学
张梅花	女	市学知识、学科学、学技术状元	2000	万联村委会
徐　君	男	上海市见义勇为先进分子	2000	镇综治办
骆秋林	男	上海市见义勇为先进分子	2000	金山汽车检测厂
张阿二	男	上海市劳动模范	2000	珠龙经济小区
彭火明	男	全国第五次人口普查市先进个人	2000	镇人民政府
龚桂馨	男	全国优秀人民警察	2001	朱泾镇派出所
盛雨田	男	全国乡镇卫生院优秀院长	2001	朱泾地段医院
淡小寒	女	上海市教育系统先进工作者	2001	朱泾第二小学
胡健荣	男	上海市园丁奖	2001	朱泾中学
徐元林	男	市社保卡工程建设先进个人	2002	镇社保所
金杏英	女	市三八红旗手	2002	镇妇联
盛宗耀	男	市精神文明优秀组织者	2002	镇人民政府
彭令凤	女	上海市员工信赖的好校长(书记)	2002	罗星中学
吴湘民	男	全国群众体育工作先进个人	2002	朱泾中心小学
张梅花	女	全国“双学双比”先进女能手	2002	万联村委会
戈金宝	女	上海市劳动模范	2003	东方红村委会
章勤芳	女	上海市园丁奖	2004	东风幼儿园
陈补生	男	全国粮食生产大户	2004	永丰农场

续表 101

姓　名	性别	荣誉称号	获奖时间	工作单位
戈金宝	女	全国劳动模范	2004	东方红村委会
孙翠英	女	全国少先队优秀辅导员	2004	区第一实验小学
汪小红	女	上海市园丁奖	2004	朱泾第二小学
杨慧玲	女	上海市园丁奖	2004	罗星中学
沈爱忠	男	上海市园丁奖	2004	朱泾中学
冯兰花	女	市三八红旗手	2004	新冬缘酒家

1990—2004 年在朱泾镇、乡工作过的处级以上干部(部分)名录

表 102

姓名	性别	工作单位	职　　务
郭文祥	男	朱泾乡政府	乡长
淡耀祖	男	朱泾镇	党委书记
杨宝信	男	朱泾镇	党委书记
张永成	男	朱泾镇	党委书记
王桂令	男	朱泾镇	党委书记
俞士雄	男	朱泾镇	党委书记
李浩军	男	朱泾镇	党委书记
徐锦钩	男	朱泾镇	党委书记
周四木	男	朱泾乡	党委书记
胡永良	男	朱泾乡	党委书记
王培金	女	朱泾公社	党委书记
施志决	女	朱泾镇政府	镇长
张林成	男	朱泾镇政府	镇长
沈伯荣	男	朱泾镇政府	镇长
邵　常	男	朱泾镇政府	镇长
陈梦良	男	朱泾镇政府	镇长
顾仁忠	男	朱泾镇	党委书记
鲁志芳	男	朱泾镇政府	镇长
严德仁	男	朱泾乡	党委书记
孙国权	男	朱泾乡	党委书记
何福明	男	朱泾乡	党委书记
顾庆生	男	朱泾乡	党委书记
陆秋根	男	金山区人大	副主任
刘永生	男	朱泾乡	党委书记、乡长
尚乃云	男	朱泾乡政府	乡长

续表 102

姓名	性别	工作单位	职　务
王连富	男	朱泾公社管委会	主任
朱明华	男	朱泾乡人大	主席
施志望	男	朱泾镇人大	主席
马照根	男	朱泾镇人大	主席
刘跃俊	男	朱泾镇政府	镇长
潘仁书	女	朱泾乡人大	主席
陶濛濛	女	朱泾镇人大	主席
孙小龙	男	朱泾乡政府	乡长
曹志熙	男	朱泾镇政府	镇长
沈华棣	男	朱泾乡政府	乡长
盛宗耀	男	朱泾镇	党委书记

1990—2004 年离休时在朱泾镇、乡工作的干部(部分)名录

表 103

姓名	性别	籍贯	出生年月	离休时工作单位	离休时职务
冯英华	女	上海金山	1925.06	县实验小学	教导主任
郑爱琴	女	山东牟平	1928.08	朱泾镇卫生院	副院长
高锡荣	男	上海青浦	1924.12	朱泾镇粮管所	市政专管员
钱　杰	男	上海金山	1929.12	朱泾粮管所	朱泾碾米厂管理员
邱永伟	男	上海金山	1931.09	朱泾粮管所	饲料员
张文旭	男	上海松江	1919.09	朱泾镇人民政府	公园管理干部
孙国民	男	江苏如东	1928.08	朱泾镇机关	江苏如东石油机械厂副厂长
张桂英	男	山东栖霞	1926.10	县朱泾镇党委	党委委员
魏本琴	男	山东博兴	1929.07	县朱泾镇	贵州安顺轴承厂职工医院副院长
姚惠成	男	江苏常州	1930.04	上海金山化肥厂	支部书记

1990—2004 年在朱泾镇、乡工作过的高级专业技术人员(部分)名录

表 104

姓名	性别	工作单位	职　称	评定时间
沈岳琪	男	上海洗衣机总厂金山联营厂	高级工程师	—
刘永生	男	朱泾乡政府	高级经济师	—
严德仁	男	朱泾乡政府	高级经济师	—
施志望	男	朱泾镇人大	高级经济师	—
阮士良	男	金山机械厂	高级政工师	—
屠菊薇	女	朱泾地段医院	副主任医师	—

续表 104

姓名	性别	工作单位	职　称	评定时间
唐建萍	女	朱泾地段医院	副主任医师	—
徐永生	男	罗星中学	中学高级教师	1988. 07
孙贻光	女	朱泾中学	中学高级教师	1988. 07
王肇梁	男	朱泾中学	中学高级教师	1988. 07
蔡师曾	男	罗星中学	中学高级教师	1988. 12
丁德成	男	罗星中学	中学高级教师	1992. 12
许一民	男	朱泾中学	中学高级教师	1992. 12
庄梅英	女	朱泾中学	中学高级教师	1992. 12
史美栋	男	罗星中学	中学高级教师	1993. 12
王　平	男	罗星中学	中学高级教师	1993. 12
傅碗珍	女	朱泾中学	中学高级教师	1993. 12
顾申予	女	朱泾中学	中学高级教师	1993. 12
汤　健	男	朱泾中学	中学高级教师	1993. 12
费建中	男	罗星中学	中学高级教师	1994. 12
吴德仁	男	朱泾第二小学	中学高级教师	1994. 12
顾维云	男	朱泾镇成人学校	中学高级教师	1994. 12
黄建国	男	朱泾中学	中学高级教师	1994. 12
焦永强	男	朱泾中学	中学高级教师	1994. 12
方惠佩	女	罗星中学	中学高级教师	1995. 12
彭令凤	女	罗星中学	中学高级教师	1995. 12
姚自豪	男	罗星中学	中学高级教师	1995. 12
戴洁芙	女	朱泾中学	中学高级教师	1995. 12
王雪珍	女	朱泾中学	中学高级教师	1995. 12
马履冰	男	罗星中学	中学高级教师	1996. 12
蔡振辉	男	朱泾中学	中学高级教师	1996. 12
徐　峣	女	朱泾中学	中学高级教师	1996. 12
陆红星	女	罗星中学	中学高级教师	1997. 12
陈宝文	女	罗星中学	中学高级教师	1997. 12
朱金萍	女	罗星中学	中学高级教师	1997. 12
凌巨成	女	罗星中学	中学高级教师	1997. 12
冯建中	男	金山区第一实验小学	中学高级教师	1998. 12
李玉珊	女	罗星中学	中学高级教师	1999. 12
陆水英	女	罗星中学	中学高级教师	1999. 12
沈秀娟	女	朱泾中学	中学高级教师	1999. 01
沈耀忠	男	朱泾中学	中学高级教师	1999. 01

续表 104

姓名	性别	工作单位	职　称	评定时间
白伟雄	男	朱泾中学	中学高级教师	1999.01
何业政	男	朱泾中学	中学高级教师	1999.01
阮世龙	男	朱泾第二小学	中学高级教师	1999.10
陆钧意	女	朱泾中学	中学高级教师	1999.12
顾光旭	男	朱泾中学	中学高级教师	1999.12
张国华	女	朱泾中学	中学高级教师	1999.12
冯森龙	男	朱泾中学	中学高级教师	1999.12
朱　芳	女	朱泾中学	中学高级教师	2000.12
郁利锋	男	朱泾第二小学	中学高级教师	2000.12
张冬林	男	罗星中学	中学高级教师	2000.12
薛　珣	女	罗星中学	中学高级教师	2000.12
朱克勤	男	朱泾中学	中学高级教师	2000.12
岳荣鑫	男	罗星中学	中学高级教师	2002.12
刘诗超	男	罗星中学	中学高级教师	2002.12
潘建林	男	朱泾中学	中学高级教师	2002.12
戚征红	女	朱泾中学	中学高级教师	2002.12
丁金其	男	朱泾中学	中学高级教师	2002.12
冯月茹	女	朱泾中学	中学高级教师	2002.12
姚玉根	男	朱泾中学	中学高级教师	2002.12
胡健荣	男	朱泾中学	中学高级教师	2002.12
朱克强	男	罗星中学	中学高级教师	2002.12
吴惠明	男	朱泾中学	中学高级教师	2002.12
王秀美	女	朱泾中学	中学高级教师	2002.12
周海鹰	女	罗星中学	中学高级教师	2002.12
曹迪华		罗星中学	中学高级教师	2002.12
何巧英	女	罗星中学	中学高级教师	2002.12
夏振海	男	朱泾中学	中学高级教师	2002.12
彭志强	男	朱泾中学	中学高级教师	2002.12
陈　华	女	朱泾中学	中学高级教师	2002.12
陈红梅	女	朱泾中学	中学高级教师	2002.12
钟筱琴	女	朱泾中学	中学高级教师	2002.12
郑喜珍	女	朱泾中学	中学高级教师	2002.12
俞小平	男	朱泾中学	中学高级教师	2002.12
任文娟	女	区第一实验小学	中学高级教师	2003.01
盛忠英	女	区第一实验小学	中学高级教师	2003.01

续表 104

姓名	性别	工作单位	职　称	评定时间
曹雅英	女	朱泾中学	中学高级教师	2003. 12
张土根	男	朱泾中学	中学高级教师	2003. 12
吴湘民	男	朱泾中心小学	中学高级教师	2003. 12
吴惠明	男	朱泾中学	中学高级教师	2003. 12
施彩萍	女	罗星中学	中学高级教师	2003. 12
彭　卫	男	罗星中学	中学高级教师	2003. 12
周亚华	女	罗星中学	中学高级教师	2003. 12
金　敏	女	罗星中学	中学高级教师	2003. 12
王学艳	女	罗星中学	中学高级教师	2003. 12
陈莉萍	女	朱泾中学	中学高级教师	2003. 12
徐小华	女	朱泾中学	中学高级教师	2003. 12
沈林花	女	朱泾中学	中学高级教师	2003. 12
赵学群	女	朱泾中学	中学高级教师	2004. 12
徐志明	男	朱泾中学	中学高级教师	2004. 12
陆火明	男	朱泾中学	中学高级教师	2004. 12
苏惠芳	女	朱泾中学	中学高级教师	2004. 12
彭继锋	男	朱泾中学	中学高级教师	2004. 12
王爱国	男	朱泾第二小学	中学高级教师	2004. 12
冯　斌	男	朱泾中学	中学高级教师	2004. 12
范　弘	女	罗星中学	中学高级教师	2004. 12
杨明忠	男	罗星中学	中学高级教师	2004. 12
王咏梅	女	罗星中学	中学高级教师	2004. 12
沈军英	女	罗星中学	中学高级教师	2004. 12
傅　强	男	罗星中学	中学高级教师	2004. 12
丁娟军	女	罗星中学	中学高级教师	2004. 12
叶路易	女	罗星中学	中学高级教师	2004. 12
张杏花	女	罗星中学	中学高级教师	2004. 12
朱红萍	女	罗星中学	中学高级教师	2004. 12
曹文明	男	罗星中学	中学高级教师	2004. 12
陈连忠	男	罗星中学	中学高级教师	2004. 12
樊学义	男	朱泾中学	中学高级教师	2004. 12
陆丽芳	女	朱泾中学	中学高级教师	2004. 12
盛济宏	男	朱泾中学	中学高级教师	2004. 12
张伟华	女	朱泾中学	中学高级教师	2004. 12
王新勇	男	朱泾中学	中学高级教师	2004. 12
王　铭	男	朱泾中学	中学高级教师	2004. 12

第二十七章　居委会　村委会　小集镇

第一节　居委会

1990年,朱泾镇有东林、西林、新汇、东风、万安、罗星、南圩、大桥、广福、胜利、临源11个居委会。2004年,朱泾镇有罗星、临源、新汇、广福、东林、西林、临东、南圩、凤翔、北圩、钟楼、金龙12个居委会。

一、罗星居委会

位于镇域东部,以罗星新村居民点命名,1981年8月建立。辖区东起掘石港,西依人民路,南至市河,北迄万安街。面积0.71平方千米。居委会驻罗星新村27号102室。2004年,辖131个居民小组,有居民1957户、5114人。辖区内有农业银行金山支行、临源农贸市场、建设银行金山支行、食品中专等。

二、临源居委会

位于镇域中部,以临源新村居民点命名,1987年建立。辖区东起罗星路,西依中官塘,南临万安街、北迄临源街,面积0.56平方千米。居委会驻万安街556号2楼。2004年,辖71个居民小组,居民1430户、3850人。辖区内有金山区劳动社会保障局、金山区计量所、中国建设银行朱泾支行、区第一公证处、朱泾镇社区事务受理中心、朱泾工商所、中国人民保险公司金山保险分公司、朱泾法庭、上海浦东发展银行。

三、临东居委会

位于镇域东部,以临东新村居民点命名,1990年建立。辖区东起沈浦泾路,西至罗星路、南临万安街,北迄临源街,面积0.84平方千米。居委会驻临源一村172号101室。2004年,辖137个居民小组,居民1908户、5800人。辖区内有金山区第一实验小学、金山区自来水公司、罗星中学等。

四、新汇居委会

位于镇域南部,以新汇街命名,1966 年建立。辖区东起东粮库路,西至健康路,南临 320 国道,北依市河,面积 0.43 平方千米。居委会驻东风新村 4 号 102 室。2004 年,辖 80 个居民小组,居民 1241 户、2939 人。辖区内有金山区血液中心、金山公园、西林中学(原金山中学)、东风幼儿园、金山区邮政电讯分局、加油站、金山汽车站等。

五、广福居委会

位于镇域西南部,以广福街命名,1957 年建立。辖区东起健康路,西临区种畜场,南至 320 国道,北依市河、秀州塘,面积 0.29 平方千米。居委会驻南横街 120 弄南楼 201 室。2004 年,辖 13 个居民小组,居民 515 户、2024 人。辖区内有金山区中心医院、上海金山水泥厂、金山机械厂、朱泾粮油管理所等。

六、西林居委会

位于镇域西部,以西林街命名,1966 年建立。辖区东起中官塘,西依秀州塘、南至市河、北临万安街,面积 0.48 平方千米。居委会驻万安新村 3 号。2004 年,辖 122 个居民小组,居民 1597 户、3340 人。辖区内有万安农贸市场、紫金广场、工商银行金山支行、农行金山支行朱泾营业所、朱泾小商品市场、九柏商场、金山区党校(区行政学院)、上海老年大学金山分校、金山区教师进修学院、联华超市、金山商厦、金山农民画院等。

七、南圩居委会

位于镇域西部,以南圩新村居民点命名,1988 年建立。辖区东起中官塘,西依健康路,南临万安街,北至临源街,面积 1.21 平方千米。居委会驻南圩新村 21 号 101 室。2004 年,辖 184 个居民小组,居民 2598 户、8341 人。辖区内有上海电视大学金山分校、朱泾第二小学、金山区妇幼保健所、珠溪大楼、金山房屋经营公司等。

八、凤翔居委会

位于镇域北部,以凤翔新村居民点命名,1998 年建立。辖区东起罗星路,西临中官塘,南依临源街,北至秀州村,面积 0.47 平方千米。居委会驻凤翔新村 46 号 101 室。2004 年,辖 87 个居民小组,居民 1037 户、3246 人。辖区内有金山区少年宫,金山区婚姻登记处,金山区残联,朱泾税务一、二所等。

九、北圩居委会

位于镇域西北部,以地名命名,1997 年建立。辖区东起中官塘,西至秀州塘、南依临源街、北至秀州街,面积 0.82 平方千米。居委会驻秀州新村 1 号 201 室。2004 年,辖 157 个居民小组,居民 1833 户、5682 人。辖区内有朱泾中学、朱泾镇人民政府、金山区污水净化厂、金山区农校、金山区农业技术推广中心等。

十、钟楼居委会

位于镇域东北部,以钟楼命名,2000 年建立。辖区东起胜利路,西至罗星路,南依临源街,北临秀州街,面积 0.97 平方千米。居委会驻钟楼新村 45 号。2004 年,辖 162 个居民小组,居民 2148 户、6685 人。辖区内有金山区公积金运用管理中心、鸿越华庭有限公司、景山房产有限公司等。

十一、金龙居委会

位于镇域东南部,以金龙新村命名,1997 年 1 月建立。辖区东起掘石港,西至中官塘,南依民主村 2、8 组,北临 320 国道,面积 0.34 平方千米。居委会驻商园街 17 号。2004 年,辖 56 个居民小组,居民 783 户、2320 人。辖区内有金山区卫生学校、金山区 120 救护大队、金山区卫生防疫站、东林护理医院、金山区疾病控制中心、朱泾地段医院等。

十二、东林居委会

位于镇域中部,以东林街命名,1966 年建立。辖区东起人民路,西至中官塘,南依市河,北沿万安街,面积 0.46 平方千米。居委会驻胜利新村 25 号。2004 年,辖 67 个居民小组,居民 1372 户、3152 人。辖区内有区委老干部局、金山电影院、东林禅寺等。

第二节 村委会

1990 年,朱泾乡有胜利、前进、民主、东方红、富强、秀泾、蒋泾、增产、建设、万安、联盟、一农、良种、蔬菜、水产 15 个村委会,下辖 212 个村民小组。

1995 年 11 月,朱泾镇建立仙居村委会,下辖 15 个村民小组(由新农镇长浜、幸福、三浜村部分村民小组划入)。

2000 年 7 月,朱泾镇与朱泾乡"撤二建一",建立新的朱泾镇。全镇有 16 个村委会,下辖 204 个村民小组。

2004 年,朱泾镇有秀州、民主、东方红、新泾、待泾、大茫、万联、长浜 8 个村委会(其中长浜村于 2002 年由新农镇划入),下辖 226 个村民小组。

一、秀州村委会

2002 年 7 月,经金山区人民政府批准,胜利村与前进村"撤二建一",成立秀州村委会。东起掘石港,西至秀州塘,南与朱泾城区接壤,北至小泖港,村域面积 5.19 平方千米,耕地面积 231.12 公顷。辖 25 个村民小组,922 户、3097 人。村委会驻胜利五组。2004 年,全村经济总收入 108.73 万元,可支配资金 77.43 万元,劳均年收入 9040 元,人均年收入 6185 元。

2003 年,被评为金山区社会治安综合治理先进单位、上海市文明村。

(一)胜利村

位于镇域东北部,东起掘石港,西至中官塘,南靠朱泾城区,北至小泖港。1990 年,村域面积3.3平方千米,耕地187.85公顷。村委会驻胜利5组。下辖20个村民小组,753户、2355人。有住房685幢(梯),建筑面积91976平方米,人均住房面积39平方米。村域内有村办综合厂1家,袁村小学1所。全村经济总收入231.34万元。1999年,全村经济总收入1239.16万元。

2000—2001年,被评为金山区计划生育先进集体、上海市卫生村。

(二)前进村

位于镇域东北部,东起中官塘,西至秀州塘,南与蔬菜村接壤,北至小泖港。1990年,村域面积1.89平方千米,耕地120.96公顷。村委会驻前进5组。下辖10个村民小组,396户、1349人。住房381幢,建筑面积45744平方米,人均住房面积33.91平方米。村域内有村办织布厂、综合厂、锦风帆布厂、秀浜小学。是年,全村经济总收入128.51万元,1999年,全村经济总收入242.62万元。

1999—2001年,被评为金山区计划生育先进集体、上海市卫生村。

二、待泾村委会

2004年6月,经金山区人民政府批准,蒋泾村与秀泾村撤二建一,成立待泾村委会。四址为东与新泾村为邻,西与兴塔镇洋泾村交错,南与兴塔镇下坊村接壤,北隔秀州塘。村域面积6.05平方千米,耕地面积376.76公顷。下辖36个村民小组,1195户、4315人。村民委员会驻蒋泾3组。2004年,全村经济总收入161.24万元,可支配资金113.91万元,劳均年收入8477元,人均年收入5573元。

2004年,被评为上海市文明村。

(一)蒋泾村

位于镇域西南部,东与一农、富强村为邻,西与秀泾村、兴塔镇下坊村交界,南隔大茫塘,北临秀州塘。1990年,村域面积3.61平方千米,耕地258.41公顷。村委会驻蒋泾三组。下辖22个村民小组,792户、2929人。住房707幢,建筑面积78627平方米,人均住房面积26.84平方米。村域内有村办服装厂、碾米厂、综合厂、溶剂厂、羊毛衫厂5家企业和幸福初级中学、蒋泾小学2所学校。是年,全村经济总收入199.21万元。2003年,全村经济总收入474万元,可支配资金55万元,劳均年收入8143元,人均年收入5400元。

1999年,被评为金山区经济发展示范村。2000年,被评为上海市卫生村。2001年,被评为金山区献血先进集体。

(二)秀泾村

位于镇域西,东与蒋泾村毗连,西与兴塔镇洋泾村交错,南与兴塔镇下坊村接壤,北傍秀州塘。1990年,村域面积2.44平方千米,耕地167.34公顷。村委会驻秀泾10组。下辖14个村民小组,515户、1981人。住房437幢,建筑面积69988平方米,人均住房面积35.33平方米。村域内有村办炼油厂、织布厂、服装厂、综合厂4家企业和东京小学1所。

是年,全村经济总收入365.95万元。2003年,全村经济总收入547万元,可支配资金59.5万元,劳均年收入8143元,人均年收入5400元。

1997—2001年,先后被评为金山区文明村、上海市调解工作先进集体、金山区基层先进党支部、上海市安全小区、上海市卫生村,金山区先进党支部。

三、新泾村委会

2004年6月，经金山区人民政府批准，富强村与一农村“撤二建一”，成立新泾村委会。东与民主、东方红村接壤，西与待泾村为邻，南隔大茫塘与大茫村相望，北至秀州塘。村域面积6.84平方千米，耕地372.26公顷。辖36个村民小组，1321户、4634人，村民委员会驻富强19组。2004年，全村经济总收入185.01万元，可支配资金152.11万元，劳均年收入9366元，人均年收入6085元。

（一）富强村

位于镇域偏西南。东傍五人港，西与蒋泾村交界；南靠大茫塘，北至蒋泾港。1990年，村域面积3.96平方千米，耕地268.12公顷。村委会驻富强11组。下辖20个村民小组，756户、2871人。

是年，全村经济总收入206.85万元。2003年，全村经济总收入1043.79万元，可支配资金35.05万元，劳均年收入4072元，人均年收入2889元。住房618幢，建筑面积87848平方米，人均住房30.60平方米。村域内有斜泾渡小集镇1个，村办综合厂、申新羊毛衫厂3家企业和腰港小学1所。

2002—2003年，被评为上海市卫生村，金山区文明村。

（二）一农村

位于镇域中部。东傍五人港，西与蒋泾村接壤；南濒蒋泾港，北临秀州塘。1990年，村域面积2.88平方千米，耕地173.08公顷。村委会驻一农6组。下辖16个村民小组，633户、2146人。住房603幢，建筑面积78395平方米，人均住房36.53平方米。村域内有金山水泥厂、化肥厂、纸袋厂，县属种禽场、畜牧场、兽医站，乡属丝织厂、色织厂、砖瓦厂、种子场，村办并线厂、综合厂共12家企业和单位。有金龙小学1所。

1990年，全村经济总收入125.67万元。2003年，全村经济总收入176万元，可支配资金84万元，劳均年收入8143元，人均年收入5400元。

2003年，被评为上海市卫生村。

四、东方红村委会

位于镇域东南，东起中观塘，南濒胥浦塘，西靠五人港，北与良种村接壤。1990年，村域面积3.57平方千米，耕地238.05公顷。村委会驻东方红19组。下辖21个村民小组，710户、2690人。住房609幢，建筑面积98664平方米，人均住房36.6平方米。村域内有村办高压紧固件厂、福利厂、水泥预制品厂3家企业和朱泾第二中学、贺家埭小学2所学校。

1990年，全村经济总收入264.06万元。2004年，全村经济总收入167.15万元，可支配资金175.20万元，劳均年收入8768元，人均年收入6334元。

2002—2003年，被评为上海市卫生村、金山区文明单位、金山区敬老村，上海市文明村，村卫生室达到国家标准化医务室。

五、民主村委会

2002年7月，经金山区人民政府批准，民主村、蔬菜村、良种村“撤三建一”，成立民主村委会。

四址为东起掘石港,西至五人港,南与东方红村毗邻,北依320国道。村域面积4.51平方千米,耕地面积81.24公顷。村委会驻民主4组。下辖21个村民小组,883户、1718人。是年,全村经济总收入225.18万元,可支配资金205.28万元,劳均年收入9012元,人均年收入5943元。

2002—2003年,被评为金山区安全交通村、敬老村、三八红旗集体、精神文明示范村。

(一)民主村

位于镇域东部。东临掘石港,西靠中官塘,南濒胥浦塘,北与朱泾城区接壤。1990年,村域内面积2.16平方千米,耕地123.57公顷。村委会驻民主6组。下辖10个村民小组,412户、1430人。住房408幢,建筑面积67392平方米,人均住房47.13平方米。村域内有县属农业学校、农业科学研究所、气象站、造船厂;村办综合厂、民主汽车修理厂6个单位及企业,墙头小学1所。

1990年,全村经济总收入120.84万元。1996年,全村经济收入239.73万元。

(二)良种村

位于镇域东部,东临中官塘,西至五人港,南与东方红村毗连,北靠朱泾城区。1990年,村域面积1.29平方千米,耕地77.77公顷。村委会驻良种一组。辖7个村民小组,346户、1076人。住房305幢,建筑面积41176平方米,人均住房38.27平方米。村域内有乡办福利院1家,村办动力机械厂、综合厂、筛石灰厂3家企业和良种小学1所。

是年,全村经济总收入82.47万元。1996年,全村经济总收入146.22万元。

(三)蔬菜村

位于镇域中部,村域分布于民主、前进、良种3个村。1990年,村域面积1.06平方千米,耕地38.66公顷。村委会驻良种4组。下辖6个村民小组,237户、518人。

是年,全村经济总收入40.59万元。1996年,全村经济总收入39.34万元。住房230幢,建筑面积32440平方米,人均住房62.63平方米。村域内有乡办汽车修理厂、停车场、服装厂3家,村办综合厂、服装厂2家。

六、大茫村委会

2002年7月,经金山区人民政府批准,增产村与建设村"撤二建一",成立大茫村委会。四址为东、南傍胥浦塘,西与兴塔镇下坊村接壤,北依大茫塘。村域面积5.63平方千米,耕地面积366.36公顷。村委会驻增产14组。下辖34个村民小组,1064户、3558人。2004年,全村经济总收入305.61万元,可支配资金268.37万元,劳均年收入10690元,人均年收入6811元。

(一)增产村

位于镇域东南,东、南依胥浦塘,西傍斜界泾,北与东方红村接壤。1990年,村域面积2.67平方千米,耕地175.06公顷。村民委员会驻增产14组。下辖16个村民小组,539户、2033人。住房402幢,建筑面积71960平方米,人均住房35.40平方米。村域内有上海万象百货公司增产羊毛衫分厂、村办羊毛衫厂、综合厂4家企业和横港小学1所。

是年,全村经济总收入223.63万元。1996年,全村经济总收入286.76万元。

2001—2002年,增产村被评为金山区文明村、上海市卫生村、上海市文明村、金山区敬老村委会、金山区拥军优属模范单位。

(二)建设村

位于镇域西南,东依斜界泾,西邻兴塔镇下坊村,南濒胥浦塘,北沿大茫塘。1990 年,村域面积 2.96 平方千米,耕地 203.11 公顷。村委会驻建设九组。下辖 18 个村民小组,651 户、2278 人。住房 591 幢,建筑面积 80016 平方米,人均住房 35.13 平方米。村域内有村办建设服装厂、五金厂、拉丝厂、碾米厂、修配组 5 家企业和李家埭小学 1 所。

是年,全村经济总收入 219.07 万元。1996 年,全村经济总收入 251.51 万元。

七、万联村委会

2001 年 7 月,经金山区人民政府批准,万安村与联盟村"撤二建一",成立万联村委会。四址为东、南傍秀州塘,西与兴塔镇泖桥村毗邻,北与松江区泖港镇接壤。村域面积 5.7 平方千米,耕地面积 306.73 公顷。下辖 28 个村民小组,1150 户、4500 人。2004 年,全村经济总收入 175.62 万元,可支配资金 149.68 万元,劳均年收入 8746 元,人均年收入 5878 元。2003 年,被评为金山区安全小区。

(一)万安村

位于镇域北部。东靠秀州塘,西傍菱塘港,南依秀州塘,北与松江区泖港镇联星村接壤。1990 年,村域面积 3.28 平方千米,耕地 223.56 公顷。村委会驻万安四组。下辖 16 个村民小组,691 户,2548 人。住房 624 幢,建筑面积 90456 平方米,人均住房 35.5 平方米。村域内有乡办化工厂、漂染厂、石灰厂、水泥预制品厂,村办木器厂、塑料拉管厂、服装加工厂 6 家企业和赵浜小学 1 所。

是年,全村经济总收入 156.49 万元。1996 年,全村经济总收入 482.51 万元。

1998—2000 年,万安村被评为金山区安全小区,上海市爱国卫生先进集体,金山区文明村、敬老村,上海市卫生村,朱泾镇先进基层党支部。

(二)联盟村

位于镇域西北,东靠菱塘港,西与兴塔镇泖桥村毗邻,南傍秀州塘,北与松江区泖港镇曙光村接壤。1990 年,村域面积 2.53 平方千米,耕地 149.66 公顷。村委会驻联盟三组。下辖 12 个村民小组,443 户、1742 人。住房 401 幢,建筑面积 63004 平方米,人均住房 36.17 平方米,村域内有村办机械五金厂、综合厂等 3 家企业和联盟小学 1 所。

是年,全村经济总收入 128.48 万元。1996 年,全村经济总收入 244.1 万元。

八、长浜村委会

2004 年 6 月,经金山区人民政府批准,仙居村、幸福村、新范村"撤三建一",成立长浜村委会。四址为东起老温河泾,西至掘石港,南靠池泾,北沿大泖港。村域面积 7.18 平方千米,耕地面积 282.51 公顷。下辖 37 个村民小组,1176 户、3877 人。村委会驻新范 5 组。

2004 年,全村经济总收入 263.43 万元,可支配资金 225.76 万元,劳均年收入 9983 元,人均年收入 6716 元。

(一)仙居村

位于朱泾镇东侧。1995 年 7 月,由新农镇长浜村 2 个村民小组、幸福村 2 个村民小组、三浜 1 个村民小组组建而成。东傍新朱泥泾,南依 320 国道,北沿大泖港,西靠掘石港。村域面积3.04平方千米,耕地50.95公顷。村委会驻仙居9组。下辖14个村民小组和1个居民小组。2003年,有550户、2077人。

村域内有朱泾工业园区、新农粮油管理所、金山粮机厂、金山油脂化工厂、金山石油煤炭公司、煤库等单位或企业。

1997年,全村经济总收入705万元,劳均年收入3778元,人均年收入2330元。2003年,全村经济总收入470万元,可支配资金80万元,劳均年收入8143元,人均年收入5400元。

1999—2001年,先后被评为上海市卫生村、基层计划生育合格协会、市爱国卫生运动先进单位、市维护社会稳定工作先进集体、金山区文明村等。

(二)幸福村

位于朱泾镇域东部,东傍新、老温河泾,南沿池泾,西靠朱泥泾,与仙居村接壤。村域面积2.64平方千米,耕地面积110.7公顷。下辖11个村民小组,438户、1048人。村委会驻幸福三组(亭枫公路6297号)。

1996年,将7个村民小组划入仙居村。1999年,长浜村6个村民小组划入幸福村。2002年12月,幸福村划归朱泾镇管辖。

2003年,全村经济总收入564万元,可支配资金63万元,劳均年收入8143元,人均年收入5400元。

1999—2002年,先后被评为金山区安全小区、上海市卫生村、金山区交通安全村。

(三)新范村

位于朱泾镇域东北角,东傍温河泾,南靠新联河,西依三号路,北沿大泖港。村域面积1.5平方千米,耕地面积111.45公顷。村委会驻新范五组。下辖11个村民小组,474户、1599人。2002年12月,新范村划归朱泾镇管辖。

2003年,全村经济总收入575万元,可支配资金92万元,劳均年收入8143元,人均年收入5400元。

1999—2003年,先后被评为金山区安全小区、敬老村、先进基层党组织、文明村、信用村,上海市卫生村、拥军优属模范单位。

第三节　小集镇

一、斜泾渡

位于朱泾镇南部富强村,距镇城区3千米,因地处大茫塘(古名斜泾)南北两侧,故设渡口,名斜泾渡。1986年起,朱泾乡供销社开设化肥仓库和南杂商店;朱泾食品收购站开设肉店和生猪收购点等,形成小集镇。旁有上海利华造纸厂的稻、麦收购点和村办服装厂等企业。2002年,小集镇商业全部停业,仅剩服装厂1家、农民住宅3户。

二、新镇

位于朱泾镇东南增产村,距镇城区4千米,旁有胥浦塘渡口。1986年起,朱泾供销社、食品站在此开设南杂店、肉店、茶馆、理发店等商店;增产村开设修配组、碾米厂、牧场等,形成小集镇。至1995年,小集镇商业及企业全部停业。

第二十八章　杂　记

第一节　重大事故

一、车祸

1990 年 2 月 26 日 13 时，金山县汽车运输公司教练车，在万安街口左转弯时，车身直冲路边电线杆，当场将骑自行车上学的罗星中学初三女学生倪某撞死。

1991 年 9 月 26 日 19 时 30 分，浙江省平阳县麻步运输站卡车驾驶员林某，在亭枫公路 71 公里路段，因超速行驶，将骑自行车的朱泾乡一农村陆某（男，41 岁）撞死。

1992 年 11 月 2 日，朱泾乡增产村 11 组陆某（女，37 岁），因横穿马路，被货车撞死。

1993 年 3 月 3 日 14 时 30 分，健康路少年宫地段，金建一公司职工沈某某（男，40 岁），骑自行车与一中型拖拉机相撞死亡。

1993 年 10 月 22 日 8 时，雾天，在金枫公路待步泾路段，浙江省桐乡水泥厂一辆轿车，因借道超公交车引起撞车后，紧接着又有 4 辆车连环相撞，致使 2 人骨折、6 辆车货物损坏等，经济损失 20 万元。

1993 年 12 月 4 日，金山肉类食品厂临时工李某某（男，26 岁）在横穿金山大桥时，被干巷乡紫石电机厂货车撞倒死亡。

1994 年 4 月 11 日下午，小雨，朱泾乡蒋泾村沈某某身穿雨衣骑自行车，至亭枫公路 73. 2 路段，因雨衣阻挡视线未见侧面来车，被急速行驶的大货车撞死。

1995 年 8 月 11 日，浙江省东阳县货车驾驶员，行经亭枫公路金山汽车站路段时，因车速过快，导致方向盘失控，货车撞坏隔离墩后冲入路边水果店内，造成 2 人死亡，物损万元。

1996 年 8 月 19 日，朱泾乡村民解某某骑自行车（其子坐后）自西向东行驶到亭枫公路 68. 5 千米路段，转弯调头时未注意左右车辆，被急速驶来大货车撞死。

二、火灾

1991 年 12 月 4 日，金山汽车修配厂因操作不慎，火星喷到外溢汽油上引起火灾，烧毁待修理的天津大发汽车 1 辆，经济损失 4 万元。

1993年7月5日20时30分,朱泾化工厂、漂染厂、石灰厂3家合用变电房,因超负荷运转引起电线短路起火,烧毁变电器及附属设备等,经济损失1.6万元。

1994年11月7日,朱泾镇北圩新村298号孙浦生家,因使用电器不当,引起火灾,烧毁彩电、收录机、冰箱等物,经济损失5万元。

1997年8月30日,朱泾镇秀州新村128号301室姜某某家装修住房,因外来民工使用煤气后未关气门,导致煤气外溢,适遇外来民工乱丢烟蒂,引起火灾,烧毁装潢材料等,经济损失3万元。

三、溺水

1991年10月17日17时30分,新明航运公司405轮队4143驳船在金卫南门码头卸货完毕,职工林某某将空船退出卸货码头,准备停泊西门桥南。18时20分,当林撑船至环城河西门2号河对面时,撑篙断裂,跌入水中溺水死亡。

四、工伤

1994年1月28日,金山水泥厂万安实业公司下属金泥综合服务部职工倪某某在原料车间清理石粉积料时,左手臂被输送机后滚轮轧住,因手臂拉断大出血死亡。

1996年3月20日9时40分,金山船舶修造厂容器车间退休返聘工人钱某某(男,63岁)在检查焊接操作机时,被倒下的减速器击中头部而死亡。

1996年11月14日9时10分,上海万安企业总公司金山水泥厂烧成车间立窑工段提升机顶棚突然倒塌,职工陈某某(男,39岁)当场被压死。

1997年3月26日17时45分,金珠建设工程有限公司辅助工曹某某,在秀州小区6号楼楼面送水泥时,不慎从19米高处坠地死亡,经济损失9.3万元。

1998年8月4日19时15分,金泥综合服务部职工唐某某,在水泥制成车间矿渣输送带进料口操作时,因工作环境差,其放料后左脚一滑不慎跌倒,左手被皮带轧住,喉部顶住在机架上,造成窒息死亡,经济损失8万元。

五、其他

1990年1月18日,朱泾镇临东新村8号401室发生煤气中毒。户主杨某经抢救脱险,其妻吴某某抢救无效死亡。

1992年6月27日,建设村14组王某某(男,49岁),因与儿子发生口角,服甲胺磷自杀身亡。

1992年8月31日,前进村7组顾某某(女,16岁,朱泾中学学生),为家务琐事与兄长发生口角,服杀虫双农药自杀身亡。

2002年11月,朱泾镇临源二村35号104室谷某,因地下煤气管道爆炸,当场死亡。

第二节　古　　迹

一、古树

2004 年,朱泾镇域内有百年以上古树 17 株(8 个品种)。其中银杏 5 株、枫杨 4 株、梓树 2 株、朴树 2 株、三角枫 1 株、广玉兰 1 株、桧柏 1 株、香樟 1 株。

2004 年朱泾镇古树情况表

表 105

序号	编号	树名	地址	树龄	树高(米)	胸围(米)	生长势	护理单位	古树原址
1	0100	银杏	健康路 236 号	400	15	3.65	衰弱	金山区委党校	西林寺
2	0137	银杏	文商路 18 号	350	13	2.81	衰弱	金申园林公司	西林寺
3	0192	银杏	公园路 96 号	250	20	3.27	旺盛	镇城环所	一枝庵
4	0258	银杏	民主村 11 组	200	15	2.81	旺盛	民主村	石家庙
5	0295	银杏	健康路 40 号	200	12	2.43	衰弱	西林中学	文庙
6	1006	枫杨	健康路 236 号	200	20	2.90	旺盛	金山区委党校	西林寺
7	1004	枫杨	健康路 236 号	200	19	3.64	旺盛	金山区委党校	西林寺
8	1005	枫杨	健康路 236 号	200	21	2.90	旺盛	金山区委党校	西林寺
9	1007	枫杨	健康路 40 号	200	20	3.60	一般	西林中学	—
10	1094	朴树	健康路 236 号	180	15.20	2.25	旺盛	金山区委党校	西林寺
11	0583	桧柏	东林街 150 号	120	9.50	1.30	衰弱	东林寺	东林寺
12	1217	梓树	健康路 40 号	100	13	2.06	一般	西林中学	—
13	1218	梓树	健康路 40 号	100	12	1.28	衰弱	西林中学	—
14	0775	广玉兰	西林街	100	11	2.12	衰弱	西林居委会	王家祠堂
15	未编	香樟	公园路 96 号	100	18	3.46	一般	镇城环所	—
16	1397	三角枫	文商路 18 号	100	15	1.32	衰弱	金申园林公司	—
17	1095	朴树	文商路 18 号	100	13	1.84	衰弱	金申园林公司	西林寺

二、古桥

2004 年,朱泾镇古桥仅有济众桥(石桥)1 座。位于朱泾市河西段,建于明代洪武年间,桥龄约 500 年,是一座单孔石拱桥。跨径 8.8 米,宽 2.4 米,两侧均有石栏杆,南、北堍各有石级 18 级。

附　录

金山县人民政府关于朱泾工业区朱泥泾以西区域划归朱泾镇管辖的通知

金府发〔1994〕252 号

朱泾镇人民政府：

你镇朱镇府〔94〕第 99 号文悉。经县府常务会议研究，现批复如下：

一、为适应朱泾工业区开发和朱泾镇建设的需要，县政府同意将新农镇朱泥泾以西，320 国道（新农段）以北的区域划归朱泾镇管辖。具体事项由县计委牵头，会同民政局、土地局、建设局、朱泾镇、新农镇等另行商议，按规定程序办理报批手续。

二、新农镇和朱泾镇的部分区划变更后朱泾工业区的名称、性质不变，总体规划、区域范围不变。

三、朱泾工业区应充分利用朱泾地区的地理资源及基础设施的优势，接纳全县各乡镇、局投资开发，加快建设速度。各乡、镇、局的项目，在服从工业区统一管理的前提下，可实行分产值、分利、分税。

特此批复

金山县人民政府

1994 年 12 月 9 日

上海市人民政府关于同意撤销金山区朱泾镇和朱泾乡建制建立新的朱泾镇的批复

沪府〔2000〕43 号

市民政局：

沪民基发〔2000〕43 号文收悉。市政府同意撤销金山区朱泾镇和朱泾乡建制，建立新的朱泾镇并实行镇管村体制。新的朱泾镇行政区域范围为原朱泾镇、朱泾乡的行政区域范围，镇政府驻地在原朱泾乡政府所在地。

特此批复。

上海市人民政府

2000 年 6 月 22 日

上海市人民政府关于同意金山区镇级行政区划调整方案的批复

沪府〔2005〕22 号

金山区人民政府：

金府〔2005〕29 号文件收悉。经研究，市政府同意金山区镇级行政区划调整方案，即金山区现辖的 14 个镇、1 个街道调整为 9 个镇、1 个街道，具体批复如下：

一、撤销枫泾镇、兴塔镇建制，建立新的枫泾镇。其行政区域范围为原枫泾镇、兴塔镇的行政区域范围，面积 91. 66 平方公里，人口 6. 37 万。新的枫泾镇政府驻地在原枫泾镇政府所在地。

二、撤销朱泾镇、新农镇建制，建立新的朱泾镇。其行政区域范围为原朱泾镇、新农镇的行政区域范围，面积 77. 11 平方公里，人口 8. 88 万。新的朱泾镇政府驻地在原朱泾镇政府所在地。

三、撤销亭林镇、松隐镇、朱行镇建制，建立新的亭林镇。其行政区域范围为原亭林镇、松隐镇、朱行镇的行政区域范围，面积 122. 27 平方公里，人口 8. 50 万。新的亭林镇政府驻地在原亭林镇政府所在地。

四、撤销吕巷镇、干巷镇建制，建立新的吕巷镇。其行政区域范围为原吕巷镇、干巷镇的行政区域范围，面积 59. 79 平方公里，人口 4. 30 万。新的吕巷镇政府驻地在原吕巷镇政府所在地。

五、保留漕泾镇、山阳镇、金山卫镇、张堰镇、廊下镇和石化街道。

上海市人民政府

2005 年 3 月 16 日

编后记

20 世纪 90 年代，朱泾镇、乡分别编纂出版《朱泾镇志》《朱泾乡志》，上溯肇始，下限均至 1989 年。《朱泾志（1990—2004）》，是《朱泾镇志》《朱泾乡志》的续编。

2004 年 4 月，成立朱泾镇地方志编纂委员会，下设办公室。聘请两位退休老同志和一位在职同志组成编写组，启动《朱泾志》的编修工作。编志伊始，编写组以确定纲目和收集资料为抓手，采用"走出去、请进来"和先内后外、先近后远、先易后难、先急后缓、查档与采访相结合、条条与块块相结合等方法，收集有关资料，并多次翻阅前志，在获得大量资料后，开始编写志稿。至 2007 年 12 月，完成初稿编写，并送金山区地方志办公室评议审稿，根据审稿意见和建议，又几经删改、补充、修正，终于得以成书出版。

《朱泾志（1990—2004）》编纂工作始终在朱泾镇党委、政府的重视下进行，并得到金山区地方志办公室、档案局领导的关心与支持，得到兄弟镇修志同仁的帮助与指教，也得到镇各单位或部门、各村（居）委会和社会各方的通力合作。对此，我们一并表示衷心感谢。

编写组限于水平和经验，在志文中仍有错漏和未尽人意之处，敬请读者指正。

《朱泾志（1990—2004）》编写组

2019 年 5 月